税务干部业务能力升级学习丛书

# 纳税服务

## 习题集

本书编写组◎编

中国税务出版社

**图书在版编目（CIP）数据**

纳税服务习题集 / 本书编写组编. -- 北京 : 中国税务出版社, 2024. 8. --（税务干部业务能力升级学习丛书）. -- ISBN 978-7-5678-1540-7

Ⅰ. F812.423-44

中国国家版本馆 CIP 数据核字第 2024Y0Q585 号



**丛 书 名**：税务干部业务能力升级学习丛书
**书　　名**：纳税服务习题集
NASHUI FUWU XITIJI
**作　　者**：本书编写组 编
**责任编辑**：庞 博 杨 悦
**责任校对**：姚浩晴
**技术设计**：林立志
**出版发行**：中国税务出版社
北京市丰台区广安路 9 号国投财富广场 1 号楼 11 层
邮政编码：100055
网址：https://www.taxation.cn
投稿：https://www.taxation.cn/qt/zztg
发行中心电话：(010)83362083/85/86
传真：(010)83362047/49
**经　　销**：各地新华书店
**印　　刷**：保定市中画美凯印刷有限公司
**规　　格**：787 毫米×1092 毫米 1/16
**印　　张**：19.25
**字　　数**：387000 字
**版　　次**：2024 年 8 月第 1 版 2024 年 8 月第 1 次印刷
**书　　号**：ISBN 978-7-5678-1540-7
**定　　价**：60.00 元

# 编 者 说 明

为落实打造效能税务要求，持续深化依法治税、以数治税、从严治税一体贯通，不断提升税务干部税费征管、便民服务、风险防范的能力和水平，我们结合税收工作实际，组织编写了“税务干部业务能力升级学习丛书”，分为《通用知识》《综合管理岗位知识与技能》《纳税服务岗位知识与技能》《征收管理岗位知识与技能》《税务稽查岗位知识与技能》《信息技术岗位知识与技能》及配套习题集。

《纳税服务习题集》与“税务干部业务能力升级学习丛书”之《纳税服务岗位知识与技能》相配套，紧扣纳税服务岗位专业知识与当前税收工作新形势新任务新要求，题型丰富、重点突出；在题目设计上，按照《纳税服务岗位知识与技能》所列知识体系和知识点编写，并适当拓展提升；书后附列3套模拟试卷，考查全面、难易适中，可以帮助税务干部学练结合，快速掌握相关岗位业务知识，提升业务能力。

由于时间及能力所限，书中疏漏在所难免，不妥之处恳请读者批评指正。具体修改意见和建议，请与编辑联系（邮箱：bjzx@taxation.cn，QQ：1050456451），以便修订时更正。

编 者

CONTENTS
# 目 录

## 第一部分　章节同步练习

## 第二部分　模拟测试

# 第一部分

# 章节同步练习

# 第一章　纳税服务概述

## >> 本章知识框架

| 节 | 细目 | 知识点 | 学习进度 |
|---|---|---|---|
| 纳税服务基础理论 | 税收遵从理论 | 【知识点1】税收遵从理论的基本概念 | |
| | | 【知识点2】税收遵从理论的具体运用 | |
| 纳税服务发展历程与现状 | 我国纳税服务的发展历程 | 【知识点】各阶段纳税服务的显著特点与具体标志 | |
| | 现代纳税服务体系的科学构建 | 【知识点1】纳税服务的内容 | |
| | | 【知识点2】纳税服务与税收征管的关系 | |
| | | 【知识点3】纳税服务现代化 | |
| | 税费服务新体系 | 【知识点】税费服务新体系 | |
| 营商环境指标与服务创新发展 | 营商环境指标 | 【知识点1】我国营商环境发展 | |
| | | 【知识点2】世界银行与纳税有关的营商环境指标 | |
| | 服务创新发展 | 【知识点1】税收营商环境改革发展历程 | |
| | | 【知识点2】优化营商环境的显著成就 | |
| 纳税服务社会协作 | 纳税服务社会协作体系 | 【知识点】纳税服务社会协作体系的构成 | |
| | 涉税专业服务监督 | 【知识点1】涉税专业服务机构概述 | |
| | | 【知识点2】涉税专业服务机构的主要业务 | |
| | | 【知识点3】涉税专业服务机构的行政登记管理 | |
| | | 【知识点4】涉税专业服务机构的相关管理规定 | |
| | 严禁违规插手涉税中介经营活动 | 【知识点1】税务人员严禁出现5类违规插手涉税中介经营活动的行为 | |
| | | 【知识点2】税务机关领导干部落实3项制度 | |

## >> 习题演练

### 一、单项选择题

1. 第一次将纳税服务确定为税务机关的法定职责，纳税服务由原来的税务人员职业道德范畴上升到必须作为的法律范畴，这个标志事件是（　　）。

A. 1997 年，国务院批准国家税务总局的《深化税收征管改革方案》

B. 2001 年，全国人大常委会修订并重新颁布的《中华人民共和国税收征收管理法》

C. 2003 年初，国家税务总局下发《关于加强纳税服务工作的通知》

D. 2007 年，第一次全国纳税服务工作会议召开

【解析】2001 年，全国人大常委会修订并重新颁布的《中华人民共和国税收征收管理法》，把为纳税人服务纳入税务机关的重要职责，明确了税务机关和纳税人双方的权利和义务，解决了征纳双方不对等的问题，为纳税服务奠定了法律基础。这标志着纳税服务被确定为税务机关的法定职责，纳税服务由原来的税务人员职业道德范畴上升到必须作为的法律范畴。

【答案】B

2. 标志着我国纳税服务工作逐步进入规范化轨道的事件是（　　）。

A. 2009 年 12 月，国家税务总局下发《关于纳税人权利与义务的公告》

B. 2011 年 8 月，国家税务总局下发《“十二五”时期纳税服务工作发展规划》

C. 2014 年，发布《纳税信用管理办法（试行）》

D. 2014 年，《全国税务机关纳税服务规范》施行

【解析】为推进税收现代化建设进程，建立优质便捷的纳税服务体系，国家税务总局制定了《全国税务机关纳税服务规范》，自 2014 年 10 月 1 日起施行，标志着我国纳税服务工作逐步进入了规范化的轨道。

【答案】D

3. 涉税专业服务机构和从事涉税服务人员，对信用积分、信用等级和执业负面记录有异议的，可在信用记录产生或结果确定后（　　）个月内，向税务机关申请复核。

A. 6　　B. 9

C. 12　　D. 18

【解析】涉税专业服务机构和从事涉税服务人员，对信用积分、信用等级和执业负面记录有异议的，可在信用记录产生或结果确定后 12 个月内，向税务机关申请复核。

税务机关应当按照包容审慎原则，于 30 个工作日内完成复核工作，作出复核结

论，并提供查询服务。

【答案】C

4. 根据国家税务总局关于开展2024年“便民办税春风行动”的意见和通知，2024年“便民办税春风行动”的主题是（　　）。

A. 办好惠民事·服务现代化

B. 优化执法服务·办好惠民实事

C. 智慧税务助发展·惠企利民稳增长

D. 持续提升效能·办好为民实事

【解析】为深入贯彻党的二十大精神，认真落实中央经济工作会议和全国两会部署，巩固拓展学习贯彻习近平新时代中国特色社会主义思想主题教育成果，更好服务经济社会发展大局，2024年3月国家税务总局对外发布《关于开展2024年“便民办税春风行动”的意见》（税总纳服发〔2024〕19号），以“持续提升效能·办好为民实事”为主题，紧紧围绕“高效办成一件事”，持续开展“便民办税春风行动”，集成推出4个方面惠民利企服务举措，进一步提高纳税人缴费人获得感、满意度。

【答案】D

5. 建设性沟通的本质是（　　）。

A. 探寻目的　　B. 思想交流

C. 换位思考　　D. 达成一致

【解析】建设性沟通就是指在不损害、甚至在改善和巩固人际关系的前提下，帮助管理者进行确切、诚实的管理沟通方式。

【答案】C

6. 税收遵从成本越高，纳税人的税外负担就越重，税收不遵从的风险就越高。为了降低税收遵从成本，提高纳税人遵从水平，根本在于（　　）。

A. 纳税人自身加强税务知识学习

B. 优化纳税服务，提高纳税服务水平

C. 对税收不遵从行为加大处罚力度

D. 对信誉度低的群体拒绝提供纳税服务

【解析】优化纳税服务，提高纳税服务水平是降低税收遵从成本的根本。

【答案】B

7. 某酒店以温馨家园著称，“那种感觉太美妙了，使我重温了少时亲情的感觉”等是客人惯常的描述。这种描述说明了服务的（　　）特征。

A. 生产和消费的同步性

B. 无形性

C. 易消失性

D. 异质性

【解析】无形性，是指服务是由一系列活动所组成的过程，而不是实物，人们无法像感觉有形商品那样看到或者触摸到服务。

【答案】B

8. 纳税人没有按照税法规定而采取行动的行为，无论此种行为出于故意还是非故意，都称这种行为是（　　）。

A. 税收违法行为　　B. 税收不遵从

C. 税收过失　　D. 税收违规行为

【解析】税收不遵从，是指纳税人没有按照税法规定而采取行动的行为，无论此种行为出于故意还是非故意。

【答案】B

9. 以下时间当中，属于《优化营商环境条例》施行时间的是（　　）。

A. 2019 年 10 月 1 日　　B. 2019 年 12 月 1 日

C. 2020 年 1 月 1 日　　D. 2020 年 3 月 1 日

【解析】2019 年 10 月 23 日，《优化营商环境条例》发布，自 2020 年 1 月 1 日起施行。

【答案】C

10. 纳税服务是税务机关依法提供的一种（　　）的公共服务。

A. 无偿　　B. 平等

C. 有偿　　D. 普遍

【解析】纳税服务的客体是纳税人，纳税服务的主体是税务机关，纳税服务是税务机关依法提供的一种无偿的公共服务。

【答案】A

11. 近年来，国家税务总局推出了纳税服务规范并持续更新升级，始终遵循的基本原则是（　　）。

A. 坚持以纳税人的生命周期为准则

B. 坚持最大限度便利纳税人，最大限度规范税务人员

C. 坚持放管结合，做到应放尽放，能简尽简

D. 坚持全局、全员、全程服务

【解析】《全国税务机关纳税服务规范（3.0 版）》要求最大限度便利纳税人，最大限度规范税务人，这有利于纳税人依法履行纳税义务，提高税务机关税收征管效率。

【答案】B

12. 负责税务规范性文件权益性审核的部门是（　　）。

A. 纳税服务部门　　B. 办公室

C. 政策法规部门　　　　　　　　D. 征管科技部门

【解析】根据《税务规范性文件制定管理办法》规定，各级税务机关从事纳税服务和政策法规工作的部门或者人员负责对税务规范性文件进行审查，其中纳税服务部门负责权益性审核。

【答案】A

13. 代理记账机构不能从事的业务是（　　）。

A. 出具审计报告　　　　　　　　B. 代理记账

C. 代理申报　　　　　　　　　　D. 一般税务咨询

【解析】选项A属于注册会计师及其所在的会计师事务所业务范围。

【答案】A

14. 关于纳税人满意度调查，下列表述正确的是（　　）。

A. 纳税人满意度调查一般包括政策落实、规范执法、便捷服务、信息化建设、廉洁自律等情况

B. 纳税人满意度全面调查只能由税务总局组织开展，原则上两年开展一次

C. 纳税人满意度全面调查由省及省以下税务机关组织开展

D. 纳税人满意度全面调查由主管税务机关组织开展

【解析】纳税人满意度全面调查由税务总局、省税务机关组织开展，原则上两年开展一次。省级以下税务机关不得开展。

【答案】A

15. 根据中共中央办公厅、国务院办公厅印发的《关于进一步深化税收征管改革的意见》的要求，在2023年基本实现的税费申报功能是（　　）。

A. 自动提取数据、自动计算税额、自动预填申报，纳税人缴费人确认或补正后即可线上提交

B. 导入开票数据、自动计算税额、事先预填报表，纳税人缴费人确认或补正后即可线上提交

C. 自动提取数据、自动计算税额、自动预填申报、自动线上提交

D. 便捷数据导入、自动扣缴税款、实时确认审核，纳税人缴费人补正后即可线上提交

【解析】略

【答案】A

16. 根据税收遵从理论，对试图依法纳税但并非总是成功的纳税人，税务机关应当采取的策略是（　　）。

A. 诉诸法律　　　　　　　　　　B. 观察并制止

C. 协助遵从　　　　　　　　　　D. 不予处理

【解析】略

【答案】C

17. 税务师事务所的合伙人或者股东可以由税务师、注册会计师、律师担任，税务师占比应高于（　　），国家税务总局另有规定的除外。

A. 50%　　B. 40%

C. 45%　　D. 60%

【解析】参见《涉税专业服务监管办法（试行）》。

【答案】A

18. 办理税务师事务所行政登记的税务机关是（　　）。

A. 国家税务总局　　B. 省税务机关

C. 市税务机关　　D. 县税务机关

【解析】在商事登记名称中含有“税务师事务所”字样的行政相对人，应当向省税务机关申请办理行政登记。

【答案】B

19. 从纳税服务提供的主体来看，纳税服务有广义和狭义之分。狭义的纳税服务的实施主体是（　　）。

A. 专业服务机构　　B. 公益组织

C. 中介机构　　D. 税务机关

【解析】狭义的纳税服务是指税务机关为帮助纳税人了解和遵从税法而开展的相关工作。

【答案】D

20. 2009 年 7 月，全国税务系统纳税服务工作会议召开，明确提出“纳税服务与税收征管相辅相成”，下列表述中不正确的是（　　）。

A. 纳税服务与税收征管是完全隔离的

B. 纳税服务与税收征管是辩证统一的

C. 纳税服务与税收征管是紧密衔接的

D. 纳税服务与税收征管是相互依存的

【解析】2009 年 7 月，全国税务系统纳税服务工作会议召开，明确提出纳税服务与税收征管相辅相成，服务工作贯穿税收征管的全过程，是税务部门履行职责的核心业务。

【答案】A

21. 根据相关规定，（　　）负责拟制涉税专业服务业务规范（准则、规则），报国家税务总局批准后施行。

A. 全国税务师行业协会

B. 市场监管部门

C. 税务机关

D. 涉税中介机构

【解析】根据《涉税专业服务监管办法（试行）》规定，全国税务师行业协会负责拟制涉税专业服务业务规范（准则、规则），报国家税务总局批准后施行。

【答案】A

22. 主管全国涉税专业服务信用管理工作的是（　　）。

A. 财政部　　B. 海关总署

C. 国家税务总局　　D. 国务院

【解析】国家税务总局主管全国涉税专业服务信用管理工作，省以下税务机关负责所辖地区涉税专业服务信用管理工作的组织和实施。

【答案】C

23. 税务师事务所存在（　　）情形且逾期不改正的，省税务机关应当提请市场监管部门吊销其营业执照。

A. 使用税务师事务所名称未办理行政登记的

B. 未按照办税实名制要求提供涉税专业服务机构和从事涉税服务人员实名信息的

C. 未按照业务信息采集要求报送从事涉税专业服务有关情况的

D. 拒不配合税务机关检查、调查的

【解析】根据《涉税专业服务监管办法（试行）》规定，税务师事务所使用税务师事务所名称未办理行政登记的且逾期不改正的，省税务机关应当提请市场监管部门吊销其营业执照。

【答案】A

## 二、多项选择题

1. 根据《国家税务总局关于进一步完善涉税专业服务监管制度有关事项的公告》（国家税务总局公告 2019 年第 43 号），以下说法正确的有（　　）。

A. 延长专项业务报告信息采集时限。将税务师事务所、会计师事务所、律师事务所报送专项业务报告信息的时限，由完成业务的次月底前，调整为次年 5 月 31 日前

B. 涉税专业服务机构和从事涉税服务人员对税务机关拟将其列入涉税服务失信名录有异议的，应当自收到《税务事项通知书》之日起 10 个工作日内提出申辩理由，向税务机关申请复核

C. 税务机关应当为涉税专业服务机构和从事涉税服务人员申请复核提供电子税

务局等便利化途径

D. 涉税专业服务机构及其从事涉税服务人员存在《涉税专业服务监管办法（试行)》第十四条所列情形，税务机关需要采取约谈方式的，应当事先向当事人送达《税务事项通知书》，通知当事人约谈的时间、地点和事由。当事人到达约谈场所后，应当由两名以上税务人员同时在场进行约谈。约谈人员应当对约谈过程做好记录，可视情况进行音像记录

【解析】延长专项业务报告信息采集时限。将税务师事务所、会计师事务所、律师事务所报送专项业务报告信息的时限，由完成业务的次月底前，调整为次年3月31日前。

【答案】BCD

2. 下列只能由具有税务师事务所、会计师事务所、律师事务所资质的涉税专业服务机构从事的业务有（　　）。

A. 一般税务咨询　　B. 专业税务顾问

C. 涉税鉴证　　D. 纳税申报代理

【解析】专业税务顾问、税收策划、纳税情况审查、涉税鉴证应当由具有税务师事务所、会计师事务所、律师事务所资质的涉税专业服务机构从事，相关文书应由税务师、注册会计师、律师签字，并承担相应的责任。

【答案】BC

3. 以下人员属于税收志愿者的有（　　）。

A. 经所在单位同意，从事志愿服务活动的税务干部小张

B. 在依法备案的志愿者组织中注册的税务干部小李

C. 税务机关招募的从事税收志愿服务活动的会计小王

D. 无偿为某企业税收筹划的某高校丁教授

【解析】以下人员可作为税收志愿者：经所在单位同意，从事志愿服务活动的税务干部；在依法登记或备案的志愿者组织中注册的税务干部；税务机关招募的从事税收志愿服务活动的社会人员。

【答案】ABC

4. 税收志愿者服务内容包括（　　）。

A. 经常性税收宣传

B. 税收筹划

C. 代理纳税申报

D. 办税服务厅内的一般性服务工作

【解析】税收志愿者服务内容：集中或经常性税收宣传、办税服务厅内的一般性服务工作、参加社会其他公益性志愿服务活动。

【答案】AD

5. 下列情形属于涉税专业服务监管范围的有（　　）。

A. 甲财务咨询公司代为某企业准备并签署纳税申报表

B. 乙税务师事务所对某营改增企业提供税务解决方案

C. 丙代理记账公司为某企业代办市场主体登记

D. 丁会计师事务所对某企业进行财务审计并出具审计报告

【解析】根据《涉税专业服务监管办法（试行）》规定，选项 A、B、C 分别属于《涉税专业服务监管办法（试行）》规定的纳税申报代理、税收策划、其他税务事项代理业务；选项 D，出具审计报告属于《中华人民共和国会计法》规定的会计监督业务。

【答案】ABC

6. 广义的纳税服务包括（　　）。

A. 税务机关提供的服务

B. 中介机构（市场）提供的服务

C. 志愿者提供的服务

D. 纳税人互助式的服务

【解析】广义的纳税服务是政府、专业服务机构、其他组织或个人（志愿者）为帮助纳税人履行纳税义务、维护合法权益而提供的劳务。广义的纳税服务按照提供主体可以分为四类，即：税务机关提供的服务、中介机构（市场）提供的服务、志愿者提供的服务、纳税人互助式的服务。

【答案】ABCD

7. 我国纳税服务的发展大体经历了（　　）阶段。

A. 纳税服务概念的引入和确立

B. 纳税服务工作起步

C. 纳税服务逐步发展和完善

D. 纳税服务目标的达成

【解析】略

【答案】ABC

8. 除了信用管理、社会协作以外，以下选项属于纳税服务的主要内容的有（　　）。

A. 税法宣传　　　　B. 纳税咨询

C. 办税服务　　　　D. 权益保护

【解析】纳税服务的内容包括：税法宣传、纳税咨询、办税服务、权益保护、信用管理、社会协作。

【答案】ABCD

9. “宜商环境”项目涉及的一级指标“纳税”指标中包括的二级指标有（　　）。

A. 监管框架　　　　B. 公共服务

C. 开办企业　　　　　　　　　　　D. 税收负担和税收制度的效率

【解析】“纳税”指标中不包括开办企业。

【答案】ABD

10. “宜商环境”项目“纳税”指标下的“监管框架”二级指标主要涉及税收立法质量，包括（　　）。

A. 税收条款的清晰性

B. 税收立法的稳定性

C. 记录保存和归档的复杂性

D. 制定税收制度的透明性

【解析】略

【答案】ABCD

11. 2024 年 6 月税务机关开展了中小企业服务月活动，下列属于重点服务对象的有（　　）。

A. 娱乐业中小企业

B. 创新型中小企业

C. 专精特新中小企业

D. 专精特新“小巨人”企业

【解析】国家税务总局纳税服务司关于开展 2024 年中小企业服务月活动的相关通知中明确，积极配合各地中小企业主管部门开展好 2024 年“一起益企”中小微企业服务行动。面向科技型和创新型中小企业、专精特新中小企业、专精特新“小巨人”企业等重点群体和中小企业特色产业集群、中外中小企业合作园区等重点区域，开展主题突出、特色鲜明、时效性强的重点服务活动。

【答案】BCD

12. 下列税种已颁布法律并施行的有（　　）。

A. 增值税　　　　　　　　　　　B. 消费税

C. 印花税　　　　　　　　　　　D. 土地增值税

E. 契税

【解析】增值税、消费税、土地增值税尚未立法。

【答案】CE

13. 财政部、税务总局及市场监管总局联合开展 2024 年代理记账行业违法违规行为专项整治工作，其整治重点包括（　　）。

A. 无证经营行为

B. 虚假承诺行为

C. 违规税务代理行为

D. 歪曲解读政策行为

E. 行业垄断行为

【解析】根据《财政部 国家税务总局 市场监管总局关于开展2024年代理记账行业违法违规行为专项整治工作的通知》（财会〔2024〕9号）规定，财政部、税务总局、市场监管总局决定联合开展代理记账行业违法违规行为专项整治工作，对代理记账机构无证经营、虚假承诺、违规税务代理等违法违规行为进行重点整治。

【答案】ABC

14. 下列可以担任税务师事务所合伙人或者股东的有（　　）。

A. 律师　　B. 税务师

C. 高级工程师　　D. 注册会计师

E. 资产评估师

【解析】参见《涉税专业服务监管办法（试行）》。

【答案】ABD

15. 根据《国家税务总局关于进一步促进涉税专业服务行业规范发展的通知》（税总纳服函〔2023〕99号）要求，促进涉税专业服务行业规范发展的主要措施有（　　）。

A. 加强涉税专业服务行业发展的党建引领

B. 促进涉税专业服务的执业规范

C. 加强涉税专业服务的日常监管

D. 促进涉税专业服务行业兼并重组

E. 依法惩治涉税专业服务领域的违法违规行为

【解析】根据《国家税务总局关于进一步促进涉税专业服务行业规范发展的通知》（税总纳服函〔2023〕99号）规定，促进涉税专业服务行业规范发展的主要措施有：加强涉税专业服务行业发展的党建引领、促进涉税专业服务的执业规范、加强涉税专业服务的日常监管、依法惩治涉税专业服务领域的违法违规行为。

【答案】ABCE

16. 下列不允许税务干部从事的活动有（　　）。

A. 开办涉税专业服务机构

B. 投资入股涉税专业服务机构

C. 指定纳税人接受涉税中介服务

D. 参加涉税专业服务机构组织的培训

E. 委托涉税专业服务机构代理申报

【解析】根据《国家税务总局关于严禁违规插手涉税中介经营活动的通知》（税总发〔2015〕75号）第一条规定，税务人员严禁有以下行为：①直接开办或者投资入股涉税中介，在涉税中介挂名、兼职（任职）或者出借（出租）注册税务师等资格证书，以任何理由强行安置配偶、子女及其配偶在涉税中介机构就业；②强制、指定或者变相强制、变相指定纳税人接受涉税中介服务。

【答案】ABC

17. 关于纳税服务基础理论，下列说法中正确的有（　　）。

A. 新公共管理理论经历了从新公共管理、整体政府到新公共服务的发展，指导税务机关从管制转向服务

B. 客户关系管理引入了私营部门“以客户为中心”的管理方法，指导税务机关“以纳税人为中心”开展纳税服务工作

C. 税收遵从理论，以纳税人行为和决策为研究对象，关注遵从成本，指导税务机关以纳税服务为手段，促使纳税人由税收不遵从转化为税收遵从

D. 税收遵从成本和税收不遵从程度反相关，因而提升税收遵从成本，有利于提高纳税人遵从水平

【解析】税收遵从成本和税收不遵从程度正相关，这意味着税收遵从成本越高，税收不遵从的程度也就越高。因此，降低税收遵从成本，有利于提高纳税人遵从水平。

【答案】ABC

18. 税收遵从理论以纳税行为和决策为研究对象，体现出它的时代特征。以下选项符合税收遵从理论时代特征的有（　　）。

A. 关注纳税人个体特征

B. 重视纳税人个体利益

C. 尊重和保护纳税人权利

D. 关注税务机关运行效率

【解析】税收遵从理论以纳税行为和决策为研究对象，体现出关注纳税人个体特征、重视个体利益、尊重和保护纳税人权利等时代特征。

【答案】ABC

## 三、判断题

1. 我国纳税服务的发展大体经历了纳税服务概念的引入和确立、纳税服务工作起步和纳税服务逐步发展与完善三个阶段。（　　）

【解析】略

【答案】正确

2. 税务师事务所、会计师事务所、律师事务所从事专业税务顾问、税收策划、涉税鉴证、纳税情况审查业务，应当在完成业务的次年3月31日前向税务机关单独报送相关业务信息。（　　）

【解析】略

【答案】正确

3. 税务机关应当对税务师事务所实施行政登记管理。未经行政登记不得使用“税务师事务所”名称，有限制地享有税务师事务所的合法权益。（　　）

【解析】税务机关应当对税务师事务所实施行政登记管理。未经行政登记不得使用“税务师事务所”名称，不能享有税务师事务所的合法权益。

【答案】错误

4. 税务机关和税务人员不得以任何形式参与涉税中介机构经营活动，不得强制代理、指定代理。（　　）

【解析】略

【答案】正确

5. 纳税服务志愿者，是指不为物质报酬，基于良知、信念和责任，自愿为社会和他人提供纳税服务和帮助的人。（　　）

【解析】略

【答案】正确

6.“宜商环境”项目调查的“总税收和税费率”由原来的实际税率改为采用名义税率，将税收激励、扣减、减免纳入考查范围。（　　）

【解析】“宜商环境”项目调查的“总税收和税费率”由原来的名义税率改为采用实际税率，将税收激励、扣减、减免纳入考查范围。

【答案】错误

7. 纳税服务的客体是纳税人以及各项纳税事项。（　　）

【解析】纳税服务的客体是纳税人。

【答案】错误

8. 税收是国家公共财政唯一的收入形式和来源。（　　）

【解析】税收是国家公共财政最主要的收入形式和来源。

【答案】错误

9. 老李和老张合伙创办税务师事务所，根据《税务师事务所行政登记规程（试行）》（国家税务总局公告 2017 年第 31 号），他们中至少有一个要是税务师。（　　）

【解析】税务师事务所合伙人或者股东由税务师、注册会计师、律师担任，税务师占比应高于 50%，国家税务总局另有规定的除外。

【答案】错误

10. 税收负担和税收制度的效率，反映监管框架和公共服务两项指标组合的有效性，包括总税收和税费率、时间。（　　）

【解析】略

【答案】正确

11. 某涉税专业服务咨询公司，由税务师发起设立，其法定代表人由税务师担任，且前 1 年内未因涉税专业服务行为受到税务行政处罚。那么，该公司可以担任税务师事务所的合伙人或者股东。（　　）

【解析】符合以下条件的从事涉税专业服务的科技、咨询公司，可以担任税务师事务所的合伙人或者股东：①由税务师或者税务师事务所的合伙人（股东）发起设立，法定代表人由税务师担任；②前 3 年内未因涉税专业服务行为受到税务行政处罚；③法律、行政法规和国家税务总局规定的其他条件。

【答案】错误

12. 中共中央办公厅、国务院办公厅印发的《关于进一步深化税收征管改革的意见》提出，到 2023 年，基本建成"精细服务无死角、智能服务不打烊、个性服务广覆盖"的税费服务新体系。（　　）

【解析】到 2023 年，基本建成"线下服务无死角、线上服务不打烊、定制服务广覆盖"的税费服务新体系。

【答案】错误

13. 涉税专业服务机构信用积分在 200 分以上不满 300 分的，为 TSC3 级。（　　）

【解析】根据《涉税专业服务机构信用积分指标体系及积分规则》规定，涉税专业服务机构信用积分在 200 分以上不满 300 分的，为 TSC3 级。

【答案】正确

14. 专业税务顾问、税收策划、涉税鉴证、纳税情况审查只能由具有税务师事务所资质的服务机构从事。（　　）

【解析】专业税务顾问、税收策划、涉税鉴证、纳税情况审查应当由具有税务师事务所、会计师事务所、律师事务所资质的涉税专业服务机构从事。

【答案】错误

15. 税务师事务所办理商事登记后，应当及时向市税务机关办理行政登记。（　　）

【解析】税务师事务所办理商事登记后，应当向省税务机关办理行政登记。

【答案】错误

16. 涉税专业服务机构应当以年度报告形式，向税务机关报送从事涉税专业服务的总体情况。（　　）

【解析】略

【答案】正确

17. 税制要素包括纳税人、征税对象、税率、纳税环节、纳税期限、纳税地点、减税免税等，其中，纳税人、税率、纳税期限是税收制度的三个最基本要素。（　　）

【解析】纳税人、征税对象、税率是税收制度的三个最基本要素。

【答案】错误

18. 税务机关可以委托市场监管部门对涉税专业服务机构从事涉税专业服务的执业质量进行评价。（　　）

【解析】根据《涉税专业服务监管办法（试行）》规定，税务机关可以委托行业协会对涉税专业服务机构从事涉税专业服务的执业质量进行评价。

【答案】错误

19. 财税类咨询公司、代理记账机构、税控设备服务单位等属于涉税专业服务机构。（　　）

【解析】涉税专业服务机构是指税务师事务所和从事涉税专业服务的会计师事务所、律师事务所、代理记账机构、税务代理公司、财税类咨询公司等机构。

【答案】错误

20. 税务机关对涉税专业服务机构及其从事涉税服务人员进行实名制管理。（　　）

【解析】根据《涉税专业服务监管办法（试行）》规定，税务机关对涉税专业服务机构及其从事涉税服务人员进行实名制管理。

【答案】正确

## 四、简答题

1. 纳税服务的首要目标莫过于最大限度地提高纳税人的税收遵从度，纳税人的遵从度受企业因素、行业因素、社会因素、经济因素、心理因素的影响，如下图所示。请根据模型分析税务机关应采取的策略。

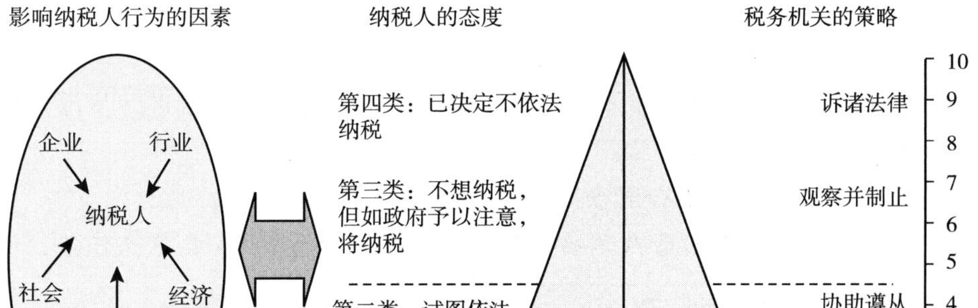


纳税人行为与税务机关策略的关系

【答案】应从以下方面进行阐述：

纳税人遵从态度模型明确税务机关管理的目标以及针对不同纳税人群的管理方法，围绕最大限度地提高纳税人自愿遵从的工作核心，税务机关可就此进行思考分析，明确工作重点，对不同的纳税人采取不同的策略。第一类纳税人是自愿遵从者。税务机关可以为其提供高效便捷的服务，让他们的纳税事宜办理更简单容易，并通过与其建立并保持良好的关系，保证这些纳税人始终自觉自愿地完成纳税义务。第二类纳税人主观上想纳税，但因各种客观原因纳税不成功，税务机关应及时发现这类人群，为他们扫清完成纳税义务过程中的各种障碍，尽可能提供方便，帮助他们实现税收遵从。第三类纳税人是存在侥幸心理、不愿遵从的纳税人，如果税务机关不特别注意，他们也许就不会纳税。因此税务机关要加以特别关注，及时发现这类人群，通过提示提醒，以宣传手段表明利害关系，不断阻止他们的不遵从意识转化为行为，并提供配套的服务措施，促使其纳税义务的完成。第四类纳税人不管税务机关是否提供服务都不会纳税。这一类纳税人是需要通过加大检查力度予以震慑和惩罚的对象。通过对第四类纳税人不遵从行为予以处罚以警示前三类纳税人，并给前三类纳税人以信心，保障守法遵从公平纳税环境的形成。

2. 根据国家税务总局关于涉税专业服务监管的规定，税务机关可以对涉税专业服务机构采取的监管措施有哪些？

【答案】应从以下方面进行阐述：

税务机关建立行政登记、实名制管理、业务信息采集、检查和调查、信用评价、公告与推送等制度，同时加强对税务师行业协会的监督指导，建立与其他相关行业协会的工作联系制度，推动行业协会加强自律管理，形成较为完善的涉税专业服务监管制度体系。

3. 如何理解把握中共中央办公厅、国务院办公厅印发的《关于进一步深化税收征管改革的意见》的主要内容？

【答案】应从以下方面进行阐述：

《关于进一步深化税收征管改革的意见》提出了 6 个方面 24 类重点任务，涉及税收工作的各个方面。

（1）数据赋能更有效。运用现代信息技术建设智慧税务，实现从信息化到数字化再到智慧化的税收征管发展趋势。

（2）税务执法更精确。把握税务执法时度效的核心要义，运用法治思维，创新行政执法方式，严格规范税务执法行为，强化税务执法内部控制和监督。

（3）税费服务更精细。不断满足纳税人缴费人的服务需求，是税务部门践行以人民为中心的发展思想的直接体现，是构建一流税收营商环境的具体行动。

(4) 税务监管更精准。建立健全以“信用 + 风险”为基础的新型监管机制，推动从“以票管税”向“以数治税”分类精准监管转变，既以最严格的标准防范逃避税，又避免影响企业正常生产经营。

(5) 税收共治更精诚。聚焦重点领域和薄弱环节，突出制度化、机制化、信息化，进一步做实做精部门协作、社会协同、税收司法保障和国际税收合作，凝聚更大合力为税收工作提供强大支撑。

(6) 组织保障更有力。加强征管能力建设，改进提升绩效考评，提高干部队伍法治素养和依法履职能力，为进一步深化税收征管改革提供强有力的组织保障。

4. 纳税服务方式主要包括哪些?

【答案】应从以下方面进行阐述:

纳税服务方式是指纳税服务的具体形式，一般而言，服务方式根据服务渠道不同而表现出差异性。现阶段，纳税服务方式主要包括：窗口服务、电话服务、互联网服务、短信服务和移动新媒体服务。

5. 请简述税务机关将涉税专业服务机构纳入涉税服务失信名录的流程。

【答案】应从以下方面进行阐述:

税务机关在将涉税专业服务机构和从事涉税服务人员列入涉税服务失信名录前，应当依法对其行为是否确属严重违法违规的情形进行核实，确认无误后向当事人送达告知书，告知当事人将其列入涉税服务失信名录的事实、理由和依据。当事人无异议的，列入涉税服务失信名录；当事人有异议且提出申辩理由、证据的，税务机关应当进行复核后予以确定。

## 错题、要点整理页

# 第二章　信息报告

## >> 本章知识框架

| 节 | 细目 | 知识点 | 学习进度 |
| --- | --- | --- | --- |
| 信息报告概述 | 信息报告概述 | 【知识点】信息报告概述 | |
| 基础信息报告 | 新办纳税人登记信息确认 | 【知识点1】一照一码户与个体工商户登记信息确认 | |
| | | 【知识点2】新办纳税人“套餐式”服务 | |
| | | 【知识点3】新办纳税人登记证件管理 | |
| | 一照一码户与两证整合个体工商户登记信息变更 | 【知识点1】在市场监管部门办理的信息变更业务 | |
| | | 【知识点2】在税务机关办理的信息变更业务 | |
| | 纳税人（扣缴义务人）身份信息报告 | 【知识点】办理范围及办理规定 | |
| | 自然人自主报告身份信息 | 【知识点】办理范围及办理规定 | |
| | 扣缴义务人报告自然人身份信息报告 | 【知识点】办理范围及办理规定 | |
| | 解除相关人员关联关系 | 【知识点】办理范围及办理规定 | |
| | 税务文书电子送达确认 | 【知识点】办理范围及办理规定 | |
| 制度信息报告 | 新办企业存款账户账号、会计制度及核算软件备案报告 | 【知识点1】存款账户账号报告 | |
| | | 【知识点2】财务会计制度及核算软件备案报告 | |
| | 银税三方（委托）划缴协议 | 【知识点】办理范围及办理规定 | |

续表

| 节 | 细目 | 知识点 | 学习进度 |
|---|---|---|---|
| 跨区域信息报告 | 跨区域涉税事项报告与报验 | 【知识点】办理范围及办理规定 | |
| | 跨区域涉税事项信息反馈 | 【知识点】办理范围及办理规定 | |
| | 跨省（市）迁移涉税事项报告 | 【知识点】办理范围及办理规定 | |
| 资格信息报告 | 增值税一般纳税人登记与选择按小规模纳税人纳税的情况说明 | 【知识点1】增值税一般纳税人登记 | |
| | | 【知识点2】选择按小规模纳税人纳税的情况说明 | |
| | 农产品增值税进项税额扣除标准备案 | 【知识点】办理范围及办理规定 | |
| | 软件和集成电路产业企业所得税优惠事项资料报告 | 【知识点】办理范围及办理规定 | |
| | 软件产品增值税即征即退进项分摊方式资料报送与信息报告 | 【知识点】办理范围及办理规定 | |
| 特殊事项信息报告 | 重要涉税事项报告 | 【知识点】报告事项内容及具体规定 | |
| | 特殊个人所得税事项报告 | 【知识点】报告事项内容及具体规定 | |
| 出口退（免）税备案报告 | 出口退（免）税备案 | 【知识点】办理范围及办理规定 | |
| | 生产企业委托代办退税备案 | 【知识点】办理范围及办理规定 | |
| | 外贸综合服务企业代办退税备案 | 【知识点】办理范围及办理规定 | |
| | 退税商店资格信息报告 | 【知识点】办理范围及办理规定 | |
| | 其他出口退（免）税备案 | 【知识点】办理范围及办理规定 | |
| | 出口企业放弃退（免）税报告 | 【知识点】办理范围及办理规定 | |
| 国际税收涉税情况报告 | 境内机构和个人发包工程作业或劳务项目备案 | 【知识点】办理范围及办理规定 | |
| | 服务贸易等项目对外支付税务备案 | 【知识点1】对外支付外汇资金，应当办理税务备案的情形 | |
| | | 【知识点2】对外支付外汇资金，无须办理税务备案的情形 | |

续表

| 节 | 细目 | 知识点 | 学习进度 |
|---|---|---|---|
| 国际税收涉税情况报告 | 同期资料报告 | 【知识点】办理范围及办理规定 | |
| | 非居民企业间接转让财产事项报告 | 【知识点】办理范围及办理规定 | |
| | 非居民企业股权转让适用特殊性税务处理的备案 | 【知识点】办理范围及办理规定 | |
| | 境外注册中资控股企业居民身份认定申请 | 【知识点】办理范围及办理规定 | |

## >> 习题演练

### 一、单项选择题

1. A 公司是一般纳税人企业，其总分支机构不在同一个市，总机构已申请办理了一般纳税人资格登记手续，关于其分支机构应如何办理相关登记手续，下列税务机关的回复正确的是（　　）。

A. 在总机构所在地申请办理一般纳税人登记手续

B. 不必申请，自动被视为一般纳税人

C. 在临时销售地申请办理一般纳税人资格登记手续

D. 在分支机构所在地申请办理一般纳税人资格登记手续

【解析】根据《增值税一般纳税人登记管理办法》规定，除按照政策规定，选择按照小规模纳税人纳税的和年应税销售额超过规定标准的其他个人，纳税人应当向其机构所在地主管税务机关办理一般纳税人登记手续。

【答案】D

2. 以下对纳税人在信息报告业务办理过程中，相应时限的描述，错误的是（　　）。

A. 从事生产、经营的纳税人应当自开立基本存款账户或者其他存款账户之日起 15 日内，向主管税务机关报告其全部账户账号

B. 当纳税人的账户账号发生变化时，应当自发生变化之日起 30 日内，向主管税务机关报告

C. 从事生产、经营的纳税人应当自首次办理涉税事宜之日起 15 日内，将其财务、会计制度或者财务、会计处理办法等信息报送税务机关备案

D. 纳税人使用计算机记账的，还应在使用前将会计电算化系统的会计核算软件、使用说明书及有关资料报送主管税务机关备案

【解析】根据《全国税务机关纳税服务规范（3.0版）》信息报告相关规定，选项A、C、D符合规定。选项B应为：账户账号发生变化的，应当自发生变化之日起15日内，向主管税务机关报告。

【答案】B

3. 以下关于被投资单位发生个人股东所持股权变动时，应当向主管税务机关报送股东变动信息及股东变更情况说明的时限表述，正确的是（　　）。

A. 完成股权交易后次日

B. 完成股权交易后15日内

C. 发生股权变动后的当月内

D. 发生股权变动后，次月15日内

【解析】根据《全国税务机关纳税服务规范（3.0版）》规定，被投资单位发生个人股东变动或者个人股东所持股权变动的，应当在次月15日内向主管税务机关报送股东变动信息及股东变更情况说明。

【答案】D

4. 甲建筑公司2024年2月赴外省承包建筑工程，合同结束时间为2024年7月31日，并于当年2月14日取得《跨区域涉税事项报告表》。但是由于天气原因影响了施工进度，该工程将于2024年9月30日结束。以下关于甲建筑公司跨区域涉税情况的描述，正确的是（　　）。

A. 甲建筑公司在办理跨区域涉税事项报告时只需持《跨区域涉税事项报告表》

B. 工程结束后向经营地主管税务机关填报《经营地涉税事项反馈表》

C. 合同结束后仍未结束工期的，需要再次向机构所在地税务机关申请办理跨区域涉税事项报告手续

D. 甲建筑公司跨区域经营活动结束后，需向机构所在地税务机关进行反馈，提交《经营地涉税事项反馈表》

【解析】根据《国家税务总局关于创新跨区域涉税事项报验管理制度的通知》（税总发〔2017〕103号）规定，跨区域涉税事项由纳税人首次在经营地办理涉税事宜时，向经营地的税务机关报验。纳税人报验跨区域涉税事项时，应当出示税务登记证件。

根据《国家税务总局关于明确跨区域涉税事项报验管理相关问题的公告》（国家税务总局公告2018年第38号）规定，纳税人跨区域经营活动结束后，应当结清经营地税务机关的应纳税款以及其他涉税事项，向经营地的税务机关填报《经营地涉税事项反馈表》。

根据《国家税务总局关于创新跨区域涉税事项报验管理制度的通知》（税总发〔2017〕103号）规定，合同延期的，纳税人可向经营地或机构所在地的税务机关办理报验管理有效期限延期手续。

根据《国家税务总局关于创新跨区域涉税事项报验管理制度的通知》（税总发〔2017〕103号）规定，纳税人跨区域经营活动结束后，应当结清经营地的税务机关的应纳税款以及其他涉税事项，向经营地的税务机关填报《经营地涉税事项反馈表》。经营地的税务机关应当及时将相关信息反馈给机构所在地的税务机关。纳税人不需要另行向机构所在地的税务机关反馈。

【答案】B

5. 在涉税信息报告的工作规定中，纳税人需要进行“综合税源信息报告”的是（　　）。

A. 符合条件的纳税人在办理停业复业登记时

B. 纳税人在首次办理涉税业务时

C. 纳税人在进行税（费）种核定时

D. 纳税人在首次申报城镇土地使用税和房产税时

【解析】根据《全国税务机关纳税服务规范（3.0版）》规定，纳税人在首次申报城镇土地使用税和房产税时，应进行城镇土地使用税税源明细采集和房产税税源明细采集。

【答案】D

6. 自（　　）起，纳税人在市场监管部门依法办理变更登记后，无须向税务机关报告登记变更信息；各省、自治区、直辖市和计划单列市税务机关根据市场监管部门共享的变更登记信息，在金税三期核心征管系统自动同步变更登记信息。

A. 2022年12月1日

B. 2023年1月1日

C. 2023年3月1日

D. 2023年4月1日

【解析】根据《国家税务总局关于优化若干税收征管服务事项的通知》（税总征科发〔2022〕87号）规定，自2023年4月1日起，纳税人在市场监管部门依法办理变更登记后，无须向税务机关报告登记变更信息；各省、自治区、直辖市和计划单列市税务机关根据市场监管部门共享的变更登记信息，在金税三期核心征管系统自动同步变更登记信息。处于非正常、非正常户注销等状态的纳税人变更登记信息的，金税三期核心征管系统在其恢复正常状态时自动变更。

【答案】D

7. 2023年1月1日至2027年12月31日，以下行业允许按照当期可抵扣进项税额加计5%抵减应纳增值税税额的是（　　）。

A. 生产性服务业　　B. 生活性服务业

C. 集成电路企业　　D. 先进制造业

【解析】根据《财政部 税务总局关于先进制造业企业增值税加计抵减政策的公告》

（财政部 税务总局公告2023年第43号）规定，自2023年1月1日至2027年12月31日，允许先进制造业企业按照当期可抵扣进项税额加计5%抵减应纳增值税税额。

【答案】D

8. 根据纳税人进行软件和集成电路产业企业所得税优惠事项资料报告后，还应将提交资料的留存件留存备查的相关规定。以下关于这一资料应当留存10年的起算时间的表述中，正确的是（　　）。

A. 企业享受优惠事项当年的企业所得税汇算清缴期结束次日

B. 企业享受优惠事项当年的企业所得税汇算清缴期结束30日内

C. 企业享受优惠事项当年年底前

D. 企业享受优惠事项当年6月30日前

【解析】根据《国家税务总局关于发布修订后的〈企业所得税优惠政策事项办理办法〉的公告》（国家税务总局公告2018年第23号）规定，企业留存备查资料应从企业享受优惠事项当年的企业所得税汇算清缴期结束次日起保留10年。

【答案】A

9. 自2023年1月1日至2027年12月31日，对月销售额（　　）万元以下（含本数）的增值税小规模纳税人，免征增值税。增值税小规模纳税人适用（　　）%征收率的应税销售收入，减按（　　）%征收率征收增值税。

A. 10；3；1　　B. 15；3；1

C. 10；3；1.5　　D. 15；3；1.5

【解析】根据《财政部 税务总局关于明确增值税小规模纳税人减免增值税等政策的公告》（财政部 税务总局公告2023年第1号）和《财政部 税务总局关于增值税小规模纳税人减免增值税政策的公告》（财政部 税务总局公告2023年第19号）的规定，自2023年1月1日至2027年12月31日，对月销售额10万元以下（含本数）的增值税小规模纳税人，免征增值税。自2023年1月1日至2027年12月31日，增值税小规模纳税人适用3%征收率的应税销售收入，减按1%征收率征收增值税；适用3%预征率的预缴增值税项目，减按1%预征率预缴增值税。

【答案】A

10. 按照增值税一般纳税人登记或者选择按照小规模纳税人纳税的相关规定，以下关于纳税人应征增值税销售额已超过规定标准，未按规定办理手续，应在收到《税务事项通知书》后向税务机关申请办理的时限中，正确的是（　　）日内。

A. 5　　B. 10

C. 15　　D. 20

【解析】根据《国家税务总局关于增值税一般纳税人登记管理若干事项的公告》（国家税务总局公告2018年第6号）规定，《增值税一般纳税人登记管理办法》第八条规定主管税务机关制作的《税务事项通知书》中，需告知纳税人的内容应当包括：纳税人年应税销售额已超过规定标准，应在收到《税务事项通知书》后5日内向税务机关办理增值税一般纳税人登记手续或者选择按照小规模纳税人纳税的手续；逾期未办理的，自通知时限期满的次月起按销售额依照增值税税率计算应纳税额，不得抵扣进项税额，直至纳税人办理相关手续为止。

【答案】A

11. 出口企业销售给境外单位的货物（运入保税区且存放在保税区内的仓储企业），货物离境时由仓储企业办理报关手续。保税区外的出口企业申报退（免）税时，确定申报退（免）税期限的出口日期以（　　）为准。

A. 最后一批出境货物备案清单上的出口日期

B. 最早一批出境货物备案清单上的出口日期

C. 最后一批出口货物报关单上的出口日期

D. 最早一批出口货物报关单上的出口日期

【解析】根据《国家税务总局关于发布〈出口货物劳务增值税和消费税管理办法〉的公告》（国家税务总局公告2012年第24号）规定，运入保税区的货物，如果属于出口企业销售给境外单位、个人，境外单位、个人将其存放在保税区内的仓储企业，离境时由仓储企业办理报关手续，海关在其全部离境后，签发进入保税区的出口货物报关单的，保税区外的生产企业和外贸企业申报退（免）税时，除分别提供规定的资料外，还须提供仓储企业的出境货物备案清单。确定申报退（免）税期限的出口日期以最后一批出境货物备案清单上的出口日期为准。

【答案】A

12. 出口企业或其他单位办理出口退（免）税备案手续，申报退（免）税的时间是（　　）。

A. 首次申报出口退（免）税前

B. 首次申报出口退（免）税时

C. 首次办理出口退（免）税时

D. 对外贸易经营者备案登记后

【解析】根据《国家税务总局关于部分税务行政审批事项取消后有关管理问题的公告》（国家税务总局公告2015年第56号）规定，出口企业或其他单位应于首次申报出口退（免）税时，向主管税务机关提供相关资料，办理出口退（免）税备案手续，申报退（免）税。

【答案】B

13. 出口企业或其他单位可以放弃全部适用退（免）税政策出口货物劳务的退（免）税，并选择适用增值税免税政策或征税政策。放弃适用退（免）税政策的出口企业或其他单位，应向主管税务机关报送《出口货物劳务放弃退（免）税声明》，办理备案手续。自备案（　　）起36个月内，其出口的适用增值税退（免）税政策的出口货物劳务，适用增值税免税政策或征税政策。

A. 次月　　B. 次年

C. 本年度1月1日　　D. 次日

【解析】根据《国家税务总局关于出口货物劳务增值税和消费税有关问题的公告》（国家税务总局公告2013年第65号）规定，出口企业或其他单位可以放弃全部适用退（免）税政策出口货物劳务的退（免）税，并选择适用增值税免税政策或征税政策。放弃适用退（免）税政策的出口企业或其他单位，应向主管税务机关报送《出口货物劳务放弃退（免）税声明》，办理备案手续。自备案次日起36个月内，其出口的适用增值税退（免）税政策的出口货物劳务，适用增值税免税政策或征税政策。

【答案】D

14. 从事房地产开发的纳税人，应在取得土地使用权并获得房地产开发项目开工许可后，向主管税务机关报送（　　），并在每次转让（预售）房地产时，依次填报表中规定栏目的内容。

A.《土地增值税项目报告表》

B.《城镇土地使用税税源明细表》

C.《从价计征房产税税源明细表》

D.《从租计征房产税税源明细表》

【解析】从事房地产开发的纳税人，应在取得土地使用权并获得房地产开发项目开工许可后，向主管税务机关报送《土地增值税项目报告表》，并在每次转让（预售）房地产时，依次填报表中规定栏目的内容。纳税人在首次申报城镇土地使用税和房产税时，应进行城镇土地使用税税源明细采集和房产税税源明细采集。

【答案】A

15. 对跨区域涉税事项报验管理的固定有效期的要求是（　　）。

A. 一般为30天，不得超过180天

B. 一般为60天，不得超过360天

C. 按跨区域经营合同执行期限作为有效期限

D. 一般为90天，不得超过360天

【解析】根据《国家税务总局关于创新跨区域涉税事项报验管理制度的通知》（税总发〔2017〕103号）规定，取消跨区域涉税事项报验管理的固定有效期。税务机关不再按照180天设置报验管理的固定有效期，改按跨区域经营合同执行期限作为有效期限。合同延期的，纳税人可向经营地或机构所在地的税务机关办理报验管理有效期限延期手续。

【答案】C

16. 非居民股权转让选择特殊性税务处理的，应于股权转让合同或协议生效且完成市场主体变更登记手续（　　）日内进行备案。

A. 10　　B. 15

C. 20　　D. 30

【解析】根据《国家税务总局关于非居民企业股权转让适用特殊性税务处理有关问题的公告》（国家税务总局公告2013年第72号）规定，非居民股权转让选择特殊性税务处理的，应于股权转让合同或协议生效且完成工商变更登记（现为市场主体变更登记）手续30日内进行备案。

【答案】D

17. 关于财务会计制度及核算软件备案报告，下列说法中不正确的是（　　）。

A. 从事生产、经营的纳税人应将财务、会计制度或者财务、会计处理办法报送主管税务机关备案

B. 境外注册中资控股居民企业不再需要将财务、会计制度或者财务会计、处理办法报送主管税务机关备案

C. 纳税人使用计算机记账的，还应在使用前将会计电算化系统的会计核算软件使用说明书及有关资料报送主管税务机关备案

D. 纳税人未准确填报适用的财务会计制度的，将影响财务会计报告报送等事项的办理

【解析】境外注册中资控股居民企业应当按照中国有关法律、法规和国务院财政、税务主管部门的规定，编制财务、会计报表，并在领取税务登记证件之日起15日内将财务、会计制度或者财务会计、处理办法及有关资料报送主管税务机关备案。

【答案】B

18. 下列关于自然人自主报告身份信息的办理规范内容的说法，错误的是（　　）。

A. 办税服务厅接收资料，核对资料是否齐全、是否符合法定形式、填写内容是否完整，符合的即时受理

B. 对资料不齐全、不符合法定形式或填写内容不完整的，当场一次性告知应补正资料或不予受理原因

C. 按照纳税人报送材料录入数据，根据信息系统的提示信息，提醒纳税人更正纠错

D. 1个工作日内将资料信息流转至相关责任部门

【解析】根据《全国税务机关纳税服务规范（3.0版）》规定，自然人自主报告身份信息的基本规范是：办税服务厅接收资料，核对资料是否齐全、是否符合法定形式、

填写内容是否完整，符合的即时受理；对资料不齐全、不符合法定形式或填写内容不完整的，当场一次性告知应补正资料或不予受理原因。按照纳税人报送材料录入数据。根据信息系统的提示信息，提醒纳税人更正纠错。办理结束后，在文书表单上加盖印章，一份返还纳税人。

【答案】D

19. 管理类别为一类的出口企业申报的出口退（免）税，经税务机关审核，符合规范条件的，应自受理企业申报之日起在（　　）个工作日内办结退（免）税手续。

A. 5　　　　B. 10

C. 15　　　　D. 20

【解析】根据《出口退（免）税企业分类管理办法》规定，一类的出口企业的出口退（免）税，税务机关经审核，同时符合规定条件的，应自受理企业申报之日起，5个工作日内办结退（免）税手续。

【答案】A

20. 履行代扣代缴义务的扣缴义务人，应当自扣缴义务发生之日起，办理“纳税人（扣缴义务人）身份信息报告”，办理机关是（　　）。

A. 税务登记地税务机关

B. 机构所在地税务机关

C. 生产经营地税务机关

D. 户籍所在地税务机关

【解析】根据《全国税务机关纳税服务规范（3.0版）》规定，履行代扣代缴义务的扣缴义务人，应当自扣缴义务发生之日起，向机构所在地税务机关办理纳税人（扣缴义务人）身份信息报告。

【答案】B

21. 纳税人进行软件和集成电路产业企业所得税优惠事项资料报告后，还应将提交资料的留存件留存备查，从企业享受优惠事项当年的企业所得税汇算清缴期结束次日起，应当保留时间是（　　）。

A. 10年

B. 5年

C. 3年

D. 2年

【解析】根据《全国税务机关纳税服务规范（3.0版）》规定，纳税人进行软件和集成电路产业企业所得税优惠事项资料报告后，还应将提交资料的留存件留存备查，从企业享受优惠事项当年的企业所得税汇算清缴期结束次日起，应当保留10年。

【答案】A

22. 欠缴税额数额较大的纳税人，在对其不动产或者大额资产进行转让、出租、出借、提供担保等处分之前，应当向税务机关报告。这里的“数额较大”是指（　　）。

A. 5 万元以上　　B. 10 万元以上

C. 50 万元以上　　D. 100 万元以上

【解析】根据《中华人民共和国税收征收管理法实施细则》规定，《中华人民共和国税收征收管理法》第四十九条所称欠缴税款数额较大，是指欠缴税款 5 万元以上。

【答案】A

## 二、多项选择题

1. 以下纳税人发生相关的涉税业务，需要于 30 日内向税务机关进行相应报告的有（　　）。

A. 企业所得税汇总纳税信息报告信息发生变化

B. 房地产开发企业应在取得预售许可证，进行增量房房源信息报告

C. 纳税人销售不动产的，应在取得《建设工程规划许可证》，进行不动产项目报告

D. 从事生产、经营的纳税人应当自开立基本存款账户或者其他存款账户之后，向主管税务机关报告其全部账户账号

【解析】根据《全国税务机关纳税服务规范（3.0 版）》规定，选项 A、B、C 均为纳税义务发生之日起 30 日内向税务机关报送相关材料，选项 D 为从事生产、经营的纳税人应当自开立基本存款账户或者其他存款账户之日起 15 日内，向主管税务机关报告其全部账户账号。

【答案】ABC

2. 以下关于纳税人需将相关涉税信息事项向税务机关报告的表述中，正确的有（　　）。

A. 欠缴税款数额较大的纳税人在对其不动产进行转让前，应当向税务机关报告，此处的欠缴税款数额较大是指 10 万元以上

B. 符合条件的高新技术企业转化科技成果，给予本企业相关技术人员的股权奖励，个人一次缴纳税款有困难的，可在一定年限内分期缴纳，此处的一定年限是指 5 年以内

C. 创投企业选择按单一投资基金核算的，应当在按照相关规定完成备案的 10 日内，向主管税务机关进行核算方式备案

D. 纳税人不动产销售完毕后，应自不动产销售完毕之日起 30 日内向不动产所在地主管税务机关申请办理注销项目报告

【解析】根据《全国税务机关纳税服务规范（3.0 版）》规定，欠缴税款数额较大

（5 万元以上）的纳税人在对其不动产或者大额资产进行转让、出租、出借、提供担保等处分之前，应当向税务机关报告；创投企业选择按单一投资基金核算的，应当在按照相关规定完成备案的30 日内，向主管税务机关进行核算方式备案。

【答案】BD

3. 以下事项中，属于新办纳税人“套餐式”服务内容的有（　　）。

A. 登记信息确认

B. 增值税专用发票最高开票限额审批

C. 增值税税控系统专用设备初始发行

D. 增值税零申报

【解析】根据《国家税务总局关于推行新办纳税人“套餐式”服务的通知》（税总函〔2017〕564 号）规定，新办纳税人“套餐式”服务一般应包括以下 10 个涉税事项：网上办税服务厅开户、登记信息确认、财务会计制度及核算软件备案、纳税人存款账户账号报告、增值税一般纳税人登记、发票票种核定、增值税专用发票最高开票限额审批、实名办税、增值税税控系统专用设备初始发行、发票领用。

【答案】ABC

4. 下列对外支付外汇资金的情形，应当办理服务贸易等项目对外支付税务备案的有（　　）。

A. 境外个人在境内的工作报酬 6 万美元

B. 境外机构从境内获得的股权转让所得 100 万美元

C. 境外机构从境内获得的信息服务收入 5 万美元

D. 境内机构在境外发生的差旅费 6 万美元

【解析】根据《国家税务总局 国家外汇管理局关于服务贸易等项目对外支付税务备案有关问题的公告》（国家税务总局 国家外汇管理局公告 2013 年第 40 号）规定，境内机构和个人向境外单笔支付等值 5 万美元以上（不含等值 5 万美元）下列外汇资金，除该公告第三条规定（境内机构在境外发生的差旅、会议、商品展销等各项费用对外支付时，无须办理和提交《服务贸易等项目对外支付税务备案表》）的情形外，均应向所在地主管税务机关备案：①境外机构或个人从境内获得的包括运输、旅游、通信、建筑安装及劳务承包、保险服务、金融服务、计算机和信息服务、专有权利使用和特许、体育文化和娱乐服务、其他商业服务、政府服务等服务贸易收入；②境外个人在境内的工作报酬，境外机构或个人从境内获得的股息、红利、利润、直接债务利息、担保费以及非资本转移的捐赠、赔偿、税收、偶然性所得等收益和经常转移收入；③境外机构或个人从境内获得的融资租赁租金、不动产的转让收入、股权转让所得以及外国投资者其他合法所得。

【答案】AB

5. 以下选项中，属于一照一码纳税人在信息发生变化时，需要向主管税务机关申报办理变更的有（　　）。

A. 企业法定代表人变更

B. 生产经营地址变更

C. 财务负责人变更

D. 企业注册地址变更

【解析】根据《全国税务机关纳税服务规范（3.0版）》规定，一照一码户生产经营地、财务负责人等非市场监管等部门登记信息发生变化时，向主管税务机关申报办理变更。

【答案】BC

6. 两证整合个体工商户信息发生变化时，以下选项中，不可向主管税务机关申报办理变更的有（　　）。

A. 纳税人名称变更

B. 纳税人识别号变更

C. 生产经营地址变更

D. 生产经营范围变更

【解析】根据《全国税务机关纳税服务规范（3.0版）》规定，两证整合个体工商户信息发生变化的，应向市场监督管理部门申报信息变更，税务机关接收市场监管部门变更信息，经纳税人确认后更新系统内的对应信息；经纳税人申请，也可由税务机关发起变更。其中，纳税人名称、纳税人识别号、业主姓名、经营范围不能由税务机关发起。

【答案】ABD

7. 某纳税人2023年1月1日开始到外省从事建筑安装活动，合同期限为3年，根据现行规定以下做法正确的有（　　）。

A. 纳税人应到本省税务局填报《跨区域涉税事项报告表》，有效期限为1年，到期重新办理

B. 纳税人应到本省税务局填报《跨区域涉税事项报告表》

C. 纳税人持《跨区域涉税事项报告表》和税务登记证件向外省税务局办理报验登记

D. 纳税人建筑安装活动结束，应当向本省税务局填报《经营地涉税事项反馈表》，并结清税款

【解析】依据《国家税务总局关于创新跨区域涉税事项报验管理制度的通知》（税总发〔2017〕103号）规定，取消跨区域涉税事项报验管理的固定有效期。税务机关不再按照180天设置报验管理的固定有效期，改按跨区域经营合同执行期限作为有效

期限。合同延期的，纳税人可向经营地或机构所在地的税务机关办理报验管理有效期限延期手续。跨区域涉税事项由纳税人首次在经营地办理涉税事宜时，向经营地的税务机关报验。纳税人报验跨区域涉税事项时，应当出示税务登记证件。纳税人跨区域经营活动结束后，应当结清经营地税务机关的应纳税款以及其他涉税事项，向经营地的税务机关填报《经营地涉税事项反馈表》。经营地的税务机关核对《经营地涉税事项反馈表》后，及时将相关信息反馈给机构所在地的税务机关。纳税人不需要另行向机构所在地的税务机关反馈。

【答案】BC

8. 根据《全国税务机关纳税服务规范（3.0版）》规定，以下属于个人以技术成果投资入股境内公司并选择递延纳税的被投资公司需要报送的资料有（　　）。

A.《技术成果投资入股个人所得税递延纳税备案表》

B. 技术成果相关证书或证明材料原件及复印件

C. 技术成果投资入股协议复印件

D. 董事会或股东大会决议等复印件

【解析】根据《全国税务机关纳税服务规范（3.0版）》规定，个人以技术成果投资入股境内公司并选择递延纳税的被投资公司报送资料包括《技术成果投资入股个人所得税递延纳税备案表》、技术成果相关证书或证明材料原件及复印件、技术成果投资入股协议复印件、技术成果评估报告。

【答案】ABC

9. 以下属于房地产税收一体化管理过程中，纳税人应在土地使用权取得、房地产开发、交易和保有等环节，需向税务机关报告的信息有（　　）。

A. 土地出（转）让　　B. 税源申报明细报告

C. 增量房开发　　D. 存量房销售

【解析】根据《全国税务机关纳税服务规范（3.0版）》规定，房地产税收一体化管理过程中，纳税人应在土地使用权取得、房地产开发、交易和保有等环节，向税务机关报告土地出（转）让、税源申报明细报告、增量房销售、存量房销售等信息。

【答案】ABD

10. 根据《全国税务机关纳税服务规范（3.0版）》规定，以下属于税收统计调查数据采集范围的有（　　）。

A. 税收资料调查企业数据采集

B. 企业集团数据采集

C. 重点税源企业数据采集

D. 消费税涉税信息采集

【解析】根据《全国税务机关纳税服务规范（3.0版）》规定，税收统计调查数据采集范围包括：税收资料调查企业数据采集、企业集团数据采集、重点税源企业数据采集、消费税涉税信息采集等。

【答案】ABCD

11. 纳税人应当向主管税务机关报告的信息有（　　）。

A. 财务会计制度

B. 财务会计处理办法

C. 开立的全部存款账户账号

D. 与客户签订的商事合同

E. 税收筹划方案

【解析】参见《全国税务机关纳税服务规范（3.0版）》。

【答案】ABC

12. 信息报告是税务机关实施税收管理的首要环节，下列属于制度信息报告的有（　　）。

A. 存款账户账号报告

B. 财务会计制度报告

C. 大额资产信息报告

D. 税收优惠备案报告

E. 核算软件备案报告

【解析】制度信息报告包括存款账户账号报告、财务会计制度报告及核算软件备案报告、银税三方（委托）划缴协议。

【答案】ABE

13. 符合《创业投资企业管理暂行办法》或者《私募投资基金监督管理暂行办法》有关规定完成备案且规范运行的合伙制创业投资企业（基金），可以选择（　　）两种方式之一，对其个人合伙人来源于创投企业的所得计算个人所得税应纳税额。

A. 按单一投资基金核算

B. 按创投企业年度所得整体核算

C. 按创投企业核算

D. 按合伙制创业投资基金核算

【解析】根据《财政部 税务总局 发展改革委 证监会关于创业投资企业个人合伙人所得税政策问题的通知》（财税〔2019〕8号）规定，创投企业可以选择按单一投资基金核算或者按创投企业年度所得整体核算两种方式之一，对其个人合伙人来源于创投企业的所得计算个人所得税应纳税额。

【答案】AB

14. 某餐饮有限公司是核定征收企业所得税的居民企业，下列情形中，应及时向税务机关报告，申报调整已确定的应纳税额或应税所得率的有（　　）。

A. 生产经营范围发生重大变化

B. 主营业务发生重大变化

C. 营业收入增减变化达到20%

D. 应纳税额增减变化达到20%

E. 应纳税所得额增减变化达到10%

【解析】核定征收企业所得税的居民企业生产经营范围、主营业务发生重大变化，或者应纳税所得额或应纳税额增减变化达到20%的，应及时向税务机关报告，申报调整已确定的应纳税额或者应税所得率。

【答案】ABD

15. 汇总纳税的非居民企业各机构、场所报送的信息包括（　　）。

A. 主要机构、场所名称及纳税人识别号

B. 全部被汇总机构、场所名称及纳税人识别号

C. 符合汇总缴纳企业所得税条件的财务会计核算制度安排

D. 总机构、所有上级分支机构及下属分支机构的名称、层级、地址、邮编、纳税人识别号及企业所得税主管税务机关名称、地址和邮编

【解析】总机构、所有上级分支机构及下属分支机构的名称、层级、地址、邮编、纳税人识别号及企业所得税主管税务机关名称、地址和邮编，是居民企业总机构及分支机构报送的信息。

【答案】ABC

16. 境外中资企业居民身份的认定，采用的认定形式有（　　）。

A. 企业自行判定提请税务机关认定

B. 企业自行备案

C. 税务机关调查发现予以认定

D. 省级税务机关判别

E. 企业自行判定

【解析】根据《国家税务总局关于印发〈境外注册中资控股居民企业所得税管理办法（试行）〉的公告》（国家税务总局公告2011年第45号）规定，境外中资企业居民身份的认定，采用企业自行判定提请税务机关认定和税务机关调查发现予以认定两种形式。

【答案】AC

17. 纳税人的登记信息变化可能会影响到税费种认定的有（　　）。

A. 登记注册类型　　　　B. 经营范围

C. 国标行业　　　　　　　　D. 总分机构类型

E. 投资总额

【解析】纳税人的登记注册类型、经营范围、国标行业、总分机构等信息变更可能会引起税费种认定信息的变更。

【答案】ABCD

18. 下列可以不办理纳税人（扣缴义务人）身份信息报告的有（　　）。

A. 农村个体工商户

B. 国家机关

C. 个人

D. 无固定生产、经营场所的流动性农村小商贩

E. 规定负有扣缴税款义务的扣缴义务人

【解析】根据《税务登记管理办法》的规定，除国家机关、个人以及无固定生产、经营场所的流动性农村小商贩外，均应自纳税义务发生之日起30日内，向纳税义务发生地税务机关申报办理税务登记。

【答案】BCD

**三、判断题**

1. “三证合一”实施之后，纳税人设立税务登记的时间为登记信息确认的时间，因此办税服务厅工作人员应当引导纳税人在办理“三证合一”之后，尽快办理登记信息确认手续。（　　）

【解析】“三证合一”之后，税务登记的时间为纳税人办理加载有统一社会信用代码的营业执照的时间。

【答案】错误

2. 纳税人有合并、分立情形的，应当向税务机关报告。属于新设合并的，原纳税人办理变更税务登记，新设纳税人办理设立税务登记。（　　）

【解析】根据《全国税务机关纳税服务规范（3.0版）》规定，属于新设合并的，原纳税人办理注销税务登记，新设纳税人办理设立税务登记。

【答案】错误

3. 电信企业总机构一律由主管税务机关登记为增值税一般纳税人，电信企业分支机构，可以不登记为增值税一般纳税人。（　　）

【解析】根据《电信企业增值税征收管理暂行办法》第十二条规定，总机构及其分支机构，一律由主管税务机关认定为增值税一般纳税人。

【答案】错误

4. 以自然人名义纳税的纳税人在首次报送信息并完成实名身份信息验证后，可以使用身份证号码或护照号码作为纳税人识别号。（　　）

【解析】根据《全国税务机关纳税服务规范（3.0版）》规定，纳税人有中国公民身份号码的，首次报送信息并完成实名身份信息验证，以中国公民身份号码为纳税人识别号；没有中国公民身份号码的，首次报送信息并完成实名身份信息验证，由税务机关赋予纳税人识别号。

【答案】错误

5. 纳税人跨省迁移的，在市场监管部门办结住所变更登记后，向迁出地主管税务机关填报《跨省（市）迁移涉税事项报告表》。对未处于税务检查状态，已缴销发票和税控设备，已结清税（费）款、滞纳金及罚款，以及不存在其他未办结涉税事项的纳税人，税务机关出具《跨省（市）迁移税收征管信息确认表》，告知纳税人在迁入地承继、延续享受的相关资质权益等信息，以及在规定时限内履行纳税申报义务。经纳税人确认后，税务机关即时办结迁出手续，有关信息推送至迁入地税务机关。（　　）

【解析】根据《国家税务总局关于优化若干税收征管服务事项的通知》（税总征科发〔2022〕87号）规定，纳税人跨省迁移的，在市场监管部门办结住所变更登记后，向迁出地主管税务机关填报《跨省（市）迁移涉税事项报告表》。对未处于税务检查状态，已缴销发票和税控设备，已结清税（费）款、滞纳金及罚款，以及不存在其他未办结涉税事项的纳税人，税务机关出具《跨省（市）迁移税收征管信息确认表》，告知纳税人在迁入地承继、延续享受的相关资质权益等信息，以及在规定时限内履行纳税申报义务。经纳税人确认后，税务机关即时办结迁出手续，有关信息推送至迁入地税务机关。

【答案】正确

6. 纳税人被列入非正常户超过3个月的，税务机关可以宣布其税务登记证件失效，其应纳税款的追征仍按《中华人民共和国税收征收管理法》及其实施细则的规定执行。（　　）

【解析】根据《税务登记管理办法》规定，纳税人被列入非正常户超过3个月的，税务机关可以宣布其税务登记证件失效，其应纳税款的追征仍按《中华人民共和国税收征收管理法》及其实施细则的规定执行。

【答案】正确

7. 增值税加计抵减政策执行到期后，纳税人不再计提加计抵减额，但结余的加计抵减额可以继续抵减。（　　）

【解析】根据《财政部 税务总局 海关总署关于深化增值税改革有关政策的公告》（财政部 税务总局 海关总署公告2019年第39号）规定，加计抵减政策执行到期后，纳税人不再计提加计抵减额，结余的加计抵减额停止抵减。

【答案】错误

8. 增值税一般纳税人在销售软件产品的同时销售其他货物的，对于无法划分的进项税额，应按照实际成本或销售收入比例确定软件产品应分摊的进项税额；对专用于软件产品开发生产设备及工具的进项税额，不得进行分摊。纳税人应将选定的分摊方式报主管税务机关备案，并自备案之日起36个月内不得变更。（　　）

【解析】根据《财政部 国家税务总局关于软件产品增值税政策的通知》（财税〔2011〕100号）规定，增值税一般纳税人在销售软件产品的同时销售其他货物或者应税劳务的，对于无法划分的进项税额，应按照实际成本或销售收入比例确定软件产品应分摊的进项税额；对专用于软件产品开发生产设备及工具的进项税额，不得进行分摊。纳税人应将选定的分摊方式报主管税务机关备案，并自备案之日起1年内不得变更。

【答案】错误

9. 纳税人跨省临时从事生产经营活动的，也要向机构所在地的税务机关填报《跨区域涉税事项报告表》。（　　）

【解析】根据《国家税务总局关于明确跨区域涉税事项报验管理相关问题的公告》（国家税务总局公告2018年第38号）规定，纳税人跨省（自治区、直辖市和计划单列市）临时从事生产经营活动的，向机构所在地的税务机关填报《跨区域涉税事项报告表》。

【答案】正确

10. 以自然人名义纳税的中国公民、华侨、外籍人员和港澳台地区人员，可以由本人自主向税务机关报告身份信息。（　　）

【解析】略

【答案】正确

11. 被投资单位发生个人股东变动或者个人股东所持股权变动的，应当在次月底前向主管税务机关报送股东变动信息及股东变更情况说明。（　　）

【解析】被投资单位发生个人股东变动或者个人股东所持股权变动的，应当在次月15日内向主管税务机关报送股东变动信息及股东变更情况说明。

【答案】错误

12. 纳税人应在年应税销售额超过规定标准月份（季度）所属申报期结束后15日内办理增值税一般纳税人登记或者选择按照小规模纳税人纳税的手续。未按规定时限办理的，应在收到《税务事项通知书》后5日内向主管税务机关办理相关手续；逾期未办理的，自通知时限期满的次月起按销售额依照增值税税率计算应纳税额，不得抵扣进项税额，直至办理相关手续为止。（　　）

【解析】略

【答案】正确

13. 纳入农产品增值税进项税额核定扣除试点范围的纳税人，购进农产品直接销售、购进农产品用于生产经营且不构成货物实体扣除标准的核定由省税务机关批准。（　）

【解析】纳入农产品增值税进项税额核定扣除试点范围的纳税人，购进农产品直接销售、购进农产品用于生产经营且不构成货物实体的，应在申报缴纳税款时向主管税务机关备案。

【答案】错误

14. 年金托管人在第一次代扣代缴年金领取人的个人所得税时，应在《个人所得税基础信息表（A表）》“备注”中注明“年金”。（　）

【解析】根据《全国税务机关纳税服务规范（3.0版）》规定，年金托管人在第一次代扣代缴年金领取人的个人所得税时，应在《个人所得税基础信息表（A表）》“备注”中注明“年金领取”字样。

【答案】错误

15. 两证整合个体工商户信息变更时，纳税人名称、纳税人识别号、生产经营地址、经营范围不能由税务机关发起。（　）

【解析】根据《全国税务机关纳税服务规范（3.0版）》规定，两证整合个体工商户信息发生变化的，应向市场监督管理部门申报信息变更，税务机关接受市场监管部门变更信息，经纳税人确认后更新系统内的对应信息；经纳税人申请，也可由税务机关发起变更。其中，纳税人名称、纳税人识别号、业主姓名、经营范围不能由税务机关发起。

【答案】错误

16. 税务机关办理留抵退税业务应遵循窗口受理、内部流转、限时办结、窗口出件的原则。（　）

【解析】根据《国家税务总局关于办理增值税期末留抵税额退税有关事项的公告》（国家税务总局公告2019年第20号）规定，税务机关按照窗口受理、内部流转、限时办结、窗口出件的原则办理留抵退税。税务机关对纳税人是否符合留抵退税条件、当期允许退还的增量留抵税额等进行审核确认，并将审核结果告知纳税人。

【答案】正确

17. 扣缴义务人为自然人纳税人办理代扣代缴个人所得税时，发现自然人纳税人提供的信息与实际情况不符的，可以要求自然人纳税人自行报告税务机关。（　）

【解析】根据《全国税务机关纳税服务规范（3.0版）》规定，扣缴义务人发现纳税人提供的信息与实际情况不符的，可以要求自然人纳税人修改。自然人纳税人拒绝修改的，扣缴义务人应当报告税务机关。

【答案】错误

## 四、简答题

1. 请简要说明当纳税人的登记信息发生变更时，应当如何办理相应变更手续？

【答案】应从以下方面进行阐述：

（1）一照一码户市场监管等部门登记信息发生变更的，向市场监管等部门申报办理变更登记。自2023年4月1日起，纳税人在市场监管部门依法办理变更登记后，无须向税务机关报告登记变更信息；各省、自治区、直辖市和计划单列市税务机关根据市场监管部门共享的变更登记信息，在金税三期核心征管系统自动同步变更登记信息。处于非正常、非正常户注销等状态的纳税人变更登记信息的，金税三期核心征管系统在其恢复正常状态时自动变更。

（2）两证整合个体工商户信息发生变化的，应向市场监管部门申报信息变更，税务机关接收市场监管部门变更信息，经纳税人确认后更新系统内的对应信息；经纳税人申请，也可由税务机关发起变更。其中，纳税人名称、纳税人识别号、业主姓名、经营范围不能由税务机关发起。

（3）办理纳税人（扣缴义务人）身份信息报告，领取《税务登记证》（正、副本）、《临时税务登记证》（正、副本）、《扣缴税款登记证》等税务证件的，向主管税务机关办理变更手续。

2. 请简要说明当纳税人提出自身与某企业无任何关系，要求税务机关不再向自己发出与该企业相关的涉税提醒时，应当如何办理？

【答案】应从以下方面进行阐述：

（1）首先向纳税人了解其自身此前是否与企业有雇佣或任职关系。如为财务负责人和其他办税人员离职的，根据原任职单位离职证明，解除其与纳税人的关联关系。（未取得离职证明的，在个人声明中对已离职作出承诺的，可不再报送。）

（2）如属于个人身份信息冒用的，应当按以下要求进行办理：

①主张身份证件被冒用于登记注册为法定代表人，根据登记机关登记信息的变化情况，更改该法定代表人与纳税人的关联关系。

②主张身份证件被冒用于登记为财务负责人和其他办税人员，根据其出具的个人声明、公安机关接报案回执等相关资料，解除其与纳税人的关联关系。（公安机关接报案回执未取得可不报送。）

③主张本人身份信息被其他单位或个人违法使用办理虚假纳税申报的自然人纳税人，可向税务机关进行检举。

3. 请简述“一照一码”“两证整合”以外的纳税人需向主管税务机关办理注销税务登记的情形。

【答案】应从以下方面进行阐述：

根据《全国税务机关纳税服务规范（3.0版）》规定，“一照一码”“两证整合”以外的纳税人发生以下情形的，向主管税务机关办理注销税务登记：

（1）因解散、破产、撤销等情形，依法终止纳税义务的。

（2）按规定不需要在市场监督管理机关或者其他机关办理注销登记的，但经有关机关批准或者宣告终止的。

（3）被市场监督管理机关吊销营业执照或者被其他机关予以撤销登记的。

（4）境外企业在中华人民共和国境内承包建筑、安装、装配、勘探工程和提供劳务，项目完工离开中国的。

（5）外国企业常驻代表机构驻在期届满、提前终止业务活动的。

（6）非境内注册居民企业经国家税务总局确认终止居民身份的。

## 五、案例分析题

1. 甜蜜蜜食品有限公司是一家小微企业，以销售罐头为主要业务，2024年6月之前为按季申报小规模纳税人，2024年7月登记为一般纳税人。自2024年1月至7月发生以下业务：

（1）2024年第一季度销售货物收入30万元，3月取得生活服务收入5万元。

（2）2024年第一季度应纳税所得额为10万元。

（3）2024年第二季度销售货物收入35万元，销售不动产收入150万元。

（4）自2023年7月1日至2024年6月30日，该公司的销售额合计640万元，其中，销售货物收入480万元，生活服务收入10万元，销售不动产收入150万元。

（5）2024年7月购进一批农产品，用于生产，开具农产品收购发票，金额为30万元，并于同月将该批农产品全部用于生产罐头。

说明：以上收入均不含增值税。

请根据上述资料和相关税法规定，回答下列问题：

（1）该公司老板于2024年7月14日得知销售额超过500万元需要进行一般纳税人登记，让财务负责人丁某去办理。下列说法中正确的有（　　）。（多选）

A. 该公司兼有销售货物和销售服务的，应税货物销售额与应税服务销售额分别计算，分别适用增值税一般纳税人登记标准

B. 该公司免税销售额不计入累计应征增值税销售额

C. 该公司可以选择不登记为一般纳税人

D. 该公司可以选择登记为一般纳税人

【解析】选项A说法错误，《国家税务总局关于增值税一般纳税人登记管理若干事项的公告》（国家税务总局公告2018年第6号）中“纳税人兼有销售货物、提供

加工修理修配劳务和销售服务、无形资产、不动产的，应税货物及劳务销售额与应税行为销售额分别计算，分别适用增值税一般纳税人登记标准，其中有一项销售额超过规定标准，就应当按照规定办理增值税一般纳税人登记相关手续”的规定已废止。根据《财政部 税务总局关于统一增值税小规模纳税人标准的通知》（财税〔2018〕33 号）规定，增值税小规模纳税人标准为年应征增值税销售额 500 万元及以下。

选项 B 说法错误，根据《国家税务总局关于增值税一般纳税人登记管理若干事项的公告》（国家税务总局公告 2018 年第 6 号）规定，纳税申报销售额是指纳税人自行申报的全部应征增值税销售额，其中包括免税销售额和税务机关代开发票销售额。

选项 C、D 说法正确，根据《增值税一般纳税人登记管理办法》规定，纳税人偶然发生的销售无形资产、转让不动产的销售额，不计入应税行为年应税销售额。年应税销售额未超过规定标准的纳税人，会计核算健全，能够提供准确税务资料的，可以向主管税务机关办理一般纳税人登记。

【答案】CD

（2）该公司 2024 年 7 月购进农产品，可抵扣进项税额为（　　）万元。（单选）

A. 2.7　　B. 3

C. 3.9　　D. 4.8

【解析】根据《财政部 税务总局 海关总署关于深化增值税改革有关政策的公告》（财政部 税务总局 海关总署公告 2019 年第 39 号）规定，纳税人购进农产品，原适用 10% 扣除率的，扣除率调整为 9%。纳税人购进用于生产或者委托加工 13% 税率货物的农产品，按照 10% 的扣除率计算进项税额。该公司 7 月购进农产品，可抵扣进项税额为 3 万元（30 × 10%）。

【答案】B

（3）该公司会计丁某于 2024 年 6 月到税务机关咨询税收优惠政策。以下说法中正确的有（　　）。（多选）

A. 2024 年 7 月 10 日该纳税人申报第二季度增值税时可以享受小规模人免税政策

B. 纳税人 5 月开具的一份增值税专用发票，由于销售人员失误，发票尚未交付给购买方，购买方也未用于申报抵扣，该纳税人可在增值税发票管理新系统中填开并上传《开具红字增值税专用发票信息表》，销售方填开该表时应填写相对应的蓝字专用发票信息

C. 该纳税人在预缴第一季度企业所得税时应缴纳企业所得税 0.5 万元

D. 该纳税人 2024 年 3 月取得的生活服务收入免征增值税

【解析】选项 A 说法错误，根据《财政部 税务总局关于明确增值税小规模纳税人

减免增值税等政策的公告》（财政部 税务总局公告2023年第1号）和《财政部 税务总局关于增值税小规模纳税人减免增值税政策的公告》（财政部 税务总局公告2023年第19号）的规定，自2023年1月1日至2027年12月31日，对月销售额10万元以下（含本数，以1个季度为1个纳税期的，季度销售额未超过30万元）的增值税小规模纳税人，免征增值税。

选项B说法正确，按照《国家税务总局关于红字增值税发票开具有关问题的公告》（国家税务总局公告2016年第47号）规定，增值税一般纳税人开具增值税专用发票后，发生销货退回、开票有误、应税服务中止等情形但不符合发票作废条件，或者因销货部分退回及发生销售折让，需要开具红字专用发票的，按以下方法处理：销售方开具专用发票尚未交付购买方，以及购买方未用于申报抵扣并将发票联及抵扣联退回的，销售方可在增值税发票管理新系统中填开并上传《开具红字增值税专用发票信息表》。销售方填开此表时应填写相对应的蓝字专用发票信息。

选项C说法正确，根据《财政部 税务总局关于进一步支持小微企业和个体工商户发展有关税费政策的公告》（财政部 税务总局公告2023年第12号）的规定，对小型微利企业减按25%计算应纳税所得额，按20%的税率缴纳企业所得税政策，延续执行至2027年12月31日。应缴企业所得税 $=10\times25\%\times20\%=0.5$（万元）。

选项D说法错误，根据《财政部 税务总局关于明确增值税小规模纳税人减免增值税等政策的公告》（财政部 税务总局公告2023年第1号）和《财政部 税务总局关于增值税小规模纳税人减免增值税政策的公告》（财政部 税务总局公告2023年第19号）的规定，自2023年1月1日至2027年12月31日，对月销售额10万元以下（含本数，以1个季度为1个纳税期的，季度销售额未超过30万元）的增值税小规模纳税人，免征增值税。

【答案】BC

2. 某房地产开发公司，刚从市场监管部门取得加载统一社会信用代码的营业执照，经营范围是房地产开发、销售，兼营建筑设备租赁、写字楼出租，登记注册类型是有限责任公司，生产经营地址在M市N区人民路102号。2024年1月，该公司办税人员到税务局咨询相关业务，导税人员小李接待了她。

请根据上述资料，回答下列问题：

（1）公司办税人员咨询办理登记信息确认的相关问题，小李的回答正确的是（　　）。（单选）

A. 纳税人可通过电子税务局进行办理

B. 在取得营业执照的当天必须完成登记信息确认

C. 公司法人必须在大厅完成实名认证

D. 以上都对

【解析】根据《全国税务机关纳税服务规范（3.0 版）》规定，实行“多证合一、一照一码”登记模式纳税人，首次办理涉税事宜时，到税务机关进行登记信息确认。实名认证可通过客户端等自行认证。

【答案】A

（2）办税人员可以在电子税务局上自行提交变更申请的有（　　）。（多选）

A. 税费种认定　　B. 从业人数

C. 财务负责人信息　　D. 票种核定

【解析】税费种认定不是依申请事项，需税务人员进行维护。

【答案】BCD

（3）公司写字楼出租业务的“国标行业”，在金税三期核心征管系统中归属的门类是（　　）。（单选）

A. 商务与租赁服务　　B. 建筑业

C. 房地产业　　D. 居民服务、修理和其他服务业

【解析】不动产出租服务行业应选择“房地产租赁经营”，归属在“房地产业”的门类中。

【答案】C

（4）一周后，该公司开立了基本存款账户。对于存款账户账号报告，下列说法正确的有（　　）。（多选）

A. 纳税人采用新办纳税人“套餐式”服务的，可在“套餐式”服务内一并办理存款账户账号报告业务

B. 应当自开立基本存款账户或者其他存款账户之日起 5 日内办理

C. 纳税人必须提供账户、账号开立证明原件

D. 税务机关提供“最多跑一次”服务

【解析】根据《全国税务机关纳税服务规范（3.0 版）》的规定，纳税人办理存款账户账号报告需提供账户、账号开立证明复印件。应当自开立基本存款账户或者其他存款账户之日起 15 日内办理。

【答案】AD

错题、要点整理页

# 第三章　发票办理

## >>本章知识框架

| 节 | 细目 | 知识点 | 学习进度 |
|---|---|---|---|
| 发票办理概述 | 发票办理概述 | 【知识点】发票办理概述 | |
| 发票领用 | 发票票种核定 | 【知识点1】发票票种核定的概述 | |
| | | 【知识点2】新办纳税人首次申领增值税发票 | |
| | | 【知识点3】离线开具发票 | |
| | | 【知识点4】印有本单位名称发票 | |
| | | 【知识点5】办理时限 | |
| | 增值税专用发票（增值税税控系统）最高开票限额审批 | 【知识点1】增值税专用发票（增值税税控系统）最高开票限额审批的概述 | |
| | | 【知识点2】增值税专用发票（增值税税控系统）最高开票限额审批的相关规定 | |
| | | 【知识点3】办理时限 | |
| | 发票领用、验旧、缴销 | 【知识点1】领用环节 | |
| | | 【知识点2】验旧环节 | |
| | | 【知识点3】缴销环节 | |
| 发票代开 | 代开增值税专用发票 | 【知识点1】代开增值税专用发票的范围 | |
| | | 【知识点2】汇总代开增值税专用发票 | |
| | | 【知识点3】销售或出租不动产 | |
| | | 【知识点4】提供建筑服务 | |
| | | 【知识点5】办理时限 | |

续表

| 节 | 细目 | 知识点 | 学习进度 |
|---|---|---|---|
| 发票代开 | 代开增值税普通发票 | 【知识点 1】代开增值税普通发票的范围 | |
| | | 【知识点 2】汇总代开增值税普通发票 | |
| | | 【知识点 3】销售或出租不动产 | |
| | | 【知识点 4】办理时限 | |
| | 代开发票作废 | 【知识点 1】代开发票作废的相关规定 | |
| | | 【知识点 2】办理时限 | |
| 发票开具和保管 | 存根联数据采集 | 【知识点 1】上线开具发票存根联数据采集 | |
| | | 【知识点 2】离线开具发票存根联数据采集 | |
| | | 【知识点 3】办理时限 | |
| | 红字增值税专用发票开具申请 | 【知识点 1】红字增值税专用发票开具申请一般规定 | |
| | | 【知识点 2】特殊情形处理 | |
| | | 【知识点 3】办理时限 | |
| | 发票遗失、损毁报告 | 【知识点 1】发票遗失 、损毁报告一般规定 | |
| | | 【知识点 2】办理时限 | |
| 发票相关服务 | 海关缴款书核查申请 | 【知识点 1】海关缴款书核查申请一般规定 | |
| | | 【知识点 2】办理时限 | |
| | 发票真伪鉴定 | 【知识点 1】发票真伪鉴定 | |
| | | 【知识点 2】办理时限 | |

# >> 习题演练

## 一、单项选择题

1. 新办纳税人首次申领发票的限额是（　　）。

A. 最高开票限额不超过 10 万元，每月最高领用数量不超过 25 份

B. 最高开票限额不超过 10 万元，每月最高领用数量不超过 50 份

C. 增值税专用发票最高开票限额不超过 10 万元，每月最高领用数量不超过 25 份；增值税普通发票最高开票限额不超过 10 万元，每月最高领用数量不超过 50 份

D. 增值税专用发票最高开票限额不超过 10 万元，每月最高领用数量不超过 50

份；增值税普通发票最高开票限额不超过 10 万元，每月最高领用数量不超过 25 份

【解析】根据《国家税务总局关于新办纳税人首次申领增值税发票有关事项的公告》（国家税务总局公告 2018 年第 29 号）规定，首次申领增值税发票的新办纳税人办理发票票种核定，增值税专用发票最高开票限额不超过 10 万元，每月最高领用数量不超过 25 份；增值税普通发票最高开票限额不超过 10 万元，每月最高领用数量不超过 50 份。各省税务机关可以在此范围内结合纳税人税收风险程度，自行确定新办纳税人首次申领增值税发票票种核定标准。

【答案】C

2. 辅导期纳税人一个月内多次领用增值税专用发票的，应从当月第二次领用增值税专用发票起，按照（　　）预缴增值税。

A. 上一次已领用并开具的增值税专用发票销售额的 3%

B. 上一次已领用增值税专用发票的最高开票额的 3%

C. 上月的增值税应税销售额的 3%

D. 上年同期开具增值税专用发票销售额的 3%

【解析】根据《增值税一般纳税人纳税辅导期管理办法》第九条规定，辅导期纳税人一个月内多次领用增值税专用发票的，应从当月第二次领用增值税专用发票起，按照上一次已领用并开具的增值税专用发票销售额的 3% 预缴增值税，未预缴增值税的，主管税务机关不得向其发放增值税专用发票。

【答案】A

3. 代开增值税专用发票的备注栏上，应加盖（　　）；代开增值税普通发票的备注栏上，应加盖（　　）。

A. 申请代开单位的发票专用章；税收业务专用章

B. 征税专用章；税收业务专用章

C. 申请代开单位行政公章；征税专用章

D. 税收业务专用章；征税专用章

【解析】根据增值税发票开具相关规定，增值税纳税人应在代开增值税专用发票的备注栏上，加盖本单位的发票专用章（为其他个人代开的特殊情况除外）。税务机关在代开增值税普通发票（以及为其他个人代开增值税专用发票）的备注栏上，加盖税务机关代开发票专用章。

【答案】A

4. 对于新办理市场主体登记且通过增值税发票管理系统开具发票的纳税人，主管税务机关为其核定发票票种后（　　）个自然月内，不得允许纳税人离线开具发票，按照有关规定不使用网络办税或不具备网络条件的特定纳税人除外。

A. 1　　B. 2
C. 3　　D. 4

【解析】根据相关规定，对于新办理市场主体登记且通过增值税发票管理系统开具发票的纳税人，主管税务机关为其核定发票票种后3个自然月内，不得允许纳税人离线开具发票，按照有关规定不使用网络办税或不具备网络条件的特定纳税人除外。

【答案】C

5. 其他个人采取一次性收取租金形式出租（　　）取得的租金收入，可在对应的租赁期内平均分摊，分摊后的月租金收入未超过10万元的，免征增值税。

A. 不动产　　B. 机器设备
C. 居住用房　　D. 商业用房

【解析】根据《国家税务总局关于增值税小规模纳税人减免增值税等政策有关征管事项的公告》（国家税务总局公告2023年第1号）第三条规定，《中华人民共和国增值税暂行条例实施细则》第九条所称的其他个人，采取一次性收取租金形式出租不动产取得的租金收入，可在对应的租赁期内平均分摊，分摊后的月租金收入未超过10万元的，免征增值税。

【答案】A

6. 接受税务机关委托代征税款的保险企业向个人保险代理人支付佣金费用后，向税务机关申请代开增值税普通发票时，税务机关需在发票备注栏进行备注。以下选项符合相应备注规定的是（　　）。

A. 汇总代开
B. 个人汇总代开
C. 个人保险代理人汇总代开
D. 保险代理人汇总代开

【解析】根据《国家税务总局关于个人保险代理人税收征管有关问题的公告》（国家税务总局公告2016年第45号）规定，个人保险代理人为保险企业提供保险代理服务，接受税务机关委托代征税款的保险企业，向个人保险代理人支付佣金费用后，可代个人保险代理人统一向主管税务机关申请汇总代开增值税普通发票或增值税专用发票。代开发票的税务机关在发票备注栏备注“个人保险代理人汇总代开”字样。

【答案】C

7. 下列关于海关缴款书核查申请说法中，错误的是（　　）。

A. 自2020年2月1日起，对于稽核比对结果为不符、缺联的海关缴款书，纳税人应当持海关缴款书原件向主管税务机关申请数据修改或核对
B. 自2020年2月1日起，对于稽核比对结果为重号的海关缴款书，纳税人可向主管税务机关申请核查

C. 自2020年2月1日起，对于稽核比对结果为滞留的海关缴款书，可继续参与稽核比对，纳税人不需要申请数据核对

D. 增值税一般纳税人取得的2017年7月1日及以后开具的海关缴款书，应当自开具之日起360日内通过选择确认平台进行选择确认或申请稽核比对

【解析】根据《国家税务总局关于取消增值税扣税凭证认证确认期限等增值税征管问题的公告》（国家税务总局公告2019年第45号）规定，增值税一般纳税人取得2017年1月1日及以后开具的增值税专用发票、海关进口增值税专用缴款书、机动车销售统一发票、收费公路通行费增值税电子普通发票，取消认证确认、稽核比对、申报抵扣的期限。

【答案】D

8. 下列情形中，不允许纳税人继续申报抵扣其进项税额的是（　　）。

A. 增值税一般纳税人取得的增值税扣税凭证已认证、已选择确认或已采集上报信息，但未按照规定期限申报抵扣的

B. 实行纳税辅导期管理的增值税一般纳税人，取得的增值税扣税凭证稽核比对结果相符但未按照规定期限申报抵扣的

C. 实行海关进口增值税专用缴款书“先比对后抵扣”管理办法的增值税一般纳税人，取得的增值税扣税凭证稽核比对结果相符但未按规定期限申报抵扣的

D. 由于企业办税人员疏忽未及时认证的抵扣凭证

【解析】纳税人发生真实交易且存在客观原因，属于下列情形的，经税务机关核实后，允许纳税人继续申报抵扣其进项税额：①增值税一般纳税人取得的增值税扣税凭证已认证、已选择确认或已采集上报信息，但未按照规定期限申报抵扣的。②实行纳税辅导期管理的增值税一般纳税人，取得的增值税扣税凭证稽核比对结果相符但未按照规定期限申报抵扣的。③实行海关进口增值税专用缴款书“先比对后抵扣”管理办法的增值税一般纳税人，取得的增值税扣税凭证稽核比对结果相符但未按规定期限申报抵扣的。

【答案】D

9. 辅导期纳税人领用的增值税专用发票未使用完而再次领用的，领用的增值税专用发票的份数不得超过（　　）。

A. 核定的每次领用增值税专用发票份数

B. 未使用完的增值税专用发票份数

C. 核定的每次领用增值税专用发票份数与未使用完的增值税专用发票份数的差额

D. 核定的每月领用增值税专用发票的一半

【解析】根据《增值税一般纳税人纳税辅导期管理办法》第八条规定，辅导期纳

税人领用的增值税专用发票未使用完而再次领用的，主管税务机关发放增值税专用发票的份数不得超过核定的每次领用增值税专用发票份数与未使用完的增值税专用发票份数的差额。

【答案】C

10. 某餐厅于2019年1月成立，到税务机关办理首次申领增值税发票，如果要求税务机关在接受申请之日起2个工作日内办结，该餐厅需要同时符合的条件不包括（　　）。

A. 该餐厅的办税人员和业主已经进行实名信息采集和验证

B. 该餐厅主动申领发票

C. 该餐厅按照规定办理税控设备发行等事宜

D. 该餐厅进行网上办税服务厅开户

【解析】根据《国家税务总局关于新办纳税人首次申领增值税发票有关事项的公告》（国家税务总局公告2018年第29号）第一条规定，同时满足下列条件的新办纳税人首次申领增值税发票，主管税务机关应当自受理申请之日起2个工作日内办结，有条件的主管税务机关当日办结：

（1）纳税人的办税人员、法定代表人已经进行实名信息采集和验证（需要采集、验证法定代表人实名信息的纳税人范围由各省税务机关确定）；

（2）纳税人有开具增值税发票需求，主动申领发票；

（3）纳税人按照规定办理税控设备发行等事项。

【答案】D

11. 下列关于纸质发票的说法错误的是（　　）。

A. 纸质发票的基本联次包括存根联、发票联、记账联

B. 存根联由收款方或受票方留存备查

C. 发票联由付款方或受票方作为付款原始凭证

D. 记账联由收款方或开票方作为记账原始凭证

【解析】根据《中华人民共和国发票管理办法实施细则》规定，纸质发票的基本联次包括存根联、发票联、记账联。存根联由收款方或开票方留存备查，发票联由付款方或受票方作为付款原始凭证，记账联由收款方或开票方作为记账原始凭证。

【答案】B

12. 增值税发票查验平台可以查验的发票，不包括（　　）。

A. 增值税专用发票

B. 增值税电子专用发票

C. 通用定额发票

D. 二手车销售统一发票

【解析】增值税发票查验平台可以查验的发票有：①使用增值税发票管理系统开具

的发票；②使用电子发票服务平台开具的发票。

【答案】C

13. 下列业务中，可以由付款方向收款方开具发票的是（　　）。

A. 某公司向商场提供的保洁服务

B. 某公司向超市购入一批农产品

C. 某已备案汽车销售企业从自然人处购进二手车

D. 某公司提供货物运输服务

【解析】根据商务部等 17 部门《关于搞活汽车流通 扩大汽车消费若干措施的通知》（商消费发〔2022〕92 号）规定，自 2022 年 10 月 1 日起，对已备案汽车销售企业从自然人处购进二手车的，允许企业反向开具二手车销售统一发票并凭此办理转移登记手续。选项 C 正确。

【答案】C

14. 甲商贸公司 2024 年 2 月 29 日办理增值税一般纳税人登记，其首次开票时间为 2024 年 3 月 31 日，那么甲公司在（　　）前不得离线开具发票。

A. 2024 年 4 月 30 日　　B. 2024 年 5 月 31 日

C. 2024 年 6 月 30 日　　D. 2024 年 7 月 31 日

【解析】根据《国家税务总局关于异常增值税扣税凭证管理等有关事项的公告》（国家税务总局公告 2019 年第 38 号）规定，新办理增值税一般纳税人登记的纳税人，自首次开票之日起 3 个月内不得离线开具发票，按照有关规定不使用网络办税或不具备风险条件的特定纳税人除外。选项 C 正确。

【答案】C

15. 下列关于机动车销售统一发票说法错误的是（　　）。

A. 机动车销售统一发票打印内容出现压线或者出格的，需退还重新开具

B. 按照“一车一票”原则开具机动车销售统一发票

C. 开具纸质机动车销售统一发票后，如发生销货退回或开具有误的，销售方应开具红字发票，红字发票内容应与原蓝字发票一一对应

D. 消费者丢失机动车销售统一发票，无法办理车辆购置税纳税申报或者机动车注册登记的，应向销售方申请重新开具机动车销售统一发票

【解析】根据《机动车发票使用办法》规定，机动车销售统一发票打印内容出现压线或者出格的，若内容清晰完整，无须退还重新开具。选项 A 说法错误。

【答案】A

16. 下列业务发票税率栏应填写“不征税”的是（　　）。

A. 房地产开发企业以预收款方式销售自行开发的房地产项目

B. 销售免税货物

C. 建筑企业提供的建筑服务

D. 自然人出租自建住房

【解析】根据《国家税务总局关于营改增试点若干征管问题的公告》（国家税务总局公告2016年第53号）规定，“未发生销售行为的不征税项目”下设601“预付卡销售和充值”、602“销售自行开发的房地产项目预收款”、603“已申报缴纳营业税未开票补开票”，使用“未发生销售行为的不征税项目”编码，发票税率栏应填写“不征税”，不得开具增值税专用发票。选项A正确。

【答案】A

17. 下列关于电子发票说法错误的是（　　）。

A. 电子发票与纸质发票具有同等法律效力

B. 虽然电子发票与纸质发票的法律效力相同，但受票方可以拒收

C. 开具电子发票后，如发生销售退回、开票有误、应税服务中止、销售折让等情形的，应当按照规定开具红字发票

D. 单位和个人开发电子发票信息系统自用或者为他人提供电子发票服务的，应当遵守国务院税务主管部门的规定

【解析】根据《中华人民共和国发票管理办法实施细则》规定，电子发票与纸质发票的法律效力相同，任何单位和个人不得拒收。

【答案】B

18. 下列业务中，不属于虚开发票行为的是（　　）。

A. 为他人开具与实际经营业务情况不符的发票

B. 为自己开具与实际经营业务情况相符的发票

C. 让他人为自己开具与实际经营业务情况不符的发票

D. 介绍他人开具与实际经营业务情况不符的发票

【解析】根据《中华人民共和国发票管理办法》规定，任何单位和个人不得有下列虚开发票行为：①为他人、为自己开具与实际经营业务情况不符的发票；②让他人为自己开具与实际经营业务情况不符的发票；③介绍他人开具与实际经营业务情况不符的发票。选项A、C、D均属于虚开发票行为。

【答案】B

19. 下列发票中，可以抵扣进项税额的是（　　）。

A. 纸质普通发票　　B. 电子普通发票

C. 增值税专用发票　　D. 通用定额发票

【解析】根据《中华人民共和国增值税暂行条例》规定，从销售方取得的增值税专用发票上注明的增值税额准予从销项税额中抵扣。

【答案】C

20. 以下关于提供建筑服务的纳税人开具发票说法正确的是（　　）。

A. 应在发票的备注栏注明建筑服务发生地县（市、区）名称

B. 应在发票的备注栏注明合同金额

C. 无须在发票的备注栏注明项目名称

D. 应在发票的备注栏注明合同签订日期

【解析】根据《国家税务总局关于全面推开营业税改征增值税试点有关税收征收管理事项的公告》（国家税务总局公告2016年第23号）规定，提供建筑服务，纳税人自行开具或者税务机关代开增值税发票时，应在发票的备注栏注明建筑服务发生地县（市、区）名称及项目名称。

【答案】A

21. 以下关于销售不动产的纳税人开具发票说法错误的是（　　）。

A. 应在发票“货物或应税劳务、服务名称”栏填写不动产名称

B. 无房屋产权证书的，不能开具发票

C. “单位”栏填写面积单位

D. 备注栏注明不动产的详细地址

【解析】根据《国家税务总局关于全面推开营业税改征增值税试点有关税收征收管理事项的公告》（国家税务总局公告2016年第23号）规定，销售不动产，纳税人自行开具或者税务机关代开增值税发票时，应在发票“货物或应税劳务、服务名称”栏填写不动产名称及房屋产权证书号码（无房屋产权证书的可不填写），“单位”栏填写面积单位，备注栏注明不动产的详细地址。

【答案】B

22. 以下关于发票缴销业务说法错误的是（　　）。

A. 纳税人跨区域经营活动结束，应当向经营地税务机关结清税款、缴销发票

B. 开具发票的纳税人应当在办理信息变更（指纳税人因住所、经营地点变动，涉及改变主管税务机关的）或者清税注销的同时，办理发票的缴销手续

C. 开具发票的纳税人应当在办理清税注销的同时，办理发票的缴销手续

D. 税务机关无须对纳税人领用的空白发票作剪角处理

【解析】根据《全国税务机关纳税服务规范（3.0版）》发票缴销业务规定，税务机关对纳税人领用的空白发票作剪角处理。

【答案】D

23. 下列业务中，不得开具增值税专用发票的是（　　）。

A. 商业企业一般纳税人零售烟酒

B. 个人将商铺出租给某企业

C. 某单位提供的安保服务

D. 某工业企业销售机器设备

【解析】商业企业一般纳税人零售的烟、酒、食品、服装、鞋帽（不包括劳保专用部分）、化妆品等消费品不得开具专用发票。

【答案】A

24. 下列关于增值税专用发票开具的要求，说法错误的是（　　）。

A. 项目齐全，与实际交易相符

B. 字迹清楚，可以压线、错格

C. 发票联和抵扣联加盖财务专用章或者发票专用章

D. 按照增值税纳税义务的发生时间开具

【解析】增值税专用发票应按下列要求开具：①项目齐全，与实际交易相符；②字迹清楚，不得压线、错格；③发票联和抵扣联加盖财务专用章或者发票专用章；④按照增值税纳税义务的发生时间开具。

【答案】B

25. 下列业务可以开具增值税专用发票的是（　　）。

A. 销售古旧图书　　B. 销售避孕药品

C. 销售电梯　　D. 为个人提供的餐饮服务

【解析】根据《中华人民共和国增值税暂行条例》规定，属于下列情形之一的，不得开具增值税专用发票：①应税销售行为的购买方为消费者个人的；②发生应税销售行为适用免税规定的。

【答案】C

26. 甲企业 2024 年 6 月丢失增值税专用发票一张，以下说法不正确的是（　　）。

A. 同时丢失已开具增值税专用发票的发票联和抵扣联，可凭加盖销售方发票专用章的相应发票记账联复印件，作为增值税进项税额的抵扣凭证、退税凭证或记账凭证

B. 必须统一在《中国税务报》上刊登声明

C. 纳税人丢失已开具增值税专用发票的抵扣联，可凭相应发票的发票联复印件，作为增值税进项税额的抵扣凭证或退税凭证

D. 纳税人丢失已开具增值税专用发票的发票联，可凭相应发票的抵扣联复印件，作为记账凭证

【解析】根据《国家税务总局关于公布取消一批税务证明事项以及废止和修改部分规章规范性文件的决定》（国家税务总局令第 48 号）规定，删去《中华人民共和国发票管理办法实施细则》第三十一条中的“并登报声明作废”。

【答案】B

## 二、多项选择题

1. 在境内提供公路运输服务的小规模纳税人，可以向税务机关申请代开增值税专用发票。下列选项中，可以为其代开发票的地点有（　　）。

A. 税务登记地　　B. 货物起运地

C. 货物到达地　　D. 运输货物中转地

【解析】根据《货物运输业小规模纳税人申请代开增值税专用发票管理办法》规定，在中国境内提供公路货物运输和内河货物运输的小规模纳税人，可在税务登记地、货物起运地、货物到达地或运输业务承揽地中任何一地，就近向税务机关申请代开增值税专用发票。

【答案】ABC

2. 接受税务机关委托代征税款的特定行业企业，向代理人或经纪人支付佣金费用后，可代代理人或经纪人统一向主管税务机关申请汇总代开增值税普通发票或增值税专用发票，特定行业有（　　）。

A. 保险业　　B. 证券业

C. 信用卡业　　D. 旅游业

【解析】根据《国家税务总局关于个人保险代理人税收征管有关问题的公告》（国家税务总局公告2016年第45号）规定，接受税务机关委托代征税款的保险业、证券业、信用卡业和旅游业企业，向代理人或经纪人支付佣金费用后，可代代理人或经纪人统一向主管税务机关申请汇总代开增值税普通发票或增值税专用发票。

【答案】ABCD

3. 下列关于增值税税控系统专用设备的说法，不正确的有（　　）。

A. 纳税人取得由服务单位开具的税控设备销售发票以及相关的技术维护费发票（首次购买），可以按照发票票面的税额抵减增值税税款，不足抵减的可结转下期继续抵减

B. 纳税人需要增加分开票机的，必须对原有的主开票机专用设备进行变更

C. 纳税人减少开票分机，需要上缴税控系统专用设备

D. 按季申报的纳税人使用增值税发票管理系统可以按季进行抄报税

【解析】根据增值税发票管理相关规定，增值税纳税人2011年12月1日（含，下同）以后初次购买增值税税控系统专用设备（包括分开票机）支付的费用，可凭购买增值税税控系统专用设备取得的增值税专用发票，在增值税应纳税额中全额抵减（抵减额为价税合计额），不足抵减的可结转下期继续抵减。增值税纳税人2011年12月1日以后缴纳的技术维护费（不含补缴的2011年11月30日以前的技术维护费），可凭技术维护服务单位开具的技术维护费发票，在增值税应纳税额中全额抵减，不足抵减的可结转下期继续抵减。因此，选项A说法错误。根据增值税发票管理相关规定，纳

税人需要增加分开票机的，必须对原有的主开票机专用设备进行变更。纳税人有下列情形之一的，需要上缴税控系统专用设备：①依法清税注销、终止纳税义务；②减少分开票机。因此，选项B、C说法正确。

根据增值税发票管理相关规定，使用增值税发票系统升级版的月改季的增值税小规模纳税人，仍需要每个月进行清卡操作，因此，选项D说法错误。

【答案】AD

4. 以下情形中，纳税人需要到税务机关办理发票缴销的有（　　）。

A. 信息变更或清税注销

B. 跨区域经营活动结束

C. 发票换版、损毁等

D. 已开具需重新领用发票

【解析】根据《全国税务机关纳税服务规范（3.0版）》规定，纳税人因信息变更或清税注销，跨区域经营活动结束，发票换版、损毁等原因按规定需要缴销发票的，到税务机关进行缴销处理。税务机关对纳税人领用的空白发票作剪角处理。

【答案】ABC

5. 以下选项，属于税务机关为销售不动产的纳税人代开增值税发票时，应填写的项目有（　　）。

A. 不动产名称

B. 房屋产权证书号码

C. 其他个人的所在单位

D. 不动产的详细地址

【解析】根据《全国税务机关纳税服务规范（3.0版）》规定，销售不动产，纳税人代开增值税发票时，应在“货物或应税劳务、服务名称”栏填写不动产名称及房屋产权证书号码（无房屋产权证书的可不填写），“单位”栏填写面积单位，应提供不动产的详细地址。因此，选项A、B、D正确。

【答案】ABD

6. 下列情形中，不得为纳税人代为开具增值税专用发票的有（　　）。

A. 某空调销售企业为张三安装空调

B. 某企业为农村合作社种植的稻谷进行病虫害防治

C. 某小规模纳税人销售旧机床

D. 张三购置的房产销售给中国建设银行

【解析】根据《中华人民共和国增值税暂行条例》规定，向消费者个人销售货物或者应税劳务的、销售货物或者应税劳务适用免税规定的、小规模纳税人销售货物或者应税劳务的，不得代开增值税专用发票。

根据《国家税务总局关于增值税简易征收政策有关管理问题的通知》（国税函〔2009〕90号）规定，小规模纳税人销售自己使用过的固定资产，应开具增值税普通发票，不得由税务机关代开增值税专用发票；根据《国家税务总局关于营业税改征增值税委托地税局代征税款和代开增值税发票的通知》（税总函〔2016〕145号）规定，增值税小规模纳税人销售其取得的不动产以及其他个人出租不动产，购买方或承租方不属于其他个人的，纳税人缴纳增值税后可以向税务机关申请代开增值税专用发票。

【答案】ABC

7. 以下关于申请代开增值税普通发票的说法正确的有（　　）。

A. “销售方开户行及账号”栏填写税收完税凭证字轨及号码或系统税票号码

B. “货物或应税劳务、服务名称”栏填写不动产名称及房屋产权证书号码，“单位”栏填写面积单位

C. 在代开增值税发票的备注栏上，加盖税务机关代开发票专用章

D. 税务机关留存增值税普通发票第四联、第五联

【解析】根据《国家税务总局关于全面推开营业税改征增值税试点有关税收征收管理事项的公告》（国家税务总局公告2016年第23号）规定，销售不动产，纳税人自行开具或者税务机关代开增值税发票时，应在发票“货物或应税劳务、服务名称”栏填写不动产名称及房屋产权证书号码（无房屋产权证书的可不填写），“单位”栏填写面积单位，备注栏注明不动产的详细地址；税务机关代开增值税发票时，“销售方开户行及账号”栏填写税收完税凭证字轨及号码或系统税票号码（免税代开增值税普通发票可不填写）。

根据《国家税务总局关于营业税改征增值税委托地税局代征税款和代开增值税发票的通知》（税总函〔2016〕145号）规定，税务机关为纳税人代开的增值税发票，统一使用六联增值税专用发票和五联增值税普通发票。第四联由代开发票岗位留存，以备发票扫描补录；第五联交征收岗位留存，用于代开发票与征收税款的定期核对；其他联次交纳税人。税务机关应在代开增值税发票的备注栏上，加盖代开发票专用章。

【答案】ABCD

8. 对纳税人开具的增值税专用发票进行作废处理，需要同时满足的条件有（　　）。

A. 收到退回的发票联、抵扣联，且时间未超过销售方开票当月

B. 销售方未抄税且未记账

C. 购买方未认证，或者认证结果为“纳税人识别号认证不符”“增值税专用发票代码、号码认证不符”

D. 购买方取得增值税专用发票未用于认证，但发票联或抵扣联无法退回

【解析】根据增值税发票开具的相关规定，纳税人在开具增值税专用发票当月，发

生销货退回、开票有误等情形，收到退回的发票联、抵扣联符合作废条件的，按作废处理；开具时发现有误的，可即时作废。

作废增值税专用发票须在增值税发票管理新系统中将相应的数据电文按“作废”处理，在纸质增值税专用发票（含未打印的增值税专用发票）各联次上注明“作废”字样，全联次留存。

同时具有下列情形的，为符合作废条件：

（1）收到退回的发票联、抵扣联，且时间未超过销售方开票当月；

（2）销售方未抄税且未记账；

（3）购买方未认证，或者认证结果为“纳税人识别号认证不符”“增值税专用发票代码、号码认证不符”。

【答案】ABC

9. 逾期增值税抵扣凭证抵扣申请的必报资料包括（　　）。

A.《逾期增值税扣税凭证抵扣申请单》

B. 增值税扣税凭证逾期情况说明

C. 逾期增值税扣税凭证及电子信息

D. 逾期增值税扣税凭证复印件及电子信息

【解析】逾期增值税抵扣凭证抵扣申请，必报送的资料有《逾期增值税扣税凭证抵扣申请单》、增值税扣税凭证逾期情况说明、逾期增值税扣税凭证电子信息、逾期增值税扣税凭证复印件。

【答案】ABD

10. 增值税税控系统专用设备变更发行的变更内容包括（　　）。

A. 纳税人名称变更，以及纳税人除名称外其他市场主体登记基本信息变更

B. 纳税人发行授权信息变更

C. 因纳税人金税盘、税控盘、报税盘损坏，而对其金税盘、税控盘、报税盘进行变更

D. 因纳税人开票机数量变化而进行发行变更，以及增值税发票管理新系统离线开票时限和离线开票总金额变更

【解析】根据《全国税务机关纳税服务规范（3.0版）》规定，增值税税控系统专用设备变更发行的变更内容包括：纳税人名称变更；纳税人除名称外其他市场主体登记基本信息变更；纳税人发行授权信息变更；因纳税人金税盘、税控盘、报税盘损坏，而对其金税盘、税控盘、报税盘进行变更；因纳税人开票机数量变化而进行发行变更；增值税发票管理新系统离线开票时限和离线开票总金额变更；购票人员姓名、密码发生变更；等等。

【答案】ABCD

11. 下列查获的发票中，由当地税务机关鉴别的有（　　）。

A. 伪造现场查获的发票

B. 变造现场查获的发票

C. 买卖地查获的发票

D. 存放地查获的发票

【解析】根据《中华人民共和国发票管理办法实施细则》规定，在伪造、变造现场以及买卖地、存放地查获的发票，由当地税务机关鉴别。

【答案】ABCD

12. 下列关于发票印制的说法正确的有（　　）。

A. 印制发票的企业应当取得印刷经营许可证和营业执照

B. 印制发票的企业应当有健全的财务制度和严格的质量监督、安全管理、保密制度

C. 税务机关应当按照政府采购有关规定确定印制发票的企业

D. 发票监制章由国务院税务主管部门制作

【解析】根据《中华人民共和国发票管理办法》规定，印制发票的企业应当具备下列条件：①取得印刷经营许可证和营业执照；②设备、技术水平能够满足印制发票的需要；③有健全的财务制度和严格的质量监督、安全管理、保密制度。税务机关应当按照政府采购有关规定确定印制发票的企业。因此，选项 A、B、C 说法正确。发票监制章由省、自治区、直辖市税务机关制作，选项 D 说法错误。

【答案】ABC

13. 下列关于资源回收企业向自然人报废产品出售者“反向开票”的说法正确的有（　　）。

A. 自然人销售报废产品连续 12 个月“反向开票”累计销售额超过 500 万元的，资源回收企业不得再向其“反向开票”

B. 资源回收企业应当通过电子发票服务平台或增值税发票管理系统，在线向出售者反向开具标注“报废产品收购”字样的发票

C. 资源回收企业向出售者“反向开票”时，仅需要按规定为出售者代办增值税及附加税费的申报事项

D. 出售者通过“反向开票”销售报废产品，可按规定享受小规模纳税人月销售额 10 万元以下免征增值税和 3% 征收率减按 1% 计算缴纳增值税等税费优惠政策

【解析】根据《国家税务总局关于资源回收企业向自然人报废产品出售者“反向开票”有关事项的公告》（国家税务总局公告 2024 年第 5 号）规定，资源回收企业向出售者“反向开票”时，应当按规定为出售者代办增值税及附加税费、个人所得税的

申报事项。因此，选项C说法错误。

【答案】ABD

14. 以下关于发票专用章的内容包括（　　）。

A. 单位和个人的名称

B. 统一社会信用代码或者纳税人识别号

C. 发票专用章字样

D. 住址

【解析】根据《中华人民共和国发票管理办法实施细则》规定，发票专用章是指领用发票单位和个人在其开具纸质发票时加盖的有其名称、统一社会信用代码或者纳税人识别号、发票专用章字样的印章。

【答案】ABC

15. 发票领用方式包括（　　）。

A. 批量供应　　B. 交旧领新

C. 验旧领新　　D. 额度确定

【解析】根据《中华人民共和国发票管理办法实施细则》规定，《中华人民共和国发票管理办法》第十五条所称领用方式是指批量供应、交旧领新、验旧领新、额度确定等方式。

【答案】ABCD

16. 以下属于税控设备的有（　　）。

A. 税控盘　　B. 金税盘

C. 报税盘　　D. 税务 UKey

【解析】略

【答案】ABCD

17. 下列需要上缴增值税税控系统专用设备的情形包括（　　）。

A. 依法清税注销、终止纳税义务

B. 减少分开票机

C. 未向技术维护服务单位支付技术维护费

D. 根据国家税务总局的统一部署，需更换新型号防伪税控设备的，其旧型号防伪税控设备需办理注销发行

【解析】根据《全国税务机关纳税服务规范（3.0版）》增值税税控系统专用设备注销发行业务规定，纳税人有下列情形之一的，需要上缴增值税税控系统专用设备：①依法清税注销、终止纳税义务；②减少分开票机；③根据国家税务总局的统一部署，需更换新型号防伪税控设备的，其旧型号防伪税控设备需办理注销发行。

【答案】ABD

18. 以下可以作为甲企业取得机动车凭据的有（　　）。

A. 增值税专用发票

B. 货物进口证明书

C. 机动车整车出厂合格证

D. 法院判决书

【解析】根据《机动车发票使用办法》规定，取得机动车的相关凭据包括：①增值税专用发票；②海关进口增值税专用缴款书；③货物进口证明书；④机动车整车出厂合格证；⑤法院判决书、裁定书、调解书，以及仲裁裁决书、调解书，公证债权文书；⑥国家税务总局规定的其他凭证。

【答案】ABCD

19. 代开增值税普通发票的，可不填购买方纳税人识别号的有（　　）。

A. 境内某服装销售企业

B. 武警部队的序列单位

C. 非常设组织机构

D. 自然人

【解析】根据《国家税务总局关于纳税人申请代开增值税发票办理流程的公告》（国家税务总局公告2016年第59号）规定，代开增值税普通发票的，购买方为自然人或符合下列条件之一的单位（机构），纳税人识别号可不填写：①我国在境外设立的组织机构；②非常设组织机构；③组织机构的内设机构；④军队、武警部队的序列单位等。

【答案】BCD

20. 下列情况不得开具增值税专用发票的有（　　）。

A. 房地产开发企业销售其自行开发的房地产项目，收到的预收款

B. 零售劳保用品

C. 零售烟酒

D. 向个人销售货物

【解析】商业企业一般纳税人零售的烟、酒、食品、服装、鞋帽（不包括劳保专用部分）、化妆品等消费品不得开具增值税专用发票。因此，零售劳保用品可以开具增值税专用发票。

【答案】ACD

21. 海关缴款书稽核比对的结果有（　　）。

A. 相符　　B. 不符

C. 缺联　　D. 重号

【解析】根据《国家税务总局 海关总署关于实行海关进口增值税专用缴款书“先比对后抵扣”管理办法有关问题的公告》（国家税务总局 海关总署公告2013年第31

号）规定，稽核比对的结果分为相符、不符、滞留、缺联、重号五种。

【答案】ABCD

22. 以下关于增值税专用发票电子化说法正确的有（　　）。

A. 电子专票由各省税务局监制

B. 采用电子签名代替发票专用章

C. 法律效力与增值税纸质专用发票相同

D. 基本用途与增值税纸质专用发票不同

【解析】根据《国家税务总局关于在新办纳税人中实行增值税专用发票电子化有关事项的公告》（国家税务总局公告2020年第22号）规定，电子专票由各省税务局监制，采用电子签名代替发票专用章，属于增值税专用发票，其法律效力、基本用途、基本使用规定等与增值税纸质专用发票相同。选项D说法错误。

【答案】ABC

23. 印制发票的企业应当具备的制度有（　　）。

A. 健全的财务制度

B. 严格的质量监督制度

C. 严格的安全管理制度

D. 严格的保密制度

【解析】根据《中华人民共和国发票管理办法》规定，印制发票的企业应当具备下列条件：①取得印刷经营许可证和营业执照；②设备、技术水平能够满足印制发票的需要；③有健全的财务制度和严格的质量监督、安全管理、保密制度。

【答案】ABCD

**三、判断题**

1. 一般纳税人申请增值税专用发票最高开票限额不超过10万元的，主管税务机关需事前进行实地查验。（　　）

【解析】根据《国家税务总局关于简化增值税发票领用和使用程序有关问题的公告》（国家税务总局公告2014年第19号）规定，一般纳税人申请增值税专用发票最高开票限额不超过10万元的，主管税务机关不需要事前进行实地查验。

【答案】错误

2. 实行纳税辅导期管理的小型商贸批发企业，领用专用发票的最高开票限额不得超过10万元；其他一般纳税人增值税专用发票最高开票限额应根据企业实际经营情况重新核定。（　　）

【解析】根据《增值税一般纳税人纳税辅导期管理办法》规定，实行纳税辅导期管理的小型商贸批发企业，领用增值税专用发票的最高开票限额不得超过10万元；其他一般纳税人增值税专用发票最高开票限额应根据企业实际经营情况重新核定。

【答案】正确

3. 使用增值税发票管理系统的纳税人，领用发票前，应联网上传发票开具信息，或到税务机关抄报增值税发票数据，方便进行发票验旧。（ ）

【解析】使用增值税发票管理系统的纳税人，非首次领用发票前，应联网上传发票开具信息，或到税务机关抄报增值税发票数据，方便进行发票验旧。

【答案】错误

4. 金税盘、税控盘，是指税控系统配套使用的专用设备，该设备通过逐级发行后，可为税控系统提供数据加解密、发票管理、网上申报、抄报税资料监控等功能，实现对增值税发票的防伪和税控的双重功效。（ ）

【解析】根据《全国税务机关纳税服务规范（3.0版）》规定，金税盘、税控盘，是指税控系统配套使用的专用设备，该设备通过逐级发行后，可为税控系统提供数据加解密、发票管理、网上申报、抄报税资料监控等功能，实现对增值税发票的防伪和税控的双重功效。

【答案】正确

5. 开具发票的单位和个人应当按照税务机关的规定存放和保管发票，不得擅自损毁。已经开具的发票存根联和发票领用簿，应当保存3年。（ ）

【解析】已经开具的发票存根联和发票领用簿，应当保存5年。

【答案】错误

6. 纳税人代开增值税发票后，发生销货退回或销售折让等情形需作废已代开发票的，本年内可凭已代开发票向原代开税务机关提出作废申请。（ ）

【解析】根据《全国税务机关纳税服务规范（3.0版）》规定，纳税人代开发票后，发生销货退回或销售折让、开票有误、应税服务中止等情形，需作废已代开增值税发票的，可凭已代开发票在代开当月向原代开税务机关提出作废申请。

【答案】错误

7. A公司为商务服务业的小规模纳税人，已选择自行开具增值税专用发票，仍然可以向税务机关申请代开增值税专用发票。（ ）

【解析】增值税小规模纳税人（其他个人除外），可以选择使用增值税发票管理系统自行开具增值税专用发票，或者向税务机关申请代开。选择自行开具增值税专用发票的小规模纳税人，税务机关不再为其代开。该公司已选择自行开具增值税专用发票，就不能再向税务机关申请代开增值税专用发票。

【答案】错误

8. 增值税发票管理新系统，是指增值税防伪税控系统、增值税电子普通发票（机动车销售发票）税控系统、稽核系统及税务数字证书系统等的整合升级。实现纳税人经过税务数字证书安全认证、加密开具带商品编码的发票数据，通过互联网实时上传税务机关，生成增值税发票电子底账，作为纳税申报、数据查验以及税源管理、数据分析利用的依据。（　）

【解析】根据《全国税务机关纳税服务规范（3.0版）》规定，增值税发票管理新系统，是指增值税防伪税控系统、增值税电子普通发票（机动车销售发票）税控系统、稽核系统及税务数字证书系统等的整合升级。实现纳税人经过税务数字证书安全认证、加密开具带商品编码的发票数据，通过互联网实时上传税务机关，生成增值税发票电子底账，作为纳税申报、数据查验以及税源管理、数据分析利用的依据。

【答案】正确

9. 纳税人多次购买税控设备取得的由服务单位开具的销售发票，均可以按照发票票面的价税合计全额，抵减增值税税款。（　）

【解析】纳税人取得由服务单位开具的税控设备销售发票以及相关的技术维护费发票（首次购买），可以按照发票票面的价税合计全额，抵减增值税税款，不足抵减的可结转下期继续抵减。

【答案】错误

10. 增值税一般纳税人从批发、零售环节购进适用免征增值税政策的蔬菜而取得的增值税普通发票，可以作为计算抵扣进项税额的凭证。（　）

【解析】纳税人从批发、零售环节购进适用免征增值税政策的蔬菜、部分鲜活肉蛋而取得的增值税普通发票，不得作为计算抵扣进项税额的凭证。

【答案】错误

11. 让他人为自己开具与实际经营业务情况不符的发票属于虚开发票行为。（　）

【解析】根据《中华人民共和国发票管理办法》规定，任何单位和个人不得有下列虚开发票行为：①为他人、为自己开具与实际经营业务情况不符的发票；②让他人为自己开具与实际经营业务情况不符的发票；③介绍他人开具与实际经营业务情况不符的发票。

【答案】正确

12. 开具电子发票后，如发生销售退回、开票有误、应税服务中止、销售折让等情形的，可以作废电子发票。（　）

【解析】根据《中华人民共和国发票管理办法实施细则》规定，开具电子发票后，如发生销售退回、开票有误、应税服务中止、销售折让等情形的，应当按照规定开具红字发票。

【答案】错误

13. 纳税人需要通过增值税发票管理系统开具17%、16%、11%、10%税率蓝字发票的，应向主管税务机关办理临时开票权限。（　）

【解析】根据《国家税务总局关于国内旅客运输服务进项税抵扣等增值税征管问题的公告》（国家税务总局公告2019年第31号）规定，自2019年9月20日起，纳税人需要通过增值税发票管理系统开具17%、16%、11%、10%税率蓝字发票的，应向主管税务机关提交《开具原适用税率发票承诺书》，办理临时开票权限。

【答案】正确

14. 自然人报废产品出售者向资源回收企业销售报废产品，符合条件的资源回收企业可以向出售者开具发票。（　　）

【解析】根据《国家税务总局关于资源回收企业向自然人报废产品出售者"反向开票"有关事项的公告》（国家税务总局公告2024年第5号）规定，自2024年4月29日起，自然人报废产品出售者向资源回收企业销售报废产品，符合条件的资源回收企业可以向出售者开具发票。

【答案】正确

15. 开具发票应当使用中文，但民族自治地方可以只使用当地通用的一种民族文字。（　　）

【解析】根据《中华人民共和国发票管理办法实施细则》第三十条规定，开具发票应当使用中文。民族自治地方可以同时使用当地通用的一种民族文字。

【答案】错误

16. 填开发票的单位和个人必须在发生经营业务确认营业收入时开具发票。未发生经营业务一律不准开具发票。（　　）

【解析】根据《中华人民共和国发票管理办法实施细则》第二十四条规定，填开发票的单位和个人必须在发生经营业务确认营业收入时开具发票。未发生经营业务一律不准开具发票。

【答案】正确

17. 增值税一般纳税人取得的2017年7月1日及以后开具的海关缴款书，应当自开具之日起360日内通过选择确认平台进行选择确认或申请稽核比对。（　　）

【解析】根据《国家税务总局关于取消增值税扣税凭证认证确认期限等增值税征管问题的公告》（国家税务总局公告2019年第45号）规定，增值税一般纳税人取得2017年1月1日及以后开具的增值税专用发票、海关进口增值税专用缴款书、机动车销售统一发票、收费公路通行费增值税电子普通发票，取消认证确认、稽核比对、申报抵扣的期限。

【答案】错误

18. 增值税税控系统专用设备信息中涉及发票票种、票量、最高开票限额调整的，无须进行发票票种核定及增值税专用发票（增值税税控系统）最高开票限额审批。（　　）

【解析】根据《全国税务机关纳税服务规范（3.0版）》增值税税控系统专用设备

变更发行业务规定，增值税税控系统专用设备信息中涉及发票票种、票量、最高开票限额调整的，需进行发票票种核定及增值税专用发票（增值税税控系统）最高开票限额审批。

【答案】错误

19. 增值税纳税人使用的税控盘、金税盘、报税盘、税务 UKey 等税控专用设备丢失、被盗，应及时向主管税务机关报告。 （ ）

【解析】根据《全国税务机关纳税服务规范（3.0 版）》增值税税控系统专用设备注销发行业务规定，增值税纳税人使用的税控盘、金税盘、报税盘、税务 UKey 等税控专用设备丢失、被盗，应及时向主管税务机关报告。

【答案】正确

## 四、简答题

1. 造成增值税扣税凭证未按期申报抵扣的客观原因主要包括什么？

【答案】应从以下方面进行阐述：

（1）因自然灾害、社会突发事件等不可抗力原因造成增值税扣税凭证未按期申报抵扣；

（2）有关司法、行政机关在办理业务或者检查中，扣押、封存纳税人账簿资料，导致纳税人未能按期办理申报手续；

（3）税务机关信息系统、网络故障，导致纳税人未能及时取得认证结果通知书或稽核结果通知书，未能及时办理申报抵扣；

（4）由于企业办税人员伤亡、突发危重疾病或者擅自离职，未能办理交接手续，导致未能按期申报抵扣；

（5）国家税务总局规定的其他情形。

2. 主管税务机关为控制风险，可以严格控制哪几类纳税人的增值税专用发票发放数量及最高开票限额，可暂不允许其离线开具发票？

【答案】应从以下方面进行阐述：

（1）“一址多照”、无固定经营场所的纳税人；

（2）纳税信用评价为 D 级的纳税人；

（3）其法人或财务负责人曾任非正常户的法人或财务负责人的纳税人；

（4）其他税收风险等级较高的纳税人。

3. 实行“反向开票”的资源回收企业应符合什么条件？

【答案】应从以下方面进行阐述：

实行“反向开票”的资源回收企业，应当符合以下三项条件之一，且实际从事资源回收业务：

（1）从事危险废物收集的，应当符合国家危险废物经营许可证管理办法的要求，取得危险废物经营许可证；

（2）从事报废机动车回收的，应当符合国家商务主管部门出台的报废机动车回收管理办法要求，取得报废机动车回收拆解企业资质认定证书；

（3）除危险废物、报废机动车外，其他资源回收企业应当符合国家商务主管部门出台的再生资源回收管理办法要求，进行经营主体登记，并在商务部门完成再生资源回收经营者备案。

4. 发票的基本内容包括哪些？

【答案】应从以下方面进行阐述：

发票的基本内容包括发票的名称、发票代码和号码、联次及用途、客户名称、开户银行及账号、商品名称或经营项目、计量单位、数量、单价、大小写金额、税率（征收率）、税额、开票人、开票日期、开票单位（个人）名称（章）等。

5. 机动车销售统一发票开票有误或者发生销售退回情形，关于销售方开具红字发票有什么规定？

【答案】应从以下方面进行阐述：

销售方开具红字发票时，应当收回消费者所持有的纸质机动车销售统一发票。如消费者已办理车辆购置税纳税申报的，不需退回报税联；如消费者已办理机动车注册登记的，不需退回注册登记联；如消费者为增值税一般纳税人且已抵扣增值税的，不需退回抵扣联。

**五、案例分析题**

张某向蒋某借款 1000 万元，借款到期后无法归还，遂用张某名下购买原价为 1100 万元的商铺抵偿，蒋某于 2015 年 10 月取得产权证。2024 年 1 月 4 日，蒋某将商铺出售给顺达商贸公司，签订销售合同，合同注明销售额为 1215 万元，向税务机关申请开具六联增值税专用发票，税务机关评估其价格为 1315 万元（含税）。2024 年 1 月 10 日，顺达商贸公司丢失蒋某申请开具的增值税专用发票的发票联及抵扣联，丢失时未认证确认。2024 年 1 月 15 日，蒋某到办税服务厅咨询如何处理增值税专用发票丢失事宜。蒋某取号以后，未在办税服务厅内发现导税标识，也没有发现咨询台及咨询人员；叫号后，4 号综合服务窗口工作人员李某接待了他。在了解蒋某的情况后，李某表示自己刚刚入职，对政策不是很了解，让蒋某到 1 号窗口询问。蒋某到 1 号窗口排队等候，一直等至17：30，被告知已到下班时间，今天无法给其答复，让其明日再来。蒋某在大厅内也未找到相关领导，一怒之下向12366热线实名投诉大厅工作人员。

请根据上述材料回答以下问题。

1. 关于办税服务厅存在的问题，以下说法正确的有（　　）。（多选）

A. 办税服务厅未设置咨询辅导区

B. 办税服务厅未配备导税人员

C. 4号窗口人员未正确履行一次性告知制度

D. 未落实延时服务制度

【解析】根据办税服务厅规范化建设相关要求，办税服务厅应设办税服务区、咨询辅导区、自助办税区和等候休息区。办税服务厅应当设立导税岗位，导税服务内容包括：引导纳税人在相关的服务区域或窗口办理税费事项；辅导纳税人填写资料和自助办理税费事项；协助纳税人核对资料和表单填写的完整性；解答纳税人办理税费事项咨询；宣传税费法律法规政策；维护办税服务厅秩序。4号窗口人员未正确履行一次性告知制度，应正确告知纳税人办理事项的流程和资料。税务机关应对已到下班时间正在办理涉税事宜或已在办税服务场所等候办理涉税事项的纳税人提供延时办税服务。

【答案】ABCD

2. 蒋某将商铺出售给顺达商贸公司需要缴纳增值税（　　）万元。（单选）

A. 12.62　　B. 15

C. 10.24　　D. 14.99

【解析】根据《纳税人转让不动产增值税征收管理暂行办法》规定，小规模纳税人转让其取得（不含自建）的不动产，除个人转让其购买的住房外，以取得的全部价款和价外费用扣除不动产购置原价或者取得不动产时的作价后的余额为销售额，按照5%的征收率计算应纳税额。

应缴纳增值税税款 = (1315 − 1000) ÷ (1 + 5%) × 5% = 15（万元）

【答案】B

3. 纳税人办理不动产产权过户手续，需要使用发票的，可以使用增值税专用发票（　　），或者增值税普通发票（　　）。（单选）

A. 第六联；第五联　　B. 第五联；第四联

C. 第六联；第三联　　D. 第五联；第三联

【解析】纳税人销售其取得的不动产，自行开具或者税务机关代开增值税发票时，使用六联增值税专用发票或者五联增值税普通发票。纳税人办理产权过户手续需要使用发票的，可以使用增值税专用发票第六联或者增值税普通发票第三联。

【答案】C

4. 关于税务机关为蒋某代开的增值税发票，以下说法正确的是（　　）。（单选）

A. 顺达商贸公司不慎遗失代开的增值税专用发票，应当于发现丢失当日书面报告税务机关，并登报声明作废

B. 税务机关应在代开增值税发票的备注栏上加盖税务代开发票专用章

C. 税务机关为蒋某代开增值税专用发票时将购买方名称写错，应开具红字发票冲销

D. 蒋某申请代开增值税专用发票后，当月发生退票的，增值税专用发票不能作废

【解析】根据《国家税务总局关于公布取消一批税务证明事项以及废止和修改部分规章规范性文件的决定》（国家税务总局令第 48 号）规定，发票丢失已不需登报声明作废，所以选项 A 说法错误。

代开发票部门应在代开增值税发票的备注栏上，加盖税务代开发票专用章。所以选项 B 说法正确。

根据《国家税务总局关于印发〈税务机关代开增值税专用发票管理办法（试行）〉的通知》（国税发〔2004〕153 号）第十二条规定，代开增值税专用发票遇有填写错误、销货退回或销售折让等情形的，按照增值税专用发票有关规定处理；税务机关代开增值税专用发票时填写有误的，应及时在防伪税控代开票系统中作废，重新开具。代开增值税专用发票后发生退票的，税务机关应按照增值税一般纳税人作废或开具负数增值税专用发票的有关规定进行处理。对需要重新开票的，税务机关应同时进行新开票税额与原开票税额的清算，多退少补；对无须重新开票的，按有关规定退还增值税纳税人已缴的税款或抵顶下期正常申报税款。所以选项 C 和选项 D 的说法错误。

【答案】B

5. 本题中，顺达商贸公司丢失代开的增值税发票，向税务机关报告备案需提供的资料是（　　）。（单选）

A. 《发票挂失/损毁报告表》

B. 《挂失/损毁发票清单》

C. 刊登遗失声明的版面复印件

D. 发票存根联复印件

【解析】使用发票的单位和个人发生发票丢失情形时，应当于发现丢失当日书面报告税务机关。丢失发票的纳税人需提交《发票挂失/损毁报告表》1 份，发票遗失、损毁且发票数量较大在报告表中无法全部反映，还需提交《挂失/损毁发票清单》1 份。

【答案】A

## 错题、要点整理页

# 第四章　申报纳税

## >> 本章知识框架

| 节 | 细目 | 知识点 | 学习进度 |
|---|---|---|---|
| 纳税申报概述 | 纳税申报概述 | 【知识点】纳税申报概述 | |
| 增值税申报纳税 | 纳税人、征税对象及征税范围 | 【知识点】纳税人 、征税对象及范围 | |
| | 增值税税率及征收率 | 【知识点 1】增值税税率 | |
| | | 【知识点 2】增值税征收率 | |
| | 应纳税额的计算 | 【知识点 1】一般计税方法 | |
| | | 【知识点 2】简易计税方法 | |
| | 申报与缴纳 | 【知识点 1】纳税（扣缴）义务发生时间 | |
| | | 【知识点 2】纳税期限 | |
| | | 【知识点 3】纳税地点 | |
| | 增值税预缴申报 | 【知识点】增值税预缴申报 | |
| | 增值税差额征税 | 【知识点】增值税差额征税 | |
| 企业所得税申报纳税 | 纳税人 | 【知识点】纳税人 | |
| | 征税对象 | 【知识点】征税对象 | |
| | 税率 | 【知识点】税率 | |
| | 应纳税所得额的计算 | 【知识点 1】应纳税所得额的计算公式 | |
| | | 【知识点 2】收入总额的确定 | |
| | | 【知识点 3】不征税收入 | |
| | | 【知识点 4】税前扣除原则 、范围和标准 | |

续表

| 节 | 细目 | 知识点 | 学习进度 |
|---|---|---|---|
| 企业所得税申报纳税 | 资产的税务处理 | 【知识点 1】固定资产的税务处理 | |
| | | 【知识点 2】生产性生物资产的税务处理 | |
| | | 【知识点 3】无形资产的税务处理 | |
| | | 【知识点 4】长期待摊费用的税务处理 | |
| | | 【知识点 5】投资资产的税务处理 | |
| | | 【知识点 6】存货的税务处理 | |
| | | 【知识点 7】转让资产的税务处理 | |
| | 资产损失税前扣除的所得额处理 | 【知识点】资产损失税前扣除的所得税处理 | |
| | 应纳所得税额的计算 | 【知识点 1】居民企业应纳税额的计算 | |
| | | 【知识点 2】境外所得抵免税额的计算 | |
| | | 【知识点 3】居民企业核定征收应纳税额的计算 | |
| | | 【知识点 4】非居民企业应纳税额的计算 | |
| | 特别纳税调整 | 【知识点】特别纳税调整 | |
| | 征收管理 | 【知识点 1】纳税地点 | |
| | | 【知识点 2】纳税期限 | |
| | | 【知识点 3】纳税申报 | |
| | | 【知识点 4】跨地区经营汇总纳税企业所得税征收管理 | |
| | | 【知识点 5】合伙企业所得税的征收管理 | |
| | 税前扣除凭证管理 | 【知识点】税前扣除凭证管理 | |
| 个人所得税申报纳税 | 纳税人 | 【知识点 1】纳税人概述 | |
| | | 【知识点 2】所得来源的确定 | |
| | 扣缴义务人 | 【知识点】扣缴义务人概述 | |
| | 综合所得 | 【知识点 1】综合所得的构成 | |
| | | 【知识点 2】工资 、薪金所得 | |
| | | 【知识点 3】劳务报酬所得 | |
| | | 【知识点 4】稿酬所得 | |
| | | 【知识点 5】特许权使用费所得 | |

续表

| 节 | 细目 | 知识点 | 学习进度 |
|---|---|---|---|
| 个人所得税申报纳税 | 综合所得预扣预缴 | 【知识点 1】综合所得扣除项目规定 | |
| | | 【知识点 2】工资、薪金累计预扣法 | |
| | | 【知识点 3】工资、薪金特殊规定 | |
| | | 【知识点 4】劳务报酬预扣预缴 | |
| | | 【知识点 5】稿酬所得预扣预缴 | |
| | | 【知识点 6】特许权使用费预扣预缴 | |
| | 综合所得汇算清缴 | 【知识点 1】汇算清缴办理条件 | |
| | | 【知识点 2】年度汇算的规定 | |
| | 经营所得 | 【知识点 1】经营所得征税范围 | |
| | | 【知识点 2】应纳税所得额的计算 | |
| | | 【知识点 3】经营所得征收方式 | |
| | | 【知识点 4】经营所得税收优惠 | |
| | 分类所得 | 【知识点 1】财产租赁所得 | |
| | | 【知识点 2】财产转让所得 | |
| | | 【知识点 3】利息、股息、红利所得 | |
| | | 【知识点 4】偶然所得 | |
| | 非居民个人所得税 | 【知识点】非居民个人所得来源地规定 | |
| | 无住所个人工资、薪金所得收入额的确定 | 【知识点 1】无住所个人为非居民个人的收入额的确定 | |
| | | 【知识点 2】无住所个人为居民个人的收入额的确定 | |
| | | 【知识点 3】无住所个人为高管人员的收入额的确定 | |
| | | 【知识点 4】无住所个人应纳税额的计算 | |
| | | 【知识点 5】无住所个人预计境内居住时间的规定 | |
| | 纳税申报期限、地点和涉税表单 | 【知识点】纳税期限、地点和涉税表单 | |
| 其他主要税种申报纳税 | 消费税 | 【知识点 1】纳税人和征税范围 | |
| | | 【知识点 2】计税依据 | |
| | | 【知识点 3】应纳税额的计算 | |
| | | 【知识点 4】申报与缴纳 | |

续表

| 节 | 细目 | 知识点 | 学习进度 |
| --- | --- | --- | --- |
| 其他主要税种申报纳税 | 车辆购置税 | 【知识点1】纳税人和征税范围 | |
| | | 【知识点2】税率、计税依据和应纳税额计算 | |
| | | 【知识点3】申报与纳税 | |
| | 契税 | 【知识点1】纳税人和征税范围 | |
| | | 【知识点2】计税依据 | |
| | | 【知识点3】税率和应纳税额的计算 | |
| | | 【知识点4】申报与纳税 | |
| | 房产税 | 【知识点1】纳税人和征税对象 | |
| | | 【知识点2】征税范围 | |
| | | 【知识点3】计税依据及应纳税额计算 | |
| | | 【知识点4】纳税义务发生时间 | |
| | | 【知识点5】申报与纳税 | |
| | 城镇土地使用税 | 【知识点1】纳税人和征税范围 | |
| | | 【知识点2】适用税额 | |
| | | 【知识点3】计税依据和应纳税额的计算 | |
| | | 【知识点4】纳税义务发生时间 | |
| | | 【知识点5】纳税申报期限、申报纳税地点和涉及的表单 | |
| | 耕地占用税 | 【知识点1】纳税人和征税范围 | |
| | | 【知识点2】计税依据 | |
| | | 【知识点3】税额和应纳税额的计算 | |
| | | 【知识点4】申报与纳税 | |
| | 土地增值税 | 【知识点1】纳税人与征税范围 | |
| | | 【知识点2】计税依据 | |
| | | 【知识点3】税率 | |
| | | 【知识点4】应纳税额的计算 | |
| | | 【知识点5】房地产开发企业土地增值税清算主要规定 | |
| | | 【知识点6】土地增值税收入预征规定 | |
| | | 【知识点7】申报与纳税 | |

续表

| 节 | 细目 | 知识点 | 学习进度 |
|---|---|---|---|
| 其他主要税种申报纳税 | 印花税 | 【知识点1】纳税人 | |
| | | 【知识点2】征税范围、适用税率、计税依据及应纳税额的计算 | |
| | | 【知识点3】申报纳税期限、纳税地点和纳税义务发生时间 | |
| | 资源税 | 【知识点1】纳税人和征税范围 | |
| | | 【知识点2】计税依据、税率及应纳税额 | |
| | | 【知识点3】应纳税额计算 | |
| | | 【知识点4】申报与纳税 | |
| | 环境保护税 | 【知识点1】纳税人与征税范围 | |
| | | 【知识点2】税目及税额 | |
| | | 【知识点3】计税依据 | |
| | | 【知识点4】应纳税额计算 | |
| | | 【知识点5】申报与纳税 | |
| | 车船税 | 【知识点1】纳税人和征税范围 | |
| | | 【知识点2】税额 | |
| | | 【知识点3】应纳税额的计算 | |
| | | 【知识点4】保险机构代收代缴 | |
| | | 【知识点5】申报与纳税 | |
| 社会保险费及非税收入申报 | 社会保险费申报 | 【知识点1】单位社会保险费申报 | |
| | | 【知识点2】灵活就业人员社会保险费申报 | |
| | | 【知识点3】城乡居民社会保险费申报 | |
| | 非税收入申报 | 【知识点1】文化事业建设费申报 | |
| | | 【知识点2】残疾人就业保障金申报 | |
| | | 【知识点3】非税收入通用申报 | |
| 出口退（免）税申报 | 出口退（免）税申报 | 【知识点1】出口退（免）税凭证无相关电子信息申报 | |
| | | 【知识点2】出口货物劳务免抵退税申报 | |
| | | 【知识点3】增值税零税率应税服务免抵退税申报 | |
| | | 【知识点4】出口货物劳务免退税申报 | |

续表

| 节 | 细目 | 知识点 | 学习进度 |
|---|---|---|---|
| 出口退（免）税申报 | 出口退（免）税申报 | 【知识点5】增值税零税率应税服务免退税申报 | |
| | | 【知识点6】外贸综合服务企业代办退税申报 | |
| | | 【知识点7】出口已使用过的设备免退税申报 | |
| | | 【知识点8】购进自用货物免退税申报 | |
| | | 【知识点9】退税代理机构离境退税结算 | |
| | | 【知识点10】生产企业进料加工业务免抵退税核销 | |
| | | 【知识点11】出口退（免）税延期申报 | |
| 申报相关服务 | 财务会计报告报送 | 【知识点】财务会计报告报送 | |
| | 对纳税人延期申报的核准 | 【知识点】对纳税人延期申报的核准 | |
| | 对纳税人延期缴纳税款的核准 | 【知识点】对纳税人延期缴纳税款的核准 | |
| | 对纳税人变更纳税定额的核准 | 【知识点】对纳税人变更纳税定额的核准 | |
| | 误收多缴退抵税 | 【知识点】误收多缴退抵税 | |
| | 入库减免退抵税 | 【知识点】入库减免退抵税 | |
| | 汇算清缴结算多缴退抵税 | 【知识点】汇算清缴结算多缴退抵税 | |
| | 增值税期末留抵税额退税 | 【知识点】增值税期末留抵税额退税 | |
| | 石脑油、燃料油消费税退税 | 【知识点】石脑油 、燃料油消费税退税 | |
| | 车辆购置税退税 | 【知识点】车辆购置税退税 | |
| | 车船税退（抵）税 | 【知识点】车船税退（抵）税 | |
| | 申报错误更正 | 【知识点】申报错误更正 | |

## >> 习题演练

### 一、单项选择题

1. 某公司为按季申报的小规模纳税人，2024 年 4—6 月销售货物销售额为 24.72 万元，不动产销售金额为 15.75 万元。该纳税人二季度应缴纳的增值税为（　　）万元。

A. 0.75　　　　B. 1.17

C. 1.47　　　　D. 0

【解析】根据《国家税务总局关于增值税小规模纳税人减免增值税等政策有关征管事项的公告》（国家税务总局公告2023年第1号）第一条规定，小规模纳税人发生增值税应税销售行为，合计月销售额超过10万元（以1个季度为1个纳税期的，季度销售额未超过30万元），但扣除本期发生的销售不动产的销售额后未超过10万元的，其销售货物、劳务、服务、无形资产取得的销售额免征增值税。其销售不动产取得的销售额按现行规定申报纳税，该公司应缴纳的增值税＝15.75÷（1＋5%）×5%＝0.75（万元）。

【答案】A

2. 依据现行《中华人民共和国增值税暂行条例》及相关规定，下列行为不属于视同销售的是（　　）。

A. 将自产的货物无偿赠送他人

B. 将外购的货物用于职工福利

C. 将委托加工的货物无偿赠送他人

D. 将购买的货物无偿赠送他人

【解析】根据《中华人民共和国增值税暂行条例》第十条规定，外购的货物用于职工福利属于进项税额不得从销项税额中抵扣的情形，不属于视同销售。

【答案】B

3. 2021年7月及之后税款所属期，纳税人收到主管税务机关送达的《税务事项通知书》，告知其已申报抵扣的增值税专用发票为异常增值税扣税凭证。纳税人在办理纳税申报时应当将本期异常增值税扣税凭证转出的进项税额填入《增值税及附加税费申报表附列资料（二）》（　　）栏次。

A. 第16栏“非正常损失”

B. 第19栏“纳税检查调减进项税额”

C. 第23a栏“异常凭证转出进项税额”

D. 第23b栏“其他应作进项税额转出的情形”

【解析】根据《国家税务总局关于增值税 消费税与附加税费申报表整合有关事项的公告》（国家税务总局公告2021年第20号）附件2《增值税及附加税费申报表（一般纳税人适用）》及其附列资料填写说明可知，应在《增值税及附加税费申报表附列资料（二）》第23a栏“异常凭证转出进项税额”栏次，填写本期异常增值税扣税凭证转出的进项税额。

【答案】C

4. 下列纳税人，可以实行简易申报方式的是（　　）。

A. 当期未发生纳税义务的纳税人

B. 当期开始享受免税待遇的纳税人

C. 实行定期定额方式缴纳税款的纳税人

D. 不能按期缴税且有特殊困难的纳税人

【解析】根据《中华人民共和国税收征收管理法实施细则》第三十六条规定，实行定期定额方式缴纳税款的纳税人，可以实行简易申报、简并征期等申报纳税方式。

【答案】C

5. 适用增值税差额征税政策的小规模纳税人，以（　　）销售额确定是否可以享受关于小规模纳税人免征增值税政策。

A. 差额前的　　B. 全额

C. 差额后的　　D. 以上都不正确

【解析】根据《国家税务总局关于增值税小规模纳税人减免增值税等政策有关征管事项的公告》（国家税务总局公告 2023 年第 1 号）第二条规定，适用增值税差额征税政策的小规模纳税人，以差额后的销售额确定是否可以享受该公告规定的免征增值税政策。《增值税及附加税费申报表（小规模纳税人适用）》中的“免税销售额”相关栏次，填写差额后的销售额。

【答案】C

6. 根据《中华人民共和国企业所得税法》规定，下列关于居民企业和非居民企业的说法，正确的是（　　）。

A. 只有依照中国法律成立的企业才是居民企业

B. 依照外国法律成立，实际管理机构在中国境内的企业是非居民企业

C. 在境外成立的企业都是非居民企业

D. 在中国境内设立机构、场所，依据外国法律成立且实际管理机构不在中国境内的企业是非居民企业

【解析】根据《中华人民共和国企业所得税法》第二条规定，企业分为居民企业和非居民企业。居民企业，是指依法在中国境内成立，或者依照外国（地区）法律成立但实际管理机构在中国境内的企业。非居民企业，是指依照外国（地区）法律成立且实际管理机构不在中国境内，但在中国境内设立机构、场所的，或者在中国境内未设立机构、场所，但有来源于中国境内所得的企业。

【答案】D

7. 下列各项中，不属于企业所得税纳税人的是（　　）。

A. 在中国境内未设立机构、场所，但有来源于中国境内所得的企业

B. 在中国境内成立的外商独资企业

C. 在中国境内成立的个人独资企业

D. 在中国境内设立的一人有限公司

【解析】根据《中华人民共和国企业所得税法》第一条规定，在中华人民共和国境内，企业和其他取得收入的组织为企业所得税的纳税人，依照《中华人民共和国企

业所得税法》的规定缴纳企业所得税。个人独资企业、合伙企业不适用《中华人民共和国企业所得税法》。

【答案】C

8. 以下说法不正确的是（　　）。

A. 美国企业 2024 年从中国境内企业取得专有技术收入 200 万元，在计算企业所得税时实际使用 10% 的企业所得税税率

B. 某商贸企业从事国家非限制和禁止行业，有职工 20 人，资产总额 500 万元，2024 年 1—3 月应纳税所得额 50 万元，在计算企业所得税时使用 10% 的企业所得税税率

C. 辉煌技术开发公司 2024 年 1 月取得高新技术企业资质，在计算企业所得税时使用 15% 的企业所得税税率

D. 查账征收企业 A 公司 2023 年取得收入 800 万元，在 2024 年企业所得税汇算清缴时使用 25% 的企业所得税税率

【解析】《中华人民共和国企业所得税法》第二条规定："企业分为居民企业和非居民企业……本法所称非居民企业，是指依照外国（地区）法律成立且实际管理机构不在中国境内，但在中国境内设立机构、场所的，或者在中国境内未设立机构、场所，但有来源于中国境内所得的企业。"《中华人民共和国企业所得税法实施条例》第九十一条规定："非居民企业取得企业所得税法第二十七条第（五）项规定的所得，减按 10% 的税率征收企业所得税。"因此，选项 A 说法正确。

《国家税务总局关于实施小型微利企业普惠性所得税减免政策有关问题的公告》（国家税务总局公告 2019 年第 2 号）规定："二、本公告所称小型微利企业是指从事国家非限制和禁止行业，且同时符合年度应纳税所得额不超过 300 万元、从业人数不超过 300 人、资产总额不超过 5000 万元三个条件的企业。"因此，选项 B 说法不正确。

《中华人民共和国企业所得税法》第二十八条规定："符合条件的小型微利企业，减按 20% 的税率征收企业所得税。国家需要重点扶持的高新技术企业，减按 15% 的税率征收企业所得税。"因此，选项 C 说法正确。

《中华人民共和国企业所得税法》第四条规定："企业所得税的税率为 25%。"因此，选项 D 说法正确。

【答案】B

9. 某化妆品制造公司，2024 年营业收入 100 万元，发生广告费和业务宣传费支出 60 万元，关于广告费和业务宣传费以下说法正确的是（　　）。

A. 当年准予扣除 15 万元，余下部分准予在以后纳税年度结转扣除

B. 当年准予扣除 15 万元，余下部分不在以后纳税年度结转扣除

C. 当年准予扣除 30 万元，余下部分准予在以后纳税年度结转扣除

D. 当年准予扣除30万元，余下部分不在以后纳税年度结转扣除

【解析】根据《财政部 税务总局关于广告费和业务宣传费支出税前扣除有关事项的公告》（财政部 税务总局公告2020年第43号）规定，对化妆品制造或销售、医药制造和饮料制造（不含酒类制造）企业发生的广告费和业务宣传费支出，不超过当年销售（营业）收入30%的部分，准予扣除；超过部分，准予在以后纳税年度结转扣除。

【答案】C

10. 无住所英国人詹姆斯2023年1月1日受聘到中国境内工作，2023年2月1日回国探亲离境，2023年3月1日下午再次入境工作至2023年8月1日上午离境到美国工作，2023年12月30日再次入境中国至2024年7月1日回国，则詹姆斯（　　）。

A. 2023年度为我国居民纳税人，2024年度为我国非居民纳税人

B. 2023年度为我国非居民纳税人，2024年度为我国居民纳税人

C. 2023年度和2024年度均为我国非居民纳税人

D. 2023年度和2024年度均为我国居民纳税人

【解析】根据《财政部 税务总局关于在中国境内无住所的个人居住时间判定标准的公告》（财政部 税务总局公告2019年第34号）规定，无住所个人一个纳税年度内在中国境内累计居住天数，按照个人在中国境内累计停留的天数计算。在中国境内停留的当天满24小时的，计入中国境内居住天数，在中国境内停留的当天不足24小时的，不计入中国境内居住天数。一个纳税年度内居住满183天为居民纳税人。2023年詹姆斯在中国居住累计满183天，2024年在中国居住累计182天。

【答案】A

11. 在计算个人所得税时，下列所得属于来源于中国境内所得的是（　　）。

A. 中国公民张某到境外工作，取得境外公司支付的工资

B. 中国公民李某将财产出租给在英国境内某公司使用取得的租金

C. 日本公民受雇于中国境内的中日合资公司取得的工资

D. 中国专家将专利权提供给美国境内公司使用取得的所得

【解析】下列所得，不论支付地点是否在中国境内，均为来源于中国境内的所得：①因任职、受雇、履约等在中国境内提供劳务取得的所得；②将财产出租给承租人在中国境内使用而取得的所得；③许可各种特许权在中国境内使用而取得的所得。

【答案】C

12. 某企业高级讲师2024年8月取得的下列收入中，应计算缴纳个人所得税的是（　　）。

A. 单位发放的独生子女费

B. 任职企业为其按规定标准缴纳的企业年金

C. 持有的地方政府债券获得的利息收入

D. 为本单位其他部门员工讲课取得的课酬

【解析】因任职受雇取得的收入按照工资、薪金计算缴纳个人所得税。

【答案】D

13. 下列各项所得，按工资、薪金所得缴纳个人所得税的是（　　）。

A. 合伙人张三从其合伙企业按月取得的工资收入

B. 律师以个人名义聘请的其他人员从律师处获得的报酬

C. 王某在某公司任职并兼任董事取得的董事费收入

D. 某报社记者李某在其他报社的报刊上发表作品取得的收入

【解析】选项A，按照“个体工商户的生产、经营所得”缴纳个人所得税；选项B，按照“劳务报酬所得”缴纳个人所得税；选项D，按照“稿酬所得”缴纳个人所得税。

【答案】C

14. 纳税人张某2024年2月取得扣除“三险一金”后的工资3000元，无其他扣除项目，年终奖52000元，张某年终奖选择采取全年一次性奖金的计算方式缴纳个人所得税，则张某当月应纳个人所得税（　　）元。

A. 1560　　　　B. 1515

C. 1580　　　　D. 4990

【解析】马某当月工资应纳税额 = 3000 - 5000 = -2000（元），无须纳税。年终奖应纳税额计算如下：52000 ÷ 12 = 4333.3（元），适用税率10%，速算扣除数210，应纳税额 52000 × 10% - 210 = 4990（元）。马某当月共计应缴纳个人所得税4990元。

【答案】D

15. 从事小汽车应税消费品生产、委托加工、零售环节的纳税人，办理消费税纳税申报时需报送（　　）。

A.《消费税及附加税费申报表》

B.《小汽车消费税纳税申报表》及其附报资料

C.《其他应税消费品消费税纳税申报表》及其附报资料

D.《已核定最低计税价格清单》

【解析】根据《国家税务总局关于增值税 消费税与附加税费申报表整合有关事项的公告》（国家税务总局公告2021年第20号）规定，自2021年8月1日起，消费税分别与城市维护建设税、教育费附加、地方教育附加申报表整合，启用《消费税及附加税费申报表》。

【答案】A

16. 纳税人小张发生了以下关于房产交易事项契税申报业务，其中表述不正确的是（　　）。

A. 小张于2023年11月2日签订合约购买了小李的一套住房A，于2024年

1月10日一次付清房款，契税纳税义务发生时间为2023年11月2日

B. 小张兄妹二人为了给孩子读书，小张将自己有的学区房B与妹妹的住房进行交换，当交换价格相等时，买卖双方均不需缴纳契税

C. 小张应在应当自纳税义务发生之日起10日内，向A房屋所在地税务机关办理纳税申报，并在30日内缴纳税款

D. 如果小张购买A房屋时采取的是分期付款方式，应该按照合同规定的总价款计征契税

【解析】根据《中华人民共和国契税法》第十条规定，纳税人应当在依法办理土地、房屋权属登记手续前申报缴纳契税。

【答案】C

17. 2024年小张发生的以下涉税业务，说法正确的是（　　）。

A. 小张将名下的一处房产作股投入小张本人的独资经营企业，需就该房产申报缴纳契税

B. 小张经营企业通过招拍挂取得一处土地，因当地政策支持减免土地出让金50%，契税也可以享受50%减免

C. 小张将名下的一处房产赠与朋友小王，双方无须缴纳契税

D. 小张的父亲去世，继承爷爷的一处房产，不征契税

【解析】选项A，根据《财政部 税务总局关于继续执行企业 事业单位改制重组有关契税政策的公告》（财政部 税务总局公告2021年第17号）规定，同一投资主体内部所属企业之间土地、房屋权属的划转，包括母公司与其全资子公司之间，同一公司所属全资子公司之间，同一自然人与其设立的个人独资企业、一人有限公司之间土地、房屋权属的划转，免征契税。选项B，《国家税务总局关于免征土地出让金出让国有土地使用权征收契税的批复》（国税函〔2005〕436号）明确："对承受国有土地使用权所应支付的土地出让金，要计征契税。不得因减免土地出让金，而减免契税。"选项C，根据《中华人民共和国契税法》规定，房屋买卖、赠与、互换应当征收契税。

【答案】D

18. 小规模纳税人A公司持有一栋房产，房产原值1000万元，2024年1月1日将其对外出租，租赁合同约定租期5年，每月收取租金1万元并免收2024年1—3月租金。已知当地省政府规定计算房产余值的减除比例为30%，"六税两费"减半计征。2024年该公司就上述房产应缴纳房产税（　　）万元。

A. 3.18　　　　B. 0.12

C. 1.59　　　　D. 2.22

【解析】对出租房产，租赁双方签订的租赁合同约定有免收租金期限的，免收租金期间由产权所有人按照房产原值缴纳房产税。

该房屋1—3月从价计算房产税，4—12月从租计算房产税。

全年应纳税额 = [房产原值 ×（1 − 30%）×1.2% ×3 ÷12 + 月租金收入 ×12% × 月数] ×50% = [1000 ×（1 − 30%）×1.2% ×3 ÷12 +1 ×12% ×9] ×50% =1.59（万元）

【答案】C

19. 关于土地增值税清算，下列表述错误的是（　　）。

A. 纳税人按规定预缴土地增值税后，清算补缴的土地增值税，在税务机关规定期限内补缴的，不加收滞纳金

B. 纳税人整体转让未竣工决算房地产开发项目的，应进行土地增值税清算

C. 符合土地增值税清算条件的纳税人，须在满足清算条件之日起60日内到主管税务机关办理清算手续

D. 清算时，房地产开发企业逾期开发缴纳土地闲置费不得扣除

【解析】选项C中，纳税人应当在满足条件之日起90日内到主管税务机关办理清算手续。

【答案】C

20. 下列各项中，不属于环境保护税征税范围的是（　　）。

A. 砖厂排放的大气污染物

B. 房屋建筑商夜间施工产生的噪声

C. 印染厂直接向外排放的污水

D. 医院产生的医疗废弃物

【解析】根据《中华人民共和国环境保护税法》规定，建筑施工噪声不属于环境保护税征税范围。

【答案】B

21. 纳税人受托对垃圾进行专业化处理后产生货物，且货物归属委托方的，其收取的处理费用适用增值税税率为（　　）。

A. 6%　　B. 9%

C. 13%　　D. 0

【解析】根据《国家税务总局关于明确二手车经销等若干增值税征管问题的公告》（国家税务总局公告2020年第9号）规定，纳税人受托对垃圾、污泥、污水、废气等废弃物进行专业化处理，即运用填埋、焚烧、净化、制肥等方式，对废弃物进行减量化、资源化和无害化处理处置，按照以下规定适用增值税税率：①采取填埋、焚烧等方式进行专业化处理后未产生货物的，受托方属于提供《销售服务、无形资产、不动产注释》（财税〔2016〕36号文件印发）“现代服务”中的“专业技术服务”，其收取的处理费用适用6%的增值税税率。②专业化处理后产生货物，且货物归属委托方的，受托方属于提供“加工劳务”，其收取的处理费用适用13%的增值税税率。③专业化处

理后产生货物，且货物归属受托方的，受托方属于提供“专业技术服务”，其收取的处理费用适用6%的增值税税率。受托方将产生的货物用于销售时，适用货物的增值税税率。

【答案】C

22. 纳税人将已征车辆购置税的车辆退回车辆生产企业或者销售企业的，可以向主管税务机关申请退还车辆购置税。退税额以已缴税款为基准，自缴纳税款之日至申请退税之日，每满1年扣减比例为（　　）。

A. 5%　　　　B. 10%

C. 20%　　　　D. 25%

【解析】根据《中华人民共和国车辆购置税法》规定，纳税人将已征车辆购置税的车辆退回车辆生产企业或者销售企业的，可以向主管税务机关申请退还车辆购置税。退税额以已缴税款为基准，自缴纳税款之日至申请退税之日，每满1年扣减10%。

【答案】B

23. 对从事二手车经销的纳税人销售其收购的二手车，按照简易办法依3%征收率减按（　　）征收增值税。

A. 2%　　　　B. 0.5%

C. 13%　　　　D. 3%

【解析】参见《财政部 税务总局关于延续实施二手车经销有关增值税政策的公告》（财政部 税务总局公告2023年第63号）。

【答案】B

24. 下列各项中，应按“销售货物”缴纳增值税的是（　　）。

A. 销售电力

B. 销售个人住房

C. 销售金融产品

D. 邮政公司寄送快递

【解析】根据《中华人民共和国增值税暂行条例实施细则》规定，《中华人民共和国增值税暂行条例》第一条所称货物，是指有形动产，包括电力、热力、气体在内。因此选项A正确。

【答案】A

25. 下列行为不缴纳增值税的是（　　）。

A. 为本单位员工免费提供交通运输服务

B. 单位员工将自有汽车出租给本单位并收取租金

C. 餐饮公司无偿为客户提供晚餐

D. 以生产的商品抵偿原材料款

【解析】单位或者个体工商户为聘用的员工提供服务，属于非经营活动，不征收增值税。

【答案】A

26. 下列项目中，不属于免征增值税的是（　　）。

A. 养老机构提供的养老服务

B. 批发、零售图书

C. 法律咨询服务

D. 婚姻介绍服务

【解析】法律咨询服务不属于免征增值税项目。

【答案】C

27. 甲企业符合增值税增量留抵退税条件，2024 年 6 月期末增量留抵税额 1000 万元，本期可抵扣进项税额 3000 万元，进项构成比例为 80%，甲企业可申请退还增量留抵税额（　　）万元。

A. 800　　B. 1000

C. 2000　　D. 2400

【解析】甲企业可申请退还增量留抵税额 = 增量留抵税额 × 进项构成比例 = 1000 × 80% = 800（万元）

【答案】A

28. 增值税一般纳税人购进的下列服务中，允许抵扣进项税额的是（　　）。

A. 贷款服务　　B. 娱乐服务

C. 住宿服务　　D. 餐饮服务

【解析】根据《财政部 国家税务总局关于全面推开营业税改征增值税试点的通知》（财税〔2016〕36 号）规定，购进的贷款服务、餐饮服务、居民日常服务和娱乐服务的进项税额不得从销项税额中抵扣。

【答案】C

29. 下列应税消费品中，实行从价计征办法征收消费税的是（　　）。

A. 小汽车　　B. 黄酒

C. 成品油　　D. 啤酒

【解析】略

【答案】A

30. 下列项目不可以抵扣消费税已纳税款的是（　　）。

A. 外购已税烟丝继续加工卷烟

B. 外购已税木制一次性筷子继续加工木制一次性筷子

C. 外购已税鞭炮继续加工鞭炮

D. 外购已税小汽车继续加工小汽车

【解析】略

【答案】D

31. 某外贸公司进口一批小汽车用于对外销售，关税完税价格 200 万元，关税税率 25%，该公司进口环节应缴纳消费税（　　）万元（小汽车进口环节消费税税率 9%）。

A. 20.64　　B. 22.50

C. 24.73　　D. 28.12

【解析】进口环节应纳消费税 = 200 ×（1 + 25%）÷（1 − 9%）× 9% = 24.73（万元）

【答案】C

32. 关于超豪华小汽车征收消费税的说法正确的是（　　）。

A. 征收范围为每辆零售价格 130 万元（含增值税）及以上的乘用车和中轻型商用客车

B. 纳税环节是生产（进口）环节和零售环节

C. 零售环节的纳税人是消费者

D. 计税价格不含消费税

【解析】根据《财政部 国家税务总局关于对超豪华小汽车加征消费税有关事项的通知》（财税〔2016〕129 号）规定，对超豪华小汽车加征消费税，征收范围为每辆零售价格 130 万元（不含增值税）及以上的乘用车和中轻型商用客车。选项 A 说法错误。将超豪华小汽车销售给消费者的单位和个人为超豪华小汽车零售环节纳税人。选项 C 说法错误。

【答案】B

33. 下列商品中，属于消费税征税范围的是（　　）。

A. 电子烟

B. 料酒

C. 影视演员化妆用的上妆油

D. 木椅

【解析】根据《财政部 海关总署 税务总局关于对电子烟征收消费税的公告》（财政部 海关总署 税务总局公告 2022 年第 33 号）规定，将电子烟纳入消费税征收范围。

【答案】A

34. 下列收入确认时间的说法符合企业所得税规定的是（　　）。

A. 企业转让股权收入，应于转让协议生效或者完成股权变更手续时确认收入

B. 为特定客户开发软件的收费应于软件投入使用时确认收入

C. 广告制作费应在相关广告出现于公众面前时确认收入

D. 提供初始及后续服务的特许权费，在提供服务时确认收入

【解析】企业转让股权收入，应于转让协议生效且完成股权变更手续时确认收入，选项 A 说法错误。为特定客户开发软件的收费应根据开发的完工进度确认收入，选项 B 说法错误。广告制作费应根据制作广告的完工进度确认收入，选项 C 说法错误。

【答案】D

35. 符合条件的非营利组织取得的收入，需要缴纳企业所得税的是（　　）。

A. 接受其他单位或者个人捐赠收入

B. 因政府购买服务而取得的收入

C. 按照省级以上财政部门规定收取的会费

D. 不征税收入孳生的银行存款利息收入

【解析】根据《财政部 国家税务总局关于非营利组织企业所得税免税收入问题的通知》（财税〔2009〕122 号）规定，非营利组织的下列收入为免税收入：①接受其他单位或者个人捐赠的收入；②除《中华人民共和国企业所得税法》第七条规定的财政拨款以外的其他政府补助收入，但不包括因政府购买服务取得的收入；③按照省级以上民政、财政部门规定收取的会费；④不征税收入和免税收入孳生的银行存款利息收入；⑤财政部、国家税务总局规定的其他收入。

【答案】B

36. 外购的资产用于职工奖励时按照（　　）确定销售收入。

A. 购入价格　　　　B. 账面价值

C. 公允价值　　　　D. 重置成本

【解析】根据《国家税务总局关于企业所得税有关问题的公告》（国家税务总局公告 2016 年第 80 号）规定，企业发生《国家税务总局关于企业处置资产所得税处理问题的通知》（国税函〔2008〕828 号）第二条规定情形的，除另有规定外，应按照被移送资产的公允价值确定销售收入。

【答案】C

37. 2023 年度主营皮鞋制造的甲企业实现销售收入 2000 万元，发生广告费 400 万元，上年度结转未扣除广告费 10 万元。甲企业计算 2023 年度企业所得税应纳税所得额时，准予扣除的广告费金额为（　　）万元。

A. 260　　　　B. 300

C. 400　　　　D. 410

【解析】广告费扣除限额 $=2000\times15\%=300$（万元），实际发生 400 万元，因此准予扣除的广告费金额为 300 万元。

【答案】B

38. 企业所得税相关法律规定，一般情况下房屋计算折旧的最低年限为（　　）年。

A. 4　　B. 5

C. 10　　D. 20

【解析】根据《中华人民共和国企业所得税法实施条例》规定，房屋、建筑物计算折旧的最低年限为 20 年。

【答案】D

39. 企业债务重组确认的应纳税所得额占当年应纳税所得额（　　）以上的，可以在 5 个纳税年度内均匀计入各年度应纳税所得额。

A. 50%　　B. 60%

C. 75%　　D. 90%

【解析】根据《财政部 国家税务总局关于企业重组业务企业所得税处理若干问题的通知》（财税〔2009〕59 号）规定，企业债务重组确认的应纳税所得额占当年应纳税所得额 50% 以上的，可以在 5 个纳税年度内均匀计入各年度应纳税所得额。

【答案】A

40. 某小型微利企业，2023 年度应纳税所得额 160 万元，该企业 2023 年应纳企业所得税（　　）万元。

A. 8　　B. 16

C. 5. 5　　D. 32

【解析】该企业 2023 年应纳企业所得税 = 160 × 25% × 20% = 8（万元）

【答案】A

41. 企业政策性搬迁损失可以自搬迁完成年度起分（　　）个年度均匀在税前扣除。

A. 2　　B. 3

C. 4　　D. 5

【解析】根据《企业政策性搬迁所得税管理办法》规定，企业搬迁收入扣除搬迁支出后为负数的，应为搬迁损失。搬迁损失可在下列方法中选择其一进行税务处理：①在搬迁完成年度，一次性作为损失进行扣除。②自搬迁完成年度起分 3 个年度，均匀在税前扣除。

【答案】B

42. 某企业转让代个人持有的限售股，取得转让收入 300 万元，不能提供完整、真实的限售股原值凭证。下列说法正确的是（　　）。

A. 该业务无须缴纳企业所得税

B. 应缴纳企业所得税，税务机关核定的原值和合理税费为 90 万元

C. 税务机关按限售股转让收入的 20%，核定为该限售股原值和合理税费

D. 应缴纳企业所得税 63.75 万元

【解析】企业不能提供或所提供的限售股原值凭证，不能准确计算该限售股原值的，主管税务机关应当按该限售股转让收入的 15%，确定为该限售股原值和合理税费。该限售股原值和合理税费 =300×15% =45（万元），选项 B、C 说法错误。应缴纳企业所得税 =(300 −45)×25% =63.75（万元），选项 D 说法正确。

【答案】D

43. 以下关于公益性捐赠支出处理正确的是（　　）。

A. 税前全额扣除

B. 在年度应纳税所得额 12% 以内的部分准予扣除

C. 在年度利润总额 12% 以内的部分准予扣除

D. 在年度应纳税所得额 30% 以内的部分准予扣除

【解析】根据《中华人民共和国企业所得税法》规定，企业发生的公益性捐赠支出，在年度利润总额 12% 以内的部分，准予在计算应纳税所得额时扣除。

【答案】C

44. 下列所得，按照“工资、薪金所得”项目征收个人所得税的是（　　）。

A. 个人兼职取得的收入

B. 个人从事彩票代销业务取得的收入

C. 个人取得的劳动分红收入

D. 编剧从其任职的电视剧制作单位取得的剧本使用费收入

【解析】个人兼职取得的收入，按照“劳务报酬所得”项目征收个人所得税。个人从事彩票代销业务取得的收入，按照“经营所得”项目征收个人所得税。编剧从其任职的电视剧制作单位取得的剧本使用费收入，按照“特许权使用费所得”项目征收个人所得税。

【答案】C

45. 按照个人所得税相关规定，个体工商户生产经营与个人、家庭生活混用难以分清的费用，以下处理正确的是（　　）。

A. 不得税前扣除

B. 按实际发生额 20% 税前扣除

C. 按实际发生额 30% 税前扣除

D. 按实际发生额 40% 税前扣除

【解析】个体工商户生产经营与个人、家庭生活混用难以分清的费用，按实际发生额 40% 在税前扣除。

【答案】D

46. 以下所得不并入综合所得计税的是（　　）。

A. 工资、薪金所得　　B. 稿酬所得

C. 财产租赁所得　　D. 劳务报酬所得

【解析】综合所得包括工资、薪金所得，劳务报酬所得，稿酬所得，特许权使用费所得。

【答案】C

47. 小王 2024 年 3 月取得稿酬 3800 元。小王 3 月稿酬应被预扣预缴个人所得税（　　）元。

A. 350　　B. 380

C. 420　　D. 760

【解析】小王应被预扣预缴个人所得税 =（3800 − 800）×70% ×20% =420（元）

【答案】C

48. 小李 2024 年 7 月毕业后进入甲公司工作，甲公司在计算 8 月份应预扣预缴的个人所得税时，可以扣除的减除费用是（　　）元。

A. 5000　　B. 10000

C. 35000　　D. 40000

【解析】根据《国家税务总局关于完善调整部分纳税人个人所得税预扣预缴方法的公告》（国家税务总局公告 2020 年第 13 号）规定，对一个纳税年度内首次取得工资、薪金所得的居民个人，扣缴义务人在预扣预缴个人所得税时，可按照 5000 元/月乘以纳税人当年截至本月月份数计算累计减除费用。

小李可以扣除的减除费用 =5000 ×8 =40000（元）

【答案】D

49. 根据《中华人民共和国促进科技成果转化法》规定，非营利性科研机构和高校从职务科技成果转化收入中给予科技人员的现金奖励，可减按（　　）计入科技人员当月“工资、薪金所得”，依法缴纳个人所得税。

A. 50%　　B. 60%

C. 75%　　D. 80%

【解析】根据《财政部 税务总局 科技部关于科技人员取得职务科技成果转化现金奖励有关个人所得税政策的通知》（财税〔2018〕58 号）规定，依法批准设立的非营利性研究开发机构和高等学校根据《中华人民共和国促进科技成果转化法》规定，从职务科技成果转化收入中给予科技人员的现金奖励，可减按 50% 计入科技人员当月“工资、薪金所得”，依法缴纳个人所得税。

【答案】A

50. 2024 年 6 月，小张将持有的境内上市公司限售股转让取得收入 30 万元。假设该限售股无法确定原值，小张转让限售股应缴纳个人所得税（　　）万元。

A. 3.4　　B. 5.1

C. 5.7　　D. 6

【解析】小张转让限售股应缴纳个人所得税 = 30 × (1 − 15%) × 20% = 5.1（万元）

【答案】B

51. 下列情形中，无须自行办理个人所得税纳税申报的是（　　）。

A. 受雇于境内企业取得的工资、薪金所得

B. 取得应税所得，扣缴义务人未扣缴税款

C. 取得境外所得

D. 因移居境外注销中国户籍

【解析】根据个人所得税法相关规定，受雇于境内企业取得的工资、薪金所得，应由企业在支付工资薪金时预扣预缴个人所得税，选项 A 正确。

【答案】A

52. 一个纳税年度内在船航行时间累计满 183 天的远洋船员，其取得的工资薪金收入减按（　　）计入应纳税所得额，依法缴纳个人所得税。

A. 20%　　B. 50%

C. 75%　　D. 90%

【解析】根据《财政部 税务总局关于延续实施远洋船员个人所得税政策的公告》（财政部 税务总局公告 2023 年第 31 号）规定，一个纳税年度内在船航行时间累计满 183 天的远洋船员，其取得的工资薪金收入减按 50% 计入应纳税所得额，依法缴纳个人所得税。

【答案】B

53. 土地使用权属纠纷未解决的，其城镇土地使用税的纳税人是（　　）。

A. 代管人　　B. 承租人

C. 出租人　　D. 实际使用人

【解析】土地使用权未确定或权属纠纷未解决的，由实际使用人纳税。

【答案】D

54. 下列属于城市维护建设税计税依据的是（　　）。

A. 进口环节缴纳的增值税

B. 增值税免抵税额

C. 直接减免的增值税

D. 直接减免的消费税

【解析】根据《国家税务总局关于城市维护建设税征收管理有关事项的公告》（国

家税务总局公告2021年第26号）规定，依法实际缴纳的增值税税额，是指纳税人依照增值税相关法律法规和税收政策规定计算应当缴纳的增值税税额，加上增值税免抵税额，扣除直接减免的增值税税额和期末留抵退税退还的增值税税额后的金额。依法实际缴纳的消费税税额，是指纳税人依照消费税相关法律和税收政策规定计算应当缴纳的消费税税额，扣除直接减免的消费税税额后的金额。应当缴纳的两税税额，不含因进口货物缴纳的两税税额。

【答案】B

55. 房地产开发企业进行土地增值税清算时，允许在计算增值额时扣除的是（　　）。

A. 加罚的利息

B. 发生的预提费用

C. 逾期开发土地缴纳的土地闲置费

D. 取得建筑安装施工企业开具发票的质量保证金

【解析】根据《国家税务总局关于土地增值税清算有关问题的通知》（国税函〔2010〕220号）规定，房地产开发企业在工程竣工验收后，根据合同约定，扣留建筑安装施工企业一定比例的工程款，作为开发项目的质量保证金，在计算土地增值税时，建筑安装施工企业就质量保证金对房地产开发企业开具发票的，按发票所载金额予以扣除；未开具发票的，扣留的质保金不得计算扣除。选项D正确。

【答案】D

## 二、多项选择题

1. 下列旅客运输服务凭证可以计算抵扣进项税额的有（　　）。

A. 纸质出租车票和定额车票

B. 国际机票

C. 注明旅客身份信息的高铁票

D. 注明旅客身份信息的轮船票

【解析】根据《财政部 税务总局 海关总署关于深化增值税改革有关政策的公告》（财政部 税务总局 海关总署公告2019年第39号）第六条规定，纳税人购进国内旅客运输服务，其进项税额允许从销项税额中抵扣。由于纸质出租车票和定额车票未注明旅客身份信息，因此不得抵扣进项税额；国际机票非购进国内旅客运输服务的凭证，不得抵扣进项税额。故选项A、B错误。

【答案】CD

2. 增值税一般纳税人购进用于生产或委托加工13%税率货物的农产品，按照10%扣除率抵扣进项税额需要取得的凭证有（　　）。

A. 农产品收购发票或者销售发票

B. 取得一般纳税人开具的增值税专用发票或海关进口增值税专用缴款书

C. 从按照3%征收率缴纳增值税的小规模纳税人处取得的增值税专用发票

D. 取得批发零售环节纳税人销售免税农产品开具的免税发票，以及小规模纳税人开具的增值税普通发票

【解析】增值税一般纳税人购进农产品（未采用农产品增值税进项税额核定扣除试点实施办法），可凭增值税专用发票、海关进口增值税专用缴款书、农产品收购发票或销售发票抵扣进项税额。

【答案】ABC

3. 一般纳税人发生下列应税行为，可以选择适用简易计税方法计税的有（　　）。

A. 公路经营企业中的一般纳税人收取试点前开工的高速公路的车辆通行费

B. 一般纳税人以清包工方式提供建筑服务

C. 房地产开发企业中的一般纳税人销售自行开发的房地产老项目

D. 铁路旅客运输服务

【解析】根据《营业税改征增值税试点有关事项的规定》（财税〔2016〕36号发布）规定，一般纳税人发生公共交通运输服务、公路经营企业中的一般纳税人收取试点前开工的高速公路的车辆通行费、一般纳税人以清包工方式提供建筑服务、房地产开发企业中的一般纳税人销售自行开发的房地产老项目，可以选择适用简易计税方法计税。公共交通运输服务，包括轮客渡、公交客运、地铁、城市轻轨、出租车、长途客运、班车。一般纳税人提供的铁路旅客运输服务，不属于可以选择按照简易计税方法计算缴纳增值税的情形。

【答案】ABC

4. 根据企业所得税法律制度的规定，下列依照中国法律、行政法规成立的公司、企业中，属于企业所得税纳税人的有（　　）。

A. 国有独资公司　　B. 合伙企业

C. 个人独资企业　　D. 一人有限责任公司

【解析】根据《中华人民共和国企业所得税法》第一条规定，在中华人民共和国境内，企业和其他取得收入的组织为企业所得税的纳税人，依照该法的规定缴纳企业所得税。个人独资企业、合伙企业不适用该法。故选项B、C错误。

【答案】AD

5. 科技人员张某发生下列业务，其签订的合同不属于印花税税目“产权转移书据”的有（　　）。

A. 张某与甲公司签订专有技术使用权转让合同

B. 张某与乙公司签订非专利技术转让合同

C. 张某与房地产开发公司签订一份房屋购买合同

D. 张某与汽车销售公司签订一份汽车买卖合同

【解析】选项B，非专利技术转让合同按“技术合同”税目征收印花税。选项D，为个人书立的动产买卖合同，不属于印花税征收范围。

【答案】BD

6. 下列各项中，关于资源税说法正确的有（　　）。

A. 资源税应税产品的销售额，包括增值税税款

B. 纳税人将资源税应税产品用于赞助，没有获得收入，不需要缴纳资源税

C. 海上开采的原油和天然气资源税由海洋石油税务管理机构征收管理

D. 纳税人享受资源税优惠政策，实行“自行判别、申报享受、有关资料留存备查”的办理方式，另有规定的除外

【解析】根据《财政部 税务总局关于资源税有关问题执行口径的公告》（财政部 税务总局公告2020年第34号）规定，资源税应税产品的销售额，按照纳税人销售应税产品向购买方收取的全部价款确定，不包括增值税税款。选项A说法错误。

根据《财政部 税务总局关于资源税有关问题执行口径的公告》（财政部 税务总局公告2020年第34号）规定，纳税人自用应税产品应当缴纳资源税的情形，包括纳税人以应税产品用于非货币性资产交换、捐赠、偿债、赞助、集资、投资、广告、样品、职工福利、利润分配或者连续生产非应税产品等。选项B说法错误。

根据《财政部 税务总局关于资源税有关问题执行口径的公告》（财政部 税务总局公告2020年第34号）规定，海上开采的原油和天然气资源税由海洋石油税务管理机构征收管理。选项C说法正确。

根据《国家税务总局关于资源税征收管理若干问题的公告》（国家税务总局公告2020年第14号）规定，纳税人享受资源税优惠政策，实行“自行判别、申报享受、有关资料留存备查”的办理方式，另有规定的除外。纳税人对资源税优惠事项留存材料的真实性和合法性承担法律责任。选项D说法正确。

【答案】CD

7. 下列关于财务会计报告报送说法正确的有（　　）。

A. 纳税人财务会计报表报送期间原则上按季度和年度

B. 纳税人经批准延期办理纳税申报的，其财务会计报表报送期限可以顺延

C. 纳税人在减免税期间可以不报送财务会计报告

D. 纳税人依照执行的企业会计准则或制度，向税务机关备案，并定期向税务机关报送财务报告

【解析】纳税人无论有无应税收入、所得和其他应税项目，或者在减免税期间，均必须依照《中华人民共和国税收征收管理法》第二十五条的规定，按其所适用的会计

制度编制财务报表，并按规定的时限向主管税务机关报送；其所适用的会计制度规定需要编报相关附表以及会计报表附注、财务情况说明书、审计报告的，应当随同财务会计报表一并报送。

【答案】ABD

8. 2024年5月，某集团公司因资金周转困难，不能按期缴纳上个月实现的增值税税款，拟向主管税务机关提出延期缴纳税款申请。下列关于延期缴纳税款的说法中错误的有（　　）。

A. 该公司应当在2024年5月31日以前提出延期缴纳税款的申请

B. 经省级税务机关批准，方可以延期缴纳税款

C. 第一次申请延期缴纳税款3个月，到期前如果纳税人有特殊困难，仍不能按期缴纳税款的，最多还可以再次申请延期缴纳税款1个月

D. 延期缴纳税款申请经批准后，在批准的延期内不加收滞纳金

【解析】根据《中华人民共和国税收征收管理法实施细则》第四十二条规定，纳税人需要延期缴纳税款的，应当在缴纳税款期限届满前提出申请。税务机关应当自收到申请延期缴纳税款报告之日起20日内作出批准或者不予批准的决定；不予批准的，从缴纳税款期限届满之日起加收滞纳金。故该公司应当在2024年5月22日前提出延期缴纳税款的申请，选项A说法错误。

根据《中华人民共和国税收征收管理法》第三十一条规定，纳税人因有特殊困难，不能按期缴纳税款的，经省、自治区、直辖市税务局批准，可以延期缴纳税款，但是最长不得超过3个月。故选项C说法错误。

【答案】AC

9. 以下选项中，属于入库减免退抵税的范围的有（　　）。

A. 2023年1月9日以前，增值税小规模纳税人月销售额不超过10万元（按季纳税30万元）的，当期因代开增值税专用发票已经缴纳的税款，在增值税专用发票全部联次追回或者按规定开具红字增值税专用发票后，可以向主管税务机关申请退还

B. 增值税即征即退，按税法规定缴纳的税款，由税务机关征收入库后，再由税务机关按规定的程序给予部分或全部退还已纳税款

C. 非居民纳税人可享受但未享受协定待遇，可以申请退还多缴税款

D. 其他减免税政策发布时间滞后于执行时间已入库税款的退税

【解析】根据《全国税务机关纳税服务规范（3.0版）》规定，纳税人符合政策规定可以享受减免的税款，如已经缴纳入库，可以申请退（抵）已缴纳的税款。

【答案】ABCD

10. 下列关于个人所得税增量更正和部分更正申报的陈述，正确的有（　　）。

A. 如纳税人已完成年度申报，不允许更正预缴申报

B. 年度综合所得申报中有上年度的结转时，如更正上年度的综合所得年度申报，应提醒纳税人一并更正本年年度综合所得申报

C. 同一扣缴义务人连续性综合所得已有下期预缴申报的，不能采用部分、增量更正方式进行更正

D. 限售股已进行清算时，不能更正该人的限售股的扣缴申报

【解析】根据《全国税务机关纳税服务规范（3.0版）》规定，个人所得税增量更正和部分更正需注意以下几点：①如纳税人已完成年度申报，不允许更正预缴申报；②年度综合所得申报中有上年度的结转时，如更正上年度的综合所得年度申报，应提醒纳税人一并更正本年年度综合所得申报；③同一扣缴义务人连续性综合所得已有下期预缴申报的，可采用部分、增量更正方式进行更正；④限售股已进行清算时，不能更正该人的限售股的扣缴申报。

【答案】ABD

11. 自2019年4月1日起，试行增值税期末留抵税额退税制度，纳税人可以向主管税务机关申请退还增量留抵税额，需符合的退税条件有（　　）。

A. 纳税信用等级为A级或者B级

B. 申请退税前36个月未发生骗取留抵退税、骗取出口退税或虚开增值税专用发票情形

C. 申请退税前36个月未因偷税被税务机关处罚两次及以上

D. 2019年4月1日起未享受即征即退、先征后返（退）政策

E. 自2019年4月税款所属期起，连续6个月（按季纳税的，连续2个季度）增量留抵税额均大于零，且第6个月增量留抵税额不低于50万元

【解析】根据《财政部 税务总局 海关总署关于深化增值税改革有关政策的公告》（财政部 税务总局 海关总署公告2019年第39号）规定，适用政策的纳税人需同时符合以下条件：

（1）自2019年4月税款所属期起，连续六个月（按季纳税的，连续两个季度）增量留抵税额均大于零，且第六个月增量留抵税额不低于50万元；

（2）纳税信用等级为A级或者B级；

（3）申请退税前36个月未发生骗取留抵退税、骗取出口退税或虚开增值税专用发票情形；

（4）申请退税前36个月未因偷税被税务机关处罚两次及以上；

（5）2019年4月1日起未享受即征即退、先征后返（退）政策。

【答案】ABCDE

12. 以下关于车船税的说法，不正确的有（　　）。

A. 在一个纳税年度内，已完税的车船被盗抢后，纳税人可以凭公安机关证明和完税证明，向税务机关申请退还该纳税年度的税款

B. 已办理退税的被盗抢车船失而复得的，纳税人应当从公安机关出具相关证明的次月起计算缴纳车船税

C. 已缴纳车船税的车船在同一纳税年度内办理转让过户的，不另纳税，也不退税

D. 已缴纳车船税的车船在同一纳税年度内办理转让过户的，先退税再办理纳税手续

【解析】根据车船税管理的相关规定，在一个纳税年度内，已完税的车船被盗抢、报废、灭失的，纳税人可以凭有关管理机关出具的证明和完税证明，向纳税所在地的主管税务机关申请退还自被盗抢、报废、灭失月份起至该纳税年度终了期间的税款，故选项 A 说法不正确；已办理退税的被盗抢车船失而复得的，纳税人应当从公安机关出具相关证明的当月起计算缴纳车船税，故选项 B 说法不正确；已缴纳车船税的车船在同一纳税年度内办理转让过户的，不另纳税，也不退税，故选项 C 说法正确，选项 D 说法不正确。

【答案】ABD

13. 下列关于资源税征收管理的说法，正确的有（　　）。

A. 某矿业公司从巴西进口铁矿在该公司所在地缴纳资源税

B. 海洋原油资源税向国家税务总局海洋石油税务管理机构缴纳

C. 煤矿资源税在开采地缴纳

D. 盐的资源税在销售地缴纳

【解析】资源税进口不征，故选项 A 说法错误。根据《财政部 税务总局关于资源税有关问题执行口径的公告》（财政部 税务总局公告 2020 年第 34 号）规定，海洋原油、天然气资源税由国家税务总局海洋石油税务管理机构负责征收管理，故选项 B 说法正确。根据资源税法相关规定，纳税人应在矿产品的开采地或盐的生产地缴纳资源税，故选项 C 说法正确，选项 D 说法错误。

【答案】BC

14. 下列合同适用 0.3‰印花税税率的有（　　）。

A. 买卖合同　　B. 建设工程合同

C. 运输合同　　D. 仓储合同

【解析】买卖合同、建设工程合同税率为价款的 0.3‰，运输合同税率为运输费用的 0.3‰，仓储合同税率为仓储费的 1‰。

【答案】ABC

15. 某建设公司2019年发生以下业务，说法正确的有（　　）。

A. 在城中村租赁了一块土地用于存放车辆，该土地属于集体所有建设用地，应由该公司申报缴纳城镇土地使用税

B. 在城中村租赁了一块土地用于存放车辆，该土地属于集体所有建设用地，应由该集体申报缴纳城镇土地使用税

C. 该公司在某县城单独建造了一处地下停车场，应按规定申报缴纳城镇土地使用税

D. 按照国家去产能调结构工作要求，2019年6月5日该公司将某厂区关停，则自2019年7月起，该厂区所占土地免征城镇土地使用税

【解析】根据《财政部 税务总局关于承租集体土地城镇土地使用税有关政策的通知》（财税〔2017〕29号）规定，在城镇土地使用税征税范围内，承租集体所有建设用地的，由直接从集体经济组织承租土地的单位和个人，缴纳城镇土地使用税。故选项A说法正确，选项B说法错误。

根据《财政部 国家税务总局关于房产税 城镇土地使用税有关问题的通知》（财税〔2009〕128号）规定，对在城镇土地使用税征税范围内单独建造的地下建筑用地，按规定征收城镇土地使用税。其中，已取得地下土地使用权证的，按土地使用权证确认的土地面积计算应征税款；未取得地下土地使用权证或地下土地使用权证上未标明土地面积的，按地下建筑垂直投影面积计算应征税款。故选项C说法正确。

根据《财政部 税务总局关于去产能和调结构房产税 城镇土地使用税政策的通知》（财税〔2018〕107号）规定，对按照去产能和调结构政策要求停产停业、关闭的企业，自停产停业次月起，免征房产税、城镇土地使用税。企业享受免税政策的期限累计不得超过2年。故选项D说法正确。

【答案】ACD

16. 已缴纳车辆购置税的车辆，发生车辆退回生产企业或者经销商的情形，申请车辆购置税退税需要报送的资料有（　　）。

A.《车辆购置税退税申请表》

B.《退（抵）税申请表》

C. 生产企业或经销商开具的退车证明和退车发票

D. 纳税人身份证件原件及复印件（原件查验后退回）

【解析】车辆购置税退税的办理材料为《车辆购置税退税申请表》、纳税人身份证件原件及复印件（原件查验后退回）；有车辆退回生产企业或者经销商情形的，还应提供生产企业或经销商开具的退车证明和退车发票；因特殊情况不能退至纳税人、扣缴义务人原缴款账户的，还应提供由于特殊情况不能退至纳税人、扣缴义务人原缴款账户的书面说明、相关证明资料，和指定接受退税的其他账户及接受退税单位（人）名

称的资料。

【答案】ACD

17. 纳税人张某转让其持有的某上市公司的限售股和流通股共计5万股，下列说法正确的有（　　）。

A. 张某将手中持有的限售股出售，按照"财产转让所得"征收个人所得税

B. 张某转让限售股时以每次转让的全部收入为应纳税所得额，不扣除任何费用

C. 张某表示不能提供完整、真实的限售股原值凭证，不能准确计算限售股原值，主管税务机关按限售股转让收入的10%核定限售股原值及合理费用

D. 张某转让其持有的流通股取得的所得，免征个人所得税

【解析】个人转让限售股，以每次限售股转让收入，减除股票原值和合理税费后的余额，为应纳税所得额，故选项B说法错误；纳税人未能提供完整、真实的限售股原值凭证，不能准确计算限售股原值，主管税务机关一律按限售股转让收入的15%核定限售股原值及合理税费，故选项C说法错误。个人转让上市公司公开发行的股票取得的所得，免征个人所得税，故选项D说法正确。

【答案】AD

18. 某市纳税人张某在A城区经营一家个体工商户，在B城区经营一家个人独资企业，均为查账征收。2023年分别取得经营所得50万元和60万元，以下说法正确的有（　　）。

A. 张某预缴申报时应分别向A城区和B城区报送《个人所得税自行纳税申报表（B表）》

B. 张某办理汇算清缴时应报送《个人所得税经营所得纳税申报表（B表）》

C. 张某预缴申报时应分别向A城区和B城区报送《个人所得税经营所得纳税申报表（A表）》

D. 张某应当于取得所得的次年3月31日前选择A城区或者B城区办理年度汇总纳税申报

【解析】根据《国家税务总局关于个人所得税自行纳税申报有关问题的公告》（国家税务总局公告2018年第62号）规定，纳税人取得经营所得，按年计算个人所得税，由纳税人在月度或季度终了后15日内，向经营管理所在地主管税务机关办理预缴纳税申报，并报送《个人所得税经营所得纳税申报表（A表）》。在取得所得的次年3月31日前，向经营管理所在地主管税务机关办理汇算清缴，并报送《个人所得税经营所得纳税申报表（B表）》；从两处以上取得经营所得的，选择向其中一处经营管理所在地主管税务机关办理年度汇总申报，并报送《个人所得税经营所得纳税申报表（C表）》。纳税人从两处以上取得经营所得，应当于取得所得的次年3月31日前办理年度汇总纳

税申报。故选项 A 说法错误，选项 B、C、D 说法正确。

【答案】BCD

19. 以下情形当中，纳税人需要在次年办理个人所得税综合所得年度汇算的有（　　）。

A. 张三 2023 年在两个公司任职，共取得收入 50 万元，仅有一家公司为其取得的收入进行了预扣个人所得税

B. 李四 2023 年因病住院支付医疗费 20 万元（医保范围自付部分）

C. 王五 2023 综合所得收入额为 5.5 万元，单位为其预扣了个人所得税 200 元

D. 外籍个人汤姆 2023 年 1 月与中国境内企业签订 5 个月的雇佣合同，因工作延期导致合同延期到 2024 年 3 月

【解析】《国家税务总局关于办理 2023 年度个人所得税综合所得汇算清缴事项的公告》（国家税务总局公告 2024 年第 2 号）规定，符合下列情形之一的，纳税人需办理汇算：①已预缴税额大于汇算应纳税额且申请退税的；②2023 年取得的综合所得收入超过 12 万元且汇算需要补税金额超过 400 元的。因适用所得项目错误或者扣缴义务人未依法履行扣缴义务，造成 2023 年少申报或者未申报综合所得的，纳税人应当依法据实办理汇算。故选项 A、B、C 正确。无住所个人预先判定为非居民个人，因延长居住天数达到居民个人条件的，一个纳税年度内税款扣缴方法保持不变，年度终了后按照居民个人有关规定办理汇算清缴，因此选项 D 正确。

【答案】ABCD

20. 依据企业所得税的相关规定，下列行为应视同销售确认收入的有（　　）。

A. 将外购货物用于交际应酬

B. 将自产货物用于职工奖励

C. 将自建商品房转为固定资产

D. 将自产货物用于职工宿舍建设

【解析】根据《中华人民共和国企业所得税法实施条例》第二十五条规定，企业发生非货币性资产交换，以及将货物、财产、劳务用于捐赠、偿债、赞助、集资、广告、样品、职工福利或者利润分配等用途的，应当视同销售货物、转让财产或者提供劳务，但国务院财政、税务主管部门另有规定的除外。选项 A、B 中，企业资产所有权转移出企业，在企业所得税中视同销售。选项 C、D 中，企业资产所有权未转移出企业，不视同销售。

【答案】AB

21. 以下属于增值税的纳税期限的有（　　）。

A. 1 日　　　　B. 3 日

C. 10 日　　　　D. 15 日

【解析】根据《中华人民共和国增值税暂行条例》规定，增值税的纳税期限分别为1日、3日、5日、10日、15日、1个月或者1个季度。

【答案】ABCD

22. 下列确定车辆购置税的计税价格说法中，正确的有（　　）。

A. 纳税人购买自用应税车辆的计税价格，为纳税人实际支付给销售者的全部价款，不包括增值税税款

B. 纳税人进口自用应税车辆的计税价格，为关税完税价格加上关税和消费税

C. 纳税人自产自用应税车辆的计税价格，按照纳税人生产的同类应税车辆的最高销售价格确定，不包括增值税税款

D. 纳税人以受赠、获奖或者其他方式取得自用应税车辆的计税价格，按照购置应税车辆时相关凭证载明的价格确定，不包括增值税税款

【解析】根据《中华人民共和国车辆购置税法》规定，应税车辆的计税价格，按照下列规定确定：①纳税人购买自用应税车辆的计税价格，为纳税人实际支付给销售者的全部价款，不包括增值税税款；②纳税人进口自用应税车辆的计税价格，为关税完税价格加上关税和消费税；③纳税人自产自用应税车辆的计税价格，按照纳税人生产的同类应税车辆的销售价格确定，不包括增值税税款；④纳税人以受赠、获奖或者其他方式取得自用应税车辆的计税价格，按照购置应税车辆时相关凭证载明的价格确定，不包括增值税税款。选项C说法错误。

【答案】ABD

23. 下列服务属于增值税“生活服务”征税范围的有（　　）。

A. 文化体育服务

B. 教育医疗服务

C. 餐饮住宿服务

D. 租赁服务

【解析】生活服务，是指为满足城乡居民日常生活需求提供的各类服务活动，包括文化体育服务、教育医疗服务、旅游娱乐服务、餐饮住宿服务、居民日常服务和其他生活服务。

【答案】ABC

24. 下列项目，免征增值税的有（　　）。

A. 学生勤工俭学提供的服务

B. 企业转让著作权

C. 医疗机构提供的医疗服务

D. 代销福利彩票取得的手续费收入

【解析】根据《财政部 国家税务总局关于全面推开营业税改征增值税试点的通

知》（财税〔2016〕36 号）附件 3 规定，学生勤工俭学提供的服务、医疗机构提供的医疗服务免征增值税。

【答案】AC

25. 以下项目中，增值税一般纳税人可以选择简易计税方法计税的有（　　）。

A. 为甲供工程提供的建筑服务

B. 出租 2016 年 4 月 30 日前取得的不动产

C. 人力资源外包服务

D. 法律咨询服务

【解析】一般纳税人为甲供工程提供的建筑服务，可以选择适用简易计税方法计税。选项 A 正确。一般纳税人出租其 2016 年 4 月 30 日前取得的不动产，可以选择适用简易计税方法，按照 5% 的征收率计算应纳税额。选项 B 正确。一般纳税人提供人力资源外包服务，可以选择适用简易计税方法，依照 5% 的征收率计算缴纳增值税。选项 C 正确。

【答案】ABC

26. 以下业务适用增值税出口“免抵退税”办法的有（　　）。

A. 外贸企业购进货物出口

B. 外贸企业购进研发服务出口

C. 生产企业自营出口自产货物

D. 生产企业对外提供加工修理修配劳务

【解析】不具有生产能力的出口企业或其他单位出口货物、劳务，免征增值税，相应的进项税额予以退还，适用“免退税”办法，选项 A 错误。外贸企业外购服务或无形资产出口，适用“免退税”办法，选项 B 错误。

【答案】CD

27. 纳税人销售应税消费品收取的款项中，应计入消费税计税依据的有（　　）。

A. 违约金　　B. 增值税销项税额

C. 优质费　　D. 包装物租金

【解析】违约金、优质费、包装物租金均属于价外费用，应计入消费税计税依据。选项 A、C、D 正确。

【答案】ACD

28. 根据消费税的规定，下列说法正确的有（　　）。

A. 从事代加工电子烟产品业务的企业，属于消费税纳税人义务人

B. 取得烟草专卖批发企业许可证并经营电子烟批发业务的企业属于消费税纳税人义务人

C. 销售金银首饰，计税依据为不含增值税的销售额

D. 同时销售金银首饰和非金银首饰，未分别核算的均按 10% 计税

【解析】通过代加工方式生产电子烟的，由持有电子烟产品注册商标的企业缴纳消费税。选项 A 说法错误。同时销售金银首饰和非金银首饰，未分别核算的，生产环节应按非金银首饰税率 10% 计税，如果是零售环节应按金银首饰税率 5% 计税。选项 D 说法错误。

【答案】BC

29. 下列收入中无须缴纳城市维护建设税的有（　　）。

A. 超市销售蔬菜取得的收入

B. 培训机构提供培训服务取得的收入

C. 个人转让著作权

D. 境外单位向境内公司提供的技术服务取得的收入

【解析】选项 A、C 属于免征增值税项目，不计算缴纳城市维护建设税。境外单位和个人向境内销售劳务、服务、无形资产缴纳的增值税，不征收城市维护建设税，选项 D 正确。

【答案】ACD

30. 依据个人所得税法相关规定，以下说法正确的有（　　）。

A. 财产租赁所得，以合同约定的应取得租金收入的时间为一次

B. 偶然所得，以取得该项收入为一次

C. 劳务报酬所得属于同一项目连续性收入的，以一个月内取得的收入为一次

D. 稿酬所得属于一次性收入的，以取得该项收入为一次

【解析】财产租赁所得，以一个月内取得的收入为一次，选项 A 说法错误。

【答案】BCD

31. 以下免征个人所得税的有（　　）。

A. 军人的转业费

B. 个人转让自用达 5 年以上的住房取得的所得

C. 按国家统一规定发放的补贴、津贴

D. 转让国债的所得

【解析】个人转让自用达 5 年以上并且是唯一的家庭生活用房取得的所得免征个人所得税，选项 B 错误。国债利息收入免征个人所得税，转让国债收入照章纳税，选项 D 错误。

【答案】AC

32. 以下关于律师事务所从业人员的个人所得税政策，正确的有（　　）。

A. 律师事务所的雇员按规定比例取得的分成收入，不征税

B. 律师事务所的雇员按规定比例取得的分成收入，按“劳务报酬所得”征税

C. 律师事务所不负担律师办理案件支出的费用，律师办案支出的费用在律师当月分成收入的30%比例内确定

D. 律师个人承担的按照律师协会规定参加的业务培训费，可据实扣除

【解析】根据《国家税务总局关于律师事务所从业人员取得收入征收个人所得税有关业务问题的通知》（国税发〔2000〕149号）规定，律师事务所支付给雇员（包括律师及行政辅助人员，但不包括律师事务所的投资者）的所得，按“工资、薪金所得”应税项目征收个人所得税，选项A、B错误。

【答案】CD

33. 个人领取年金，适用综合所得税率表计算纳税的有（　　）。

A. 按月领取

B. 按年领取

C. 个人因出境定居而一次性领取年金个人账户资金

D. 个人死亡后，其指定的受益人一次性领取年金个人账户余额

【解析】根据《财政部 税务总局关于个人所得税法修改后有关优惠政策衔接问题的通知》（财税〔2018〕164号）规定，个人达到国家规定的退休年龄，领取的企业年金、职业年金，符合《财政部 人力资源社会保障部 国家税务总局关于企业年金职业年金个人所得税有关问题的通知》（财税〔2013〕103号）规定的，不并入综合所得，全额单独计算应纳税款。其中按月领取的，适用月度税率表计算纳税；按季领取的，平均分摊计入各月，按每月领取额适用月度税率表计算纳税；按年领取的，适用综合所得税率表计算纳税。个人因出境定居而一次性领取的年金个人账户资金，或个人死亡后，其指定的受益人或法定继承人一次性领取的年金个人账户余额，适用综合所得税率表计算纳税。选项B、C、D正确。

【答案】BCD

34. 下列合同或凭证，应缴纳印花税的有（　　）。

A. 无息借款合同

B. 专利权转让书据

C. 个人与电子商务经营者订立的电子订单

D. 外国企业向中国提供贷款书立的借款合同

【解析】无息借款合同、个人与电子商务经营者订立的电子订单免征印花税，选项A、C错误。

【答案】BD

35. 2023年6月，张某自开发商购置一套商品房，支付不含增值税价款100万元，并办理房屋产权登记手续。8月商品房交付，实际交付面积小于合同约定面积。张某和开发商达成协议返还购房款。下列说法正确的有（　　）。

A. 张某可申请退还已缴纳的契税

B. 张某购房行为需要缴纳契税

C. 张某应在签订购房合同 30 日内申报缴纳契税

D. 张某应向商品房所在地的税务机关办理契税纳税申报

【解析】纳税人应当在依法办理土地、房屋权属登记手续前申报缴纳契税，选项 C 说法错误。

【答案】ABD

36. 以下可以在居民个人综合所得应纳税所得额中扣除的专项扣除有（　　）。

A. 基本养老保险金　　B. 大病医疗支出

C. 基本医疗保险金　　D. 赡养老人支出

【解析】大病医疗支出、赡养老人支出属于专项附加扣除项目，选项 B、D 错误。

【答案】AC

37. 根据个人所得税法相关规定，应按财产原值确定个人捐赠支出额的有（　　）。

A. 房产　　B. 专利技术

C. 机器设备　　D. 股权

【解析】根据《财政部 税务总局关于公益慈善事业捐赠个人所得税政策的公告》（财政部 税务总局公告 2019 年第 99 号）规定，捐赠股权、房产的，其捐赠支出金额按照个人持有股权、房产的财产原值确定。选项 A、D 正确。

【答案】AD

38. 以下关于车辆购置税的说法，正确的有（　　）。

A. 车辆购置税并非对所有的车辆征税

B. 车辆购置税税率为 10%

C. 购置已税的二手车需要缴纳车辆购置税

D. 车辆购置税属于地方税

【解析】车辆购置税实行一次性征收。购置已征车辆购置税的车辆，不再征收车辆购置税，选项 C 说法错误。车辆购置税为中央税，选项 D 说法错误。

【答案】AB

39. 以下按规定需缴纳文化事业建设费的有（　　）。

A. 广告代理服务　　B. 广告设计服务

C. 广告播映服务　　D. 广告策划服务

【解析】广告设计服务、广告策划服务属于设计服务，不属于广告服务，选项 B、D 错误。

【答案】AC

40. 以下关于个人所得税的说法正确的有（　　）。

A. 个人办理提前退休手续而取得的一次性补贴收入，免征个人所得税

B. 保险营销员取得的佣金收入，属于劳务报酬所得

C. 证券经纪人展业成本按照收入额的25%计算

D. 企业职工从破产企业取得的一次性安置费收入，免征个人所得税

【解析】个人办理提前退休手续而取得的一次性补贴收入，应按照办理提前退休手续至法定离退休年龄之间实际年度数平均分摊，确定适用税率和速算扣除数，单独适用综合所得税率表，计算纳税，选项A说法错误。

【答案】BCD

41. 下列个人取得所得，可以享受个人所得税递延纳税或分期纳税政策的有（　　）。

A. 符合条件的非上市公司授予本公司员工的股票期权

B. 个人以非货币性资产投资

C. 个人转让上市公司限售股

D. 个人终止投资经营收回的款项

【解析】根据《财政部 国家税务总局关于完善股权激励和技术入股有关所得税政策的通知》（财税〔2016〕101号）规定，非上市公司授予本公司员工的股票期权、股权期权、限制性股票和股权奖励，符合规定条件的，经向主管税务机关备案，可实行递延纳税政策，即员工在取得股权激励时可暂不纳税，递延至转让该股权时纳税；股权转让时，按照股权转让收入减除股权取得成本以及合理税费后的差额，适用“财产转让所得”项目，按照20%的税率计算缴纳个人所得税，选项A正确。根据《财政部 国家税务总局关于个人非货币性资产投资有关个人所得税政策的通知》（财税〔2015〕41号）规定，个人以非货币性资产投资一次性缴税有困难的，可合理确定分期缴纳计划并报主管税务机关备案后，自发生上述应税行为之日起不超过5个公历年度内（含）分期缴纳个人所得税，选项B正确。

【答案】AB

42. 企业缴纳的下列税款中，可以作为税金及附加在企业所得税税前扣除的有（　　）。

A. 契税　　　　B. 房产税

C. 烟叶税　　　　D. 印花税

【解析】契税应计入相关资产成本，选项A错误。

【答案】BCD

43. 符合条件的软件企业发生的下列合理支出可以在企业所得税税前扣除的有（　　）。

A. 职工培训费　　　　B. 工资薪金支出

C. 劳动保护费支出　　　　　　D. 非广告性赞助支出

【解析】非广告性赞助支出不得税前扣除，选项 D 错误。

【答案】ABC

44. 下列企业发生的广告费和业务宣传费可按当年销售收入 30% 的比例限额扣除的有（　　）。

A. 化妆品销售企业　　　　　　B. 医药制造企业

C. 饮料销售企业　　　　　　D. 医药销售企业

【解析】化妆品制造与销售、医药制造、饮料制造（不含酒类制造）企业发生的广告费和业务宣传费支出，不超过当年销售收入 30% 的部分，准予扣除，选项 A、B 正确。

【答案】AB

45. 企业发生的下列资产损失，应采取清单申报方式向税务机关申报扣除的有（　　）。

A. 企业存货发生的正常损耗

B. 零售企业存货因自然灾害形成的损失

C. 债务人依法被宣告失踪造成的损失

D. 企业固定资产超过使用年限而正常报废清理的损失

【解析】对零售企业存货因自然灾害形成的损失、债务人依法被宣告失踪造成的损失，应采取专项申报方式向税务机关申报扣除，选项 B、C 错误。

【答案】AD

46. 某符合条件的软件企业 2023 年列支职工工资 100 万元，发生职工教育经费 15 万元（包含职工培训费用 9 万元），2022 年结转的职工教育经费 3 万元。下列说法符合税法规定的有（　　）。

A. 2022 年结转的职工教育经费 3 万元全部可以在 2023 年扣除

B. 2023 年的职工培训费 9 万元可以全额扣除

C. 2023 年可以扣除的职工教育经费合计为 18 万元

D. 2023 年可以扣除的职工教育经费为 8 万元（不含职工培训费）

【解析】符合条件软件企业发生的职工培训费，准予全额扣除，选项 B 说法正确。发生的其他职工教育经费支出，不超过工资薪金总额 8% 的部分，准予在计算企业所得税应纳税所得额时扣除；超过部分，准予在以后纳税年度结转扣除。2023 年允许扣除职工教育经费限额 $=100\times8\%=8$（万元），待扣除金额 $=15-9+3=9$（万元），因此可以扣除职工教育经费 8 万元（不含职工培训费），选项 D 说法正确。

【答案】BD

47. 非居民个人取得的下列所得属于来源于中国境内所得的有（　　）。

A. 转让在中国境内的房产取得的财产转让所得

B. 持有中国境内公司债券取得的利息所得

C. 将汽车出租给中国公民在美国使用取得的租金所得

D. 在境外通过互联网指导取得境内机构支付的培训所得

【解析】根据《中华人民共和国个人所得税法实施条例》第三条规定，除国务院财政、税务主管部门另有规定外，下列所得，不论支付地点是否在中国境内，均为来源于中国境内的所得：①因任职、受雇、履约等在中国境内提供劳务取得的所得；②将财产出租给承租人在中国境内使用而取得的所得；③许可各种特许权在中国境内使用而取得的所得；④转让中国境内的不动产等财产或者在中国境内转让其他财产取得的所得；⑤从中国境内企业、事业单位、其他组织以及居民个人取得的利息、股息、红利所得。选项 B、C 正确。

【答案】BC

48. 下列行为应当缴纳契税的有（　　）。

A. 等价互换房屋

B. 企业以自有房产投资于另一企业并取得相应股权

C. 非等价互换房屋

D. 公租房经营管理单位购买住房作为公租房

【解析】等价互换房屋、土地权属的，计税依据为零，无须缴纳契税，选项 A 错误。公租房经营管理单位购买住房作为公租房，免征契税，选项 D 错误。

【答案】BC

49. 房地产开发企业将开发的房地产用于以下情形，不征收土地增值税的有（　　）。

A. 用于投资

B. 用于奖励员工

C. 用于出租

D. 用于本企业办公楼

【解析】选项 C、D 房地产权属未转移，不征收土地增值税。

【答案】CD

50. 以下关于契税计税依据的说法，正确的有（　　）。

A. 契税的计税依据不包括增值税

B. 赠与土地使用权的，计税依据为税务机关依法核定的价格

C. 减免土地出让金，契税也同时减免

D. 土地使用权等价互换的，计税依据为零

【解析】根据《国家税务总局关于免征土地出让金出让国有土地使用权征收契税的

批复》（国税函〔2005〕436 号）规定，不得因减免土地出让金而减免契税，选项 C 说法错误。

【答案】ABD

51. 下列关于车船税的表述正确的有（　　）。

A. 军队专用的车船免征车船税

B. 纯电动乘用车免征车船税

C. 车船税采用定额幅度税率

D. 不需要登记的机动车辆和船舶不属于车船税的征税范围

【解析】纯电动乘用车不征收车船税，选项 B 说法错误。依法不需要在车船管理部门登记、在单位内部场所行驶或者作业的机动车辆和船舶属于车船税的征税范围，选项 D 说法错误。

【答案】AC

52. 下列企业 2020 年度发生的亏损，最长结转年限由 5 年延长至 8 年的有（　　）。

A. 电影制作企业　　B. 科技型中小企业

C. 交通运输企业　　D. 高新技术企业

【解析】根据《财政部 税务总局关于电影等行业税费支持政策的公告》（财政部税务总局公告 2020 年第 25 号）规定，对电影行业企业 2020 年度发生的亏损，最长结转年限由 5 年延长至 8 年，选项 A 正确。根据《财政部 税务总局关于支持新型冠状病毒感染的肺炎疫情防控有关税收政策的公告》（财政部 税务总局公告 2020 年第 8 号）规定，受疫情影响较大的困难行业企业（交通运输、餐饮、住宿、旅游）2020 年度发生的亏损，最长结转年限由 5 年延长至 8 年，选项 C 正确。

【答案】AC

## 三、判断题

1. 纳税人生产的应税消费品，于纳税人销售时纳税。纳税人自产自用的应税消费品，用于连续生产应税消费品的，不纳税；用于其他方面的，于移送使用时纳税。（　　）

【解析】根据《中华人民共和国消费税暂行条例》第四条规定，纳税人生产的应税消费品，于纳税人销售时纳税。纳税人自产自用的应税消费品，用于连续生产应税消费品的，不纳税；用于其他方面的，于移送使用时纳税。

【答案】正确

2. 企业之间支付的管理费、企业内营业机构之间支付的租金和特许权使用费，以及非银行企业内营业机构之间支付的利息，准予扣除。（　　）

【解析】根据《中华人民共和国企业所得税法实施条例》第四十九条规定，企业之间支付的管理费、企业内营业机构之间支付的租金和特许权使用费，以及非银行企业内营业机构之间支付的利息，不得扣除。

【答案】错误

3. 纳税人以1日、3日、5日、10日或者15日为1个消费税纳税期的，自期满之日起7日内预缴税款，于次月1日起15日内申报纳税并结清上月应纳税款。（ ）

【解析】根据《中华人民共和国消费税暂行条例》第十四条规定，纳税人以1个月或者1个季度为1个纳税期的，自期满之日起15日内申报纳税；以1日、3日、5日、10日或者15日为1个纳税期的，自期满之日起5日内预缴税款，于次月1日起15日内申报纳税并结清上月应纳税款。

【答案】错误

4. 房屋中介公司经营房屋出租业务，与出租方和承租方签订三方协议，中介公司要缴纳租赁合同的印花税。（ ）

【解析】根据《财政部 税务总局关于印花税若干事项政策执行口径的公告》（财政部 税务总局公告2022年第22号）规定，书立应税凭证的纳税人，为对应税凭证有直接权利义务关系的单位和个人。

【答案】错误

5. 纳税人甲按季申报缴纳印花税，2023年8月25日书立钢材买卖合同1份，合同列明了买卖钢材数量，并约定在实际交付钢材时，以交付当日市场报价确定成交价据以结算，2023年10月12日按合同结算买卖钢材价款100万元，纳税人甲应于2024年1月申报期内申报买卖合同书立情况。（ ）

【解析】根据《国家税务总局关于实施〈中华人民共和国印花税法〉等有关事项的公告》（国家税务总局公告2022年第14号）规定，应税合同、产权转移书据未列明金额，在后续实际结算时确定金额的，纳税人应当于书立应税合同、产权转移书据的首个纳税申报期申报应税合同、产权转移书据书立情况，在实际结算后下一个纳税申报期，以实际结算金额计算申报缴纳印花税。因此，纳税人甲应于2023年10月申报期内申报买卖合同书立情况。

【答案】错误

6. 非居民企业因特殊原因，不能在规定期限内办理年度所得税申报，应当在年度终了之日起6个月内，向主管税务机关提出延期申报申请。主管税务机关批准后，可以适当延长申报期限。（ ）

【解析】根据《国家税务总局关于印发〈非居民企业所得税汇算清缴管理办法〉的通知》（国税发〔2009〕6号）第三条规定，非居民企业因特殊原因，不能在规定期限内办理年度所得税申报，应当在年度终了之日起5个月内，向主管税务机关提出延期申报申请。主管税务机关批准后，可以适当延长申报期限。

【答案】错误

7. 办理入库减免退抵税业务时，纳税人需要报送《退（抵）税申请表》、完税费（缴款）凭证复印件、税务机关认可的其他记载应退税款内容的资料。（　）

【解析】根据《全国税务机关纳税服务规范（3.0 版）》规定，办理入库减免退抵税业务时，纳税人一般需要报送《退（抵）税申请审批表》、完税费（缴款）凭证复印件、税务机关认可的其他记载应退税款内容的资料。

【答案】错误

8. 纳税人、缴费人、扣缴义务人办理纳税申报后，发现申报表存在错误，完成修改更正或作废。申报错误更正时只能全量更正或者申报作废，不允许差额更正或补充申报。（　）

【解析】根据《全国税务机关纳税服务规范（3.0 版）》规定，纳税人、缴费人、扣缴义务人办理纳税申报后，发现申报表存在错误，完成修改更正或作废。申报错误更正时（除个人所得税）只能全量更正或者申报作废，不允许差额更正或补充申报。

【答案】错误

9. 使用企业申请退税的国内采购的含税石脑油、燃料油，应取得符合规定的成品油增值税专用发票，发票应注明石脑油、燃料油及数量。未取得或发票未注明石脑油、燃料油及数量的，不予退税。（　）

【解析】根据《用于生产乙烯、芳烃类化工产品的石脑油、燃料油退（免）消费税暂行办法》（国家税务总局公告 2012 年第 36 号）第二十六条规定，使用企业申请退税的国内采购的含税石脑油、燃料油，应取得经主管税务机关认证的汉字防伪版增值税专用发票或普通版增值税专用发票，发票应注明石脑油、燃料油及数量。未取得、未认证或发票未注明石脑油、燃料油及数量的，不予退税。

【答案】正确

10. 纳税人在申请延期申报纳税过程中，需根据税务机关的调查审批，核定预缴税款。核准后，纳税人结算税款时，预缴税额大于实际应纳税额的，税务机关应当结算退税及给付相应利息。（　）

【解析】根据《国家税务总局关于延期申报预缴税款滞纳金问题的批复》（国税函〔2007〕753 号）规定，纳税人、扣缴义务人不能按期办理纳税申报或者报送代扣代缴、代收代缴税款报告表的，经税务机关核准，可以延期申报，但要在纳税期内按照上期实际缴纳的税额或者税务机关核定的税额预缴税款，并在核准的延期内办理税款结算。经核准预缴税款之后按照规定办理税款结算而补缴税款的各种情形，均不适用加收滞纳金的规定。在办理税款结算之前，预缴的税额可能大于或小于应纳税额。当预缴税额大于应纳税额时，税务机关结算退税但不向纳税人计退利息；当预缴税额小于应纳税额时，税务机关在纳税人结算补税时不加收滞纳金。

【答案】错误

11. 黄先生将租用的一处办公楼转租给李先生使用，作为转租方的黄先生应当就转租房产所带来的收入申报缴纳房产税。（　）

【解析】根据《中华人民共和国房产税暂行条例》规定，房产税由产权所有人缴纳。由于暂行条例仅规定产权所有人才是房产税的纳税义务人，而转租行为人不是产权所有人，只拥有使用权，因此，转租行为人对其取得的转租收入不需要缴纳房产税。

【答案】错误

12. 经批准开山填海整治的土地和改造的废弃土地，从使用的月份起免缴城镇土地使用税 3 ~5 年。（　）

【解析】根据《中华人民共和国城镇土地使用税暂行条例》第六条规定，经批准开山填海整治的土地和改造的废弃土地，从使用的月份起免缴城镇土地使用税 5 ~ 10 年。

【答案】错误

13. 某商贸企业有自用办公楼一栋，负一层为地下停车场，该企业计算房产原值时应包含地下停车场。（　）

【解析】对于与地上房屋相连的地下建筑，如房屋的地下室、地下停车场、商场的地下部分等，应将地下部分与地上房屋视为一个整体，按照地上房屋建筑的有关规定计算征收房产税。

【答案】正确

14. 鸿达客运站使用的划拨土地转为出让土地，该客运站应向自然资源主管部门补缴土地出让金 100 万元，自然资源主管部门减按 80 万元征收。税务机关应就 80 万元土地出让金征收契税。（　）

【解析】根据《财政部 税务总局关于贯彻实施契税法若干事项执行口径的公告》（财政部 税务总局公告 2021 年第 23 号）规定，先以划拨方式取得土地使用权，后经批准转让房地产，划拨土地性质改为出让的，承受方应分别以补缴的土地出让价款和房地产权属转移合同确定的成交价格为计税依据缴纳契税。

【答案】错误

15. 纳税人张某转让商铺因保存不善丢失了购买商铺时取得的不动产发票，张某可以提供契税票作为差额缴纳增值税的凭证。（　）

【解析】纳税人转让不动产，按照有关规定差额缴纳增值税的，如因丢失等原因无法提供取得不动产时的发票，可向税务机关提供其他能证明契税计税金额的完税凭证等资料，进行差额扣除。

【答案】正确

16. 自 2023 年 1 月 1 日至 2027 年 12 月 31 日，对月销售额 10 万元以下（含本数）的增值税小规模纳税人，免征增值税。（　）

【解析】根据《财政部 税务总局关于明确增值税小规模纳税人减免增值税等政策的公告》（财政部 税务总局公告2023年第1号）和《财政部 税务总局关于增值税小规模纳税人减免增值税政策的公告》（财政部 税务总局公告2023年第19号）规定，对月销售额10万元以下（含本数）的增值税小规模纳税人，免征增值税。

【答案】正确

17. 自2023年1月1日至2027年12月31日，增值税小规模纳税人适用5%预征率的预缴增值税项目，暂停预缴增值税。（　）

【解析】根据《财政部 税务总局关于明确增值税小规模纳税人减免增值税等政策的公告》（财政部 税务总局公告2023年第1号）和《财政部 税务总局关于增值税小规模纳税人减免增值税政策的公告》（财政部 税务总局公告2023年第19号）规定，自2023年1月1日至2027年12月31日，增值税小规模纳税人适用3%预征率的预缴增值税项目，减按1%预征率预缴增值税。

【答案】错误

18. 企业发生的与生产经营活动有关的业务招待费支出，按照发生额的50%扣除，但最高不得超过当年销售（营业）收入的5‰。（　）

【解析】根据《中华人民共和国企业所得税法实施条例》第四十三条规定，企业发生的与生产经营活动有关的业务招待费支出，按照发生额的60%扣除，但最高不得超过当年销售（营业）收入的5‰。

【答案】错误

19. 按照个人所得税法的有关规定，工资、薪金所得与劳务报酬所得的主要区别在于，二者分别适用于独立个人劳动与非独立个人劳动。（　）

【解析】根据《国家税务总局关于印发〈征收个人所得税若干问题的规定〉的通知》（国税发〔1994〕89号）规定，工资、薪金所得是指个人因任职受雇而取得的各项所得，属于非独立个人劳动而劳务报酬所得是指个人独立从事各种非雇佣的各种劳务所取得的所得，属于独立个人劳动。

【答案】错误

20. 个人因病无钱治疗申请一次性领取年金个人账户资金或余额的，适用月度税率表计算纳税。（　）

【解析】根据《财政部 税务总局关于个人所得税法修改后有关优惠政策衔接问题的通知》（财税〔2018〕164号）规定，个人因出境定居而一次性领取的年金个人账户资金，或个人死亡后，其指定的受益人或法定继承人一次性领取的年金个人账户余额，适用综合所得税率表计算纳税。对个人除上述特殊原因外一次性领取年金个人账户资金或余额的，适用月度税率表计算纳税。

【答案】正确

21. 以1个季度为纳税期限的规定适用于小规模纳税人、银行、财务公司、信托投资公司、信用社，以及财政部和国家税务总局规定的其他纳税人。（　　）

【解析】根据《财政部 国家税务总局关于全面推开营业税改征增值税试点的通知》（财税〔2016〕36号）规定，以1个季度为纳税期限的规定适用于小规模纳税人、银行、财务公司、信托投资公司、信用社，以及财政部和国家税务总局规定的其他纳税人。

【答案】正确

22. 增值税一般纳税人取得的增值税专用发票列入异常凭证范围的，尚未申报出口退税或者已申报但尚未办理出口退税的，可以办理出口退税。（　　）

【解析】根据《国家税务总局关于异常增值税扣税凭证管理等有关事项的公告》（国家税务总局公告2019年第38号）规定，增值税一般纳税人取得的增值税专用发票列入异常凭证范围的，尚未申报出口退税或者已申报但尚未办理出口退税的，除另有规定外，暂不允许办理出口退税。

【答案】错误

23. 仲裁机构的仲裁文书属于印花税征税范围。（　　）

【解析】根据《财政部 税务总局关于印花税若干事项政策执行口径的公告》（财政部 税务总局公告2022年第22号）规定，仲裁机构的仲裁文书不属于印花税征税范围。

【答案】错误

24. 自用的地下建筑，属于工业用途房产的，以房屋原价的50%～60%作为应税房产原值。（　　）

【解析】根据《财政部 国家税务总局关于具备房屋功能的地下建筑征收房产税的通知》（财税〔2005〕181号）规定，自用的地下建筑，属于工业用途房产的，以房屋原价的50%～60%作为应税房产原值。

【答案】正确

25. 房地产开发企业在改制重组时以房产作价入股进行投资，将其房产转移到被投资的商业企业暂不征收土地增值税。（　　）

【解析】根据《财政部 税务总局关于继续实施企业改制重组有关土地增值税政策的公告》（财政部 税务总局公告2023年第51号）规定，改制重组有关土地增值税政策不适用于房地产转移任意一方为房地产开发企业的情形。

【答案】错误

26. 土地增值税采用核定征收的，核定征收率原则上不得低于2%。（　　）

【解析】根据《国家税务总局关于加强土地增值税征管工作的通知》（国税发〔2010〕53号）规定，土地增值税核定征收率原则上不得低于5%。

【答案】错误

27. 免征车辆购置税的车辆无须办理车辆购置税申报手续。 （ ）

【解析】免征车辆购置税的车辆应当办理车辆购置税申报手续。

【答案】错误

28. 纳税人的总、分支机构不在同一县（市）的，应分别向各自机构所在地主管税务机关申报缴纳增值税，另有规定除外。 （ ）

【解析】略

【答案】正确

29. 对于先征后退的增值税，一并退还所附征的城市维护建设税。 （ ）

【解析】根据《财政部 国家税务总局关于增值税 营业税 消费税实行先征后返等办法有关城建税和教育费附加政策的通知》（财税〔2005〕72号）规定，对“三税”实行先征后返、先征后退、即征即退办法的，除另有规定外，对随“三税”附征的城市维护建设税和教育费附加，一律不予退（返）还。

【答案】错误

30. 纳税人转让旧房及建筑物，不能取得评估价格，但能提供购房发票，购房时缴纳的契税，凡能提供契税完税凭证的，准予作为“与转让房地产有关的税金”予以扣除，但不作为加计5%的基数。 （ ）

【解析】根据《财政部 国家税务总局关于土地增值税若干问题的通知》（财税〔2006〕21号）规定，纳税人转让旧房及建筑物，凡不能取得评估价格，但能提供购房发票的，经当地税务部门确认，《中华人民共和国土地增值税暂行条例》第六条第（一）、（二）项规定的扣除项目的金额，可按发票所载金额并从购买年度起至转让年度止每年加计5%计算。对纳税人购房时缴纳的契税，凡能提供契税完税凭证的，准予作为“与转让房地产有关的税金”予以扣除，但不作为加计5%的基数。

【答案】正确

31. 纳税人转让的房地产坐落在两个或两个以上地区的，应选择房地产坐落地其中一处税务机关申报缴纳土地增值税。 （ ）

【解析】根据《中华人民共和国土地增值税暂行条例实施细则》规定，纳税人转让的房地产坐落在两个或两个以上地区的，应按房地产所在地分别申报缴纳土地增值税。

【答案】错误

32. 纳税人多贴印花税票的，不得申请退税或抵缴税款。 （ ）

【解析】略

【答案】正确

33. 建筑企业将配备操作人员的塔吊出租，属于提供建筑服务。 （ ）

【解析】根据《财政部 国家税务总局关于明确金融 房地产开发 教育辅助服务等

增值税政策的通知》（财税〔2016〕140号）规定，纳税人将建筑施工设备出租给他人使用并配备操作人员的，按照“建筑服务”缴纳增值税。

【答案】正确

34. 纳税人在游览场所经营索道、摆渡车、电瓶车、游船等取得的收入，按照“交通运输服务”缴纳增值税。（　　）

【解析】根据《财政部 国家税务总局关于明确金融 房地产开发 教育辅助服务等增值税政策的通知》（财税〔2016〕140号）规定，纳税人在游览场所经营索道、摆渡车、电瓶车、游船等取得的收入，按照“文化体育服务”缴纳增值税。

【答案】错误

35. 纳税人采取“以旧换新”方式销售金银首饰，增值税计税依据不允许扣除旧货物的价款。（　　）

【解析】对金银首饰以旧换新业务，可按销售方实际收取的不含增值税的全部价款征收增值税。

【答案】错误

36. 纳税人取得的与其销售货物、劳务、服务、无形资产、不动产的收入或者数量不直接挂钩的财政补贴收入，不征收增值税。（　　）

【解析】根据《国家税务总局关于取消增值税扣税凭证认证确认期限等增值税征管问题的公告》（国家税务总局公告2019年第45号）规定，纳税人取得的财政补贴收入，与其销售货物、劳务、服务、无形资产、不动产的收入或者数量直接挂钩的，应按规定计算缴纳增值税。纳税人取得的其他情形的财政补贴收入，不属于增值税应税收入，不征收增值税。

【答案】正确

37. 依法不需要办理登记的车船，纳税地点为车船的所有人或管理人所在地。（　　）

【解析】根据《中华人民共和国车船税法》规定，依法不需要办理登记的车船，车船税的纳税地点为车船的所有人或者管理人所在地。

【答案】正确

38. 房屋附属设施（包括停车位、机动车库、非机动车库、顶层阁楼、储藏室及其他房屋附属设施）与房屋为不同不动产单元的，计税依据为承受方应交付的总价款，并适用与房屋相同的税率。（　　）

【解析】根据《财政部 税务总局关于贯彻实施契税法若干事项执行口径的公告》（财政部 税务总局公告2021年第23号）规定，房屋附属设施（包括停车位、机动车库、非机动车库、顶层阁楼、储藏室及其他房屋附属设施）与房屋为同一不动产单元的，计税依据为承受方应交付的总价款，并适用与房屋相同的税率；房屋附属设施与房屋为不同不动产单元的，计税依据为转移合同确定的成交价格，并按当地确定的适用税率计税。

【答案】错误

39. 因人民法院、仲裁委员会的生效法律文书或者监察机关出具的监察文书等发生土地、房屋权属转移的，纳税义务发生时间为法律文书等生效当日。（　　）

【解析】根据《财政部 税务总局关于贯彻实施契税法若干事项执行口径的公告》（财政部 税务总局公告2021年第23号）规定，因人民法院、仲裁委员会的生效法律文书或者监察机关出具的监察文书等发生土地、房屋权属转移的，纳税义务发生时间为法律文书等生效当日。

【答案】正确

40. 企业之间书立的确定买卖关系、明确买卖双方权利义务的订单、要货单等单据，且未另外书立买卖合同的，无须缴纳印花税。（　　）

【解析】根据《财政部 税务总局关于印花税若干事项政策执行口径的公告》（财政部 税务总局公告2022年第22号）规定，企业之间书立的确定买卖关系、明确买卖双方权利义务的订单、要货单等单据，且未另外书立买卖合同的，应当按规定缴纳印花税。

【答案】错误

41. 印花税应税凭证金额为人民币以外的货币的，应当按照凭证书立当月1日的人民币汇率中间价折合人民币确定计税依据。（　　）

【解析】根据《财政部 税务总局关于印花税若干事项政策执行口径的公告》（财政部 税务总局公告2022年第22号）规定，应税凭证金额为人民币以外的货币的，应当按照凭证书立当日的人民币汇率中间价折合人民币确定计税依据。

【答案】错误

42. 居民个人取得劳务报酬所得、稿酬所得、特许权使用费所得的，预扣预缴个人所得税时可以扣除公益捐赠支出。（　　）

【解析】根据《财政部 税务总局关于公益慈善事业捐赠个人所得税政策的公告》（财政部 税务总局公告2019年第99号）规定，居民个人取得劳务报酬所得、稿酬所得、特许权使用费所得的，预扣预缴时不扣除公益捐赠支出，统一在汇算清缴时扣除。

【答案】错误

43. 个人所得税经营所得采取核定征收方式的，不扣除公益捐赠支出。（　　）

【解析】根据《财政部 税务总局关于公益慈善事业捐赠个人所得税政策的公告》（财政部 税务总局公告2019年第99号）规定，经营所得采取核定征收方式的，不扣除公益捐赠支出。

【答案】正确

44. 个人协议转让限售股的，依据协议签订当日该股收盘价确定转让收入。（　　）

【解析】根据《财政部 国家税务总局 证监会关于个人转让上市公司限售股所得征

收个人所得税有关问题的补充通知》（财税〔2010〕70号）规定，协议转让限售股收入按照实际转让收入计算。

【答案】错误

45. 个人协议转让限售股后，应在次月7日内到主管税务机关填报《限售股转让所得个人所得税清算申报表》，自行申报纳税。（　）

【解析】根据《财政部 国家税务总局 证监会关于个人转让上市公司限售股所得征收个人所得税有关问题的补充通知》（财税〔2010〕70号）规定，纳税人协议转让限售股后，应在次月7日内到主管税务机关填报《限售股转让所得个人所得税清算申报表》，自行申报纳税。

【答案】正确

46. 企业所得税汇算清缴期结束后，税务机关发现企业应当取得而未取得发票、其他外部凭证或者取得不合规发票、不合规其他外部凭证并且告知企业的，企业应当自被告知之日起30日内补开、换开符合规定的发票、其他外部凭证。（　）

【解析】企业所得税汇算清缴期结束后，税务机关发现企业应当取得而未取得发票、其他外部凭证或者取得不合规发票、不合规其他外部凭证并且告知企业的，企业应当自被告知之日起60日内补开、换开符合规定的发票、其他外部凭证。

【答案】错误

47. 房地产开发企业开发产品转为自用，其实际使用时间累计未超过12个月又销售的，可以在企业所得税税前扣除折旧费用。（　）

【解析】根据《房地产开发经营业务企业所得税处理办法》规定，企业开发产品转为自用的，其实际使用时间累计未超过12个月又销售的，不得在税前扣除折旧费用。

【答案】错误

48. 小型微利企业所得税可以选择按月或按季预缴税款。（　）

【解析】根据《国家税务总局关于落实小型微利企业所得税优惠政策征管问题的公告》（国家税务总局公告2023年第6号）规定，小型微利企业所得税统一实行按季预缴。

【答案】错误

49. 企业在商品化后为顾客提供的技术支持活动不适用税前加计扣除政策。（　）

【解析】根据《财政部 国家税务总局 科学技术部关于完善研究开发费用税前加计扣除政策的通知》（财税〔2015〕119号）规定，企业在商品化后为顾客提供的技术支持活动不适用税前加计扣除政策。

【答案】正确

## 四、简答题

1. 社会保险费申报错误需要更正时，在满足条件的情况下，可以通过作废原申报表，重新申报，主要包括哪些情形？

【答案】应从以下方面进行阐述：

针对企业申报后是否已开票或入库的不同情况，能否作废的规定如下：

(1) 当月已申报未开票未入库的，可以作废申报；

(2) 当月已申报已开票未入库的，应当作废已开票信息，再进行作废申报；

(3) 当月已申报已开票已入库的，不可以作废申报，可以补充申报。

2. 3岁以下婴幼儿专项附加扣除中的婴幼儿信息应当如何填报？

【答案】一般来讲，婴幼儿出生后，会获得载明其姓名、出生日期、父母姓名等信息的《出生医学证明》，纳税人可以通过手机个人所得税App或纸质《个人所得税专项附加扣除信息表》填报子女信息。证件类型可选择“出生医学证明”，并填写相应编号和婴幼儿出生时间即可；婴幼儿已被赋予公民身份证号码的，证件类型也可选择“居民身份证”，并填写身份证号码和婴幼儿出生时间即可；婴幼儿名下是中国护照、外国护照、港澳居民来往内地通行证、台湾居民来往大陆通行证等身份证件信息，也可作为填报证件。

极少数暂未获取上述证件的，也可选择“其他个人证件”并在备注中如实填写相关情况，不影响纳税人享受扣除。后续纳税人取得婴幼儿的出生医学证明或者居民身份证号的，及时补充更新即可。如税务机关联系纳税人核实有关情况，纳税人可通过手机个人所得税App将证件照片等证明资料推送给税务机关证明真实性，以便继续享受扣除。

（注：也可结合工作实际进行解答）

3. 甲公司善意取得某供应商虚开的增值税专用发票，因该供应商被税务机关认定为非正常户，无法换开合规的增值税专用发票。请简述甲公司可凭哪些能证实支出真实性的资料进行企业所得税税前扣除。

【答案】应从以下方面进行阐述：

(1) 无法补开、换开发票、其他外部凭证原因的证明资料（即列入非正常经营户的证明资料）；

(2) 相关业务活动的合同或者协议；

(3) 采用非现金方式支付的付款凭证；

(4) 货物运输的证明资料；

(5) 货物入库、出库内部凭证；

（6）企业会计核算记录以及其他资料。

第（1）项至第（3）项为必备资料。

4. 乙建筑公司是A市按季申报的增值税小规模纳税人，2024年1季度在B市提供建筑服务取得不含税收入35万元，在C市提供建筑服务取得不含税收入15万元，均开具增值税普通发票。乙公司在B市和C市是否需要预缴增值税？

【答案】应从以下方面进行阐述：

乙公司在B市需要预缴增值税，在C市不需要预缴增值税。根据《国家税务总局关于增值税小规模纳税人减免增值税等政策有关征管事项的公告》（国家税务总局公告2023年第1号）和《财政部 税务总局关于增值税小规模纳税人减免增值税政策的公告》（财政部 税务总局公告2023年第19号）规定，按照现行规定应当预缴增值税税款的小规模纳税人，凡在预缴地实现的季销售额未超过30万元的，当期无须预缴税款。在预缴地实现的季销售额超过30万元的，适用3%预征率的预缴增值税项目，减按1%预征率预缴增值税。

5. 某境内企业计划委托境内外单位研发新产品，由委托方还是受托方享受研发费用加计扣除政策？实际发生的委托研发费用，计入扣除基数的金额是多少？

【答案】应从以下方面进行阐述：

委托境外单位进行研发，由委托方享受加计扣除政策。加计扣除时按照研发活动实际发生费用的80%计入委托方的委托境外研发费用。委托境外研发费用不超过境内符合条件的研发费用2/3的部分，可以按规定在企业所得税税前扣除。

6. 增值税一般纳税人享受“六税两费”减税优惠政策需要满足什么条件？

【答案】应从以下方面进行阐述：

增值税一般纳税人应属于登记为一般纳税人的个体工商户或者小型微利企业，其中小型微利企业标准为从事国家非限制和禁止行业，且同时符合年度应纳税所得额不超过300万元、从业人数不超过300人、资产总额不超过5000万元三个条件的居民企业。

## 五、案例分析题

1. 主营服装制造的山水有限公司为我国居民企业，2023年发生经营业务如下：

（1）取得产品销售收入4000万元；

（2）发生产品销售成本2600万元；

（3）发生销售费770万元（其中广告费650万元），管理费480万元（其中业务招待费25万元，新技术开发费40万元），财务费60万元；

（4）各类税款160万元（含增值税120万元）；

（5）营业外收入80万元，营业外支出50万元（含通过公益性社会团体向贫困山区捐款30万元，支付税收滞纳金6万元）；

（6）计入成本、费用中的实发工资总额200万元，拨缴工会经费5万元，发生职工福利费31万元，发生职工教育经费7万元。

请计算该企业2023年度实际应纳的企业所得税。（假设该企业不符合小型微利企业条件）

【解析】

（1）会计利润总额 =4000 +80 −2600 −770 −480 −60 −（160 −120）−50 =80（万元）

（2）广告费应调增所得额 =650 −4000 ×15% =650 −600 =50（万元）

（3）20万元（4000 ×5‰）大于15万元（25 ×60%）

业务招待费应调增所得额 =25 −25 ×60% =25 −15 =10（万元）

（4）新技术开发费用应调减所得额 =40 ×100% =40（万元）

（5）捐赠支出应调增所得额 =30 −80 ×12% =20.4（万元）

（6）税收滞纳金应调增所得额 =6（万元）

（7）工会经费应调增所得额 =5 −200 ×2% =1（万元）

（8）职工福利费应调增所得额 =31 −200 ×14% =3（万元）

（9）16万元（200 ×8%）大于7万元，职工教育经费可以全额扣除。

（10）应纳税所得额 =80 +50 +10 −40 +20.4 +6 +1 +3 =130.4（万元）

（11）2023年应缴企业所得税 =130.4 ×25% =32.6（万元）

2. 无住所外籍人士妮娜2023年9月15日来华就职于某企业，2023年12月16日离开中国境内。

2023年12月妮娜取得以下收入：

（1）境内应税工资30000元，境外应税工资25000元；

（2）境内实报实销住房补贴15000元；

（3）境内现金方式取得搬迁费10000元；

（4）境内取得合理的出差补贴和子女教育费分别为5000元和1500元；

（5）取得境内一次性稿酬20000元；

（6）取得境内一笔劳务报酬所得50000元，通过市民政局向贫困地区捐赠20000元。

2023年10月取得境内支付的股权激励所得50000元，其中归属于境内工作期间的所得为45000元。2023年12月取得境内支付的股权激励所得80000元，其中归属于境内工作期间的所得为58000元。

请根据上述资料，回答下列问题：

（1）妮娜12月在境内实际工作天数为（　　）天。（单选）

A. 14　　B. 15

C. 16　　D. 15.5

【解析】在境内、境外单位同时担任职务或者仅在境外单位任职的个人，在境内停留的当天不足24小时的，按照半天计算境内工作天数。妮娜12月境内实际工作天数是15.5天。

【答案】D

（2）妮娜12月在境内工资、薪金收入应缴纳个人所得税（　　）元。（单选）

A. 3090　　B. 4215

C. 3952.9　　D. 2912.58

【解析】外籍个人取得非现金或实报实销形式的住房补贴和搬迁费是暂免征收个人所得税的，现金形式的住房补贴和搬迁费需要缴纳个人所得税，并入当月工资、薪金所得中纳税。出差补贴和子女教育费用，合理的部分免征个人所得税。

妮娜在中国居住时间属于超过90天不满183天的情形，当月工资、薪金收入额＝当月境内外工资、薪金总额×当月工资、薪金所属工作期间境内工作天数÷当月工资、薪金所属工作期间公历天数。

当月工资、薪金收入额＝(30000＋25000＋10000)×15.5÷31＝32500（元）

应纳税额＝(每月收入额－5000元)×适用税率－速算扣除数＝(32500－5000)×25%－2660＝4215（元）

【答案】B

（3）妮娜12月在境内取得的稿酬所得应缴纳个人所得税（　　）元。（单选）

A. 2240　　B. 910

C. 480　　D. 1790

【解析】非居民个人取得来源于境内的劳务报酬所得、稿酬所得、特许权使用费所得，以税法规定的每次收入额为应纳税所得额，适用月度税率表计算应纳税额。

妮娜稿酬所得应缴纳个人所得税＝20000×(1－20%)×70%×10%－210＝910（元）

【答案】B

（4）妮娜12月在境内取得的劳务报酬所得应缴纳个人所得税（　　）元。（单选）

A. 4340　　B. 5600

C. 2590　　D. 3590

【解析】非居民个人取得来源于境内的劳务报酬所得以税法规定的每次收入额为应纳税所得额，适用月度税率表计算应纳税额。个人将其所得对教育、扶贫、济困等公益慈善事业进行捐赠，捐赠额未超过纳税人申报的应纳税所得额30%的部分，可以从其应纳税所得额中扣除。

50000×（1-20%）×30%=12000（元），12000元小于20000元，所以妮娜可在税前扣除的捐赠限额为12000元。

妮娜劳务报酬所得应缴纳个人所得税=［50000×（1-20%）-12000］×25%-2660=4340（元）

【答案】A

（5）妮娜12月在境内取得的股权激励所得应缴纳个人所得税（　　）元。（单选）

A. 10090　　B. 12140

C. 8900　　D. 4540

【解析】非居民个人一个月内取得股权激励所得，单独按照相关规定计算当月收入额，不与当月其他工资、薪金合并，按6个月分摊计税（一个公历年度内的股权激励所得应合并计算），不减除费用，适用月度税率表计算应纳税额。

当月股权激励所得应纳税额=［（本公历年度内股权激励所得合计额÷6）×适用税率-速算扣除数］×6-本公历年度内股权激励所得已纳税额

10月股权激励所得应纳税额=（45000÷6×10%-210）×6=3240（元）

12月股权激励所得应纳税额=［（45000+58000）÷6×20%-1410］×6=12140（元）

12月股权激励所得应纳税额=12140-3240=8900（元）

【答案】C

3. 一般纳税人某机场管理公司为修建民用飞机场，经批准占用其他农用地40万平方米，并于2023年10月1日收到土地管理部门通知。其中，飞机跑道占地20万平方米，停机坪占地13万平方米，机场航站楼占地5万平方米，停车场占地1万平方米，大型免税店1万平方米。假定该区域耕地占用税适用税额为每平方米20元。

请根据上述资料，回答以下问题：

（1）该企业应在（　　）办理耕地占用税申报。（单选）

A. 2023年10月30日前

B. 2023年10月31日前

C. 2023年11月1日前

D. 2023年11月15日前

【解析】耕地占用税的纳税义务发生时间为，纳税人收到自然资源主管部门办理占用耕地手续的书面通知的当日。纳税人应当自纳税义务发生之日起30日内申报缴纳耕地占用税。

【答案】A

（2）经实际测量，该机场实际占地面积为40.5万平方米（多出部分为机场航站楼占用），则该企业申报耕地占用税的计税依据应为（　　）。（单选）

A. 40万平方米

B. 40.5万平方米

C. 报由土地管理部门核定

D. 报由税务机关核定

【解析】耕地占用税以纳税人实际占用的属于耕地占用税征税范围的土地面积为计税依据，按应税土地当地适用税额计税，实行一次性征收。应税土地面积包括经批准占用面积和未经批准占用面积，以平方米为单位。

【答案】B

（3）该企业应缴纳耕地占用税总额为（　　）万元。（单选）

A. 117　　B. 810

C. 216　　D. 206

【解析】$(20+13)\times2+(5+1+1+0.5)\times20=66+150=216$（万元）

根据《中华人民共和国耕地占用税法》第七条规定，铁路线路、公路线路、飞机场跑道、停机坪、港口、航道、水利工程占用耕地，减按每平方米2元的税额征收耕地占用税。

【答案】C

（4）因发展需要，该公司对机场布局进行重新规划，将原有的停机坪部分划入航站楼，占地5000平方米，则这部分土地的耕地占用税纳税义务发生时间为（　　）。（单选）

A. 纳税人改变土地用途30日内

B. 纳税人改变土地用途的次月

C. 纳税人改变土地用途15日内

D. 纳税人改变土地用途的当天

【解析】已享受减免税的应税土地改变用途，不再属于减免税范围的，应当补缴耕地占用税，其纳税义务发生时间为纳税人改变土地用途的当天。

【答案】D

4. 某软件企业为增值税一般纳税人，2024年6月发生业务如下：

（1）销售自行开发的软件产品，取得不含税销售额260万元，提供软件技术服务，取得不含税服务费35万元；

（2）购进用于软件产品开发及软件技术服务的设备，取得增值税专用发票，注明金额30万元、税额3.9万元；

（3）员工国内出差，报销时提供注明员工身份信息的航空运输电子客票行程单，注明票价 2.18 万元、民航发展基金 0.12 万元；

（4）处置一台职工食堂使用过的设备，该设备购置时按规定未抵扣进项税额，取得含税收入 1.03 万元，并开具增值税普通发票。该企业未放弃享受优惠政策。（计算结果保留 2 位小数）

请根据上述资料，回答下列问题：

（1）业务（1）销项税额为（　　）万元。（单选）

A. 15.65　　B. 17.70

C. 35.90　　D. 38.35

【解析】业务（1）销项税额 $=260\times13\%+35\times6\%=35.90$（万元）

【答案】C

（2）该企业当期可抵扣的进项税额为（　　）万元。（单选）

A. 4.08　　B. 4.09

C. 4.49　　D. 4.50

【解析】该企业当期可抵扣的进项税额 $=3.9+2.18\div(1+9\%)\times9\%=4.08$（万元）

【答案】A

（3）业务（4）应缴纳增值税（　　）万元。（单选）

A. 0.12　　B. 0.02

C. 0.13　　D. 0.03

【解析】一般纳税人销售自己使用过的不得抵扣且未抵扣进项税额的固定资产，可按简易办法依 3% 征收率减按 2% 征收增值税。

业务（4）应缴纳增值税 $=1.03\div(1+3\%)\times2\%=0.02$（万元）

【答案】B

（4）该单位当月实际缴纳增值税（　　）万元。（单选）

A. 9.42　　B. 9.44

C. 31.82　　D. 31.84

【解析】增值税一般纳税人销售其自行开发生产的软件产品，对其增值税实际税负超过 3% 的部分实行即征即退政策。该单位销售自行开发的软件产品的应纳税额 $=260\times13\%-4.08\times260\div(260+35)=30.20$（万元），实际税负 $=30.2\div260=11.62\%$，销售软件产品实际缴纳税额 $=260\times3\%=7.8$（万元），提供软件技术服务应纳增值税 $=35\times6\%-4.08\times35\div(260+35)=1.62$（万元），该单位当月实际缴纳增值税 $=7.8+1.62+0.02=9.44$（万元）。

【答案】B

5. 甲企业是位于某市的一家从事生产销售机器设备的企业。2023 年其主营业务收入为5000 万元，其他业务收入为2000 万元，营业外收入为800 万元，主营业务成本为3500 万元，其他业务成本为1800 万元，营业外支出为600 万元，部分业务处理如下：

（1）营业外收入中有200 万元是乙企业委托甲企业代其支付给丙企业的销售费用，且由丙企业直接开具发票给乙企业；

（2）其他业务收入中有一项是固定资产转让的业务，转让净收益计入其他业务收入共计20 万元；

（3）营业外支出中含甲企业对其退休困难职工张某捐助2 万元；

（4）当年购置一台价值300 万元的污水处理设备投入使用，该设备属于《环境保护专用设备企业所得税优惠目录》所列设备，最低折旧年限为10 年，已经按会计政策规定计提折旧20 万元，已经计入成本。税法选择当年在税前一次性扣除。

请根据上述资料，回答下列问题：

（1）业务（1）对会计利润的影响额为（　　）万元。（单选）

A. 100　　B. 0

C. 200　　D. －200

【解析】该业务应计入其他应付款，应调减当年会计利润200 万元。

【答案】D

（2）业务（2）应调增应纳税所得额（　　）万元。（单选）

A. 0　　B. 10

C. 11.7　　D. 23.4

【解析】固定资产转让净收益不应计入其他业务收入，应计入资产处置损益科目，不影响应纳税所得额的调整。

【答案】A

（3）业务（3）应调增应纳税所得额（　　）万元。（单选）

A. 0　　B. 1

C. 0.14　　D. 2

【解析】直接捐赠不得税前扣除，应调增应纳税所得额2 万元。

【答案】D

（4）该单位购置污水处理设备应调整的应纳税所得额是（　　）万元。（单选）

A. －600　　B. 0

C. －300　　D. －280

【解析】企业2018 年1 月1 日至2027 年12 月31 日期间新购进的设备、器具，单位价值不超过500 万元的，允许一次性计入当期成本费用在计算应纳税所得额时扣除，不再分年度计算折旧。

购置污水处理设备应调整的应纳税所得额＝300－20＝280（万元）

【答案】D

6. 居民个人朱某2023年收入及相关支出情况如下：

（1）以市场价200万元转让2006年购入的家庭唯一普通住房，原值60万元，转让过程中缴纳税费0.6万元；

（2）拍卖自己的文字作品手稿原件，取得收入8000元；

（3）委托某拍卖公司拍卖祖传字画一幅，成交价格50000元（不含增值税），不能提供该字画原值凭证；

（4）取得持股2年的某A股股票分红6000元，另取得持股6个月的另一A股股票分红8000元。

请根据上述资料，回答下列问题：

（1）关于朱某拍卖祖传字画取得的所得，下列说法正确的有（　　）。（多选）

A. 按转让收入额的15%确认为该收藏品的原值及合理费用

B. 应向拍卖公司所在地主管税务机关办理纳税申报

C. 按转让收入额的3%确认为该收藏品的应纳税额

D. 拍卖所得个人所得税税款，由其委托的拍卖公司代扣代缴

【解析】根据《国家税务总局关于加强和规范个人取得拍卖收入征收个人所得税有关问题的通知》（国税发〔2007〕38号）规定，对于个人通过拍卖市场拍卖各种财产，纳税人如不能提供合法、完整、准确的财产原值凭证，不能正确计算财产原值的，按转让收入额的3%征收率计算缴纳个人所得税。个人财产拍卖所得应纳的个人所得税税款，由拍卖单位负责代扣代缴，并按规定向拍卖单位所在地主管税务机关办理纳税申报。

【答案】BCD

（2）朱某拍卖祖传字画应缴纳的个人所得税（　　）元。（单选）

A. 1000　　B. 1500

C. 1800　　D. 8500

【解析】朱某拍卖祖传字画应缴纳的个人所得税＝50000×3%＝1500（元）

【答案】B

（3）朱某拍卖自己的文字作品手稿原件应预扣预缴个人所得税（　　）元。（单选）

A. 1280　　B. 1440

C. 1600　　D. 2400

【解析】朱某拍卖自己的文字作品手稿原件应按照"特许权使用费所得"缴纳个人所得税，应预扣预缴个人所得税＝8000×（1－20%）×20%＝1280（元）。

【答案】A

（4）朱某转让住房应缴纳个人所得税（　　）万元。（单选）

A. 0　　　　B. 1.4

C. 2　　　　D. 28

【解析】个人转让自用达5年以上且是唯一的家庭生活用房取得的所得，免征个人所得税。

【答案】A

（5）朱某取得的股票分红收入应缴纳个人所得税（　　）元。（单选）

A. 800　　　　B. 1280

C. 1400　　　　D. 2800

【解析】个人从公开发行和转让市场取得的上市公司股票，持股期限超过1年的，股息红利所得暂免征收个人所得税；持股期限在1个月以上至1年（含1年）的，暂减按50%计入应纳税所得额；上述所得统一适用20%的税率计征个人所得税。

朱某取得的股票分红收入应缴纳个人所得税 $=8000\times50\%\times20\%=800$（元）

【答案】A

## 错题、要点整理页

# 第五章　优惠办理

## >> 本章知识框架

| 节 | 细目 | 知识点 | 学习进度 |
|---|---|---|---|
| 优惠办理概述 | 优惠办理概述 | 【知识点】优惠办理概述 | |
| 申报享受税收减免 | 申报享受税收减免概述 | 【知识点】申报享受税收减免概述 | |
| | 申报享受税收减免无须报送资料的情形 | 【知识点1】增值税申报享受税收减免无须报送资料的情形 | |
| | | 【知识点2】企业所得税申报享受税收减免无须报送资料的情形 | |
| | | 【知识点3】个人所得税申报享受税收减免无须报送资料的情形 | |
| | | 【知识点4】“六税两费”申报享受税收减免无须报送资料的情形 | |
| | 申报享受税收减免需报送资料的情形 | 【知识点1】车辆购置税申报享受税收减免需报送资料的情形 | |
| | | 【知识点2】契税优惠申报享受税收减免需报送资料的情形 | |
| | | 【知识点3】增值税、消费税优惠申报享受税收减免需报送资料的情形 | |
| 税收减免备案 | 税收减免备案概述 | 【知识点】税收减免备案概述 | |
| | 税收减免备案的情形 | 【知识点1】增值税税收减免备案（举例说明） | |
| | | 【知识点2】企业所得税税收减免备案 | |
| | | 【知识点3】个人所得税税收减免备案 | |
| | | 【知识点4】土地增值税税收减免备案（举例说明） | |

续表

| 节 | 细目 | 知识点 | 学习进度 |
|---|---|---|---|
| 税收减免核准 | 税收减免核准概述 | 【知识点】税收减免核准概述 | |
| | 税收减免核准的情形 | 【知识点】税收减免核准事项（举例说明） | |
| 跨境应税行为免征增值税报告 | 跨境应税行为免征增值税报告 | 【知识点】跨境应税行为免征增值税报告 | |
| 纳税人放弃免（减）税权声明 | 纳税人放弃免（减）税权声明 | 【知识点】纳税人放弃免（减）税权声明 | |
| 税收优惠资格取消 | 税收优惠资格取消 | 【知识点】税收优惠资格取消 | |
| 国际税收优惠办理 | 国际税收优惠办理 | 【知识点】国际税收优惠办理 | |

## >> 习题演练

### 一、单项选择题

1. 符合税收优惠条件的纳税人，在减税、免税期间，应按规定办理纳税申报，填写（　　）。

A.《纳税人减免税备案表》

B.《纳税人申报享受减免税备案表》

C.《税务资格备案表》

D. 申报表及其附表上的优惠栏目

【解析】根据《全国税务机关纳税服务规范（3.0 版）》规定，符合税收优惠条件的纳税人，在减税、免税期间，应按规定办理纳税申报，填写申报表及其附表上的优惠栏目。

【答案】D

2. 下列免征增值税优惠需在首次申报享受时随申报表报送附列资料的是（　　）。

A. 农业生产资料免征增值税优惠

B. 滴灌带和滴灌管产品免征增值税

C. 农民专业合作社免征增值税优惠

D. 农户小额贷款利息免征增值税优惠

【解析】参见《税收征管操作规范》。

【答案】B

3. 自2023年1月1日至2023年12月31日，生产性服务业纳税人年度首次享受增值税加计抵减政策时，需要提供的是（　　）。

A. 纳税人的进销项材料

B. 适用5%加计抵减政策的声明

C. 适用10%加计抵减政策的声明

D. 税收优惠资格备案表

【解析】符合《财政部 税务总局 海关总署关于深化增值税改革有关政策的公告》（财政部 税务总局 海关总署公告2019年第39号）、《财政部 税务总局关于明确增值税小规模纳税人减免增值税等政策的公告》（财政部 税务总局公告2023年第1号）规定的生产性服务业纳税人，应在年度首次确认适用5%加计抵减政策时，通过电子税务局或办税服务厅提交《适用5%加计抵减政策的声明》；符合《财政部 税务总局关于明确生活性服务业增值税加计抵减政策的公告》（财政部 税务总局公告2019年第87号）、《财政部 税务总局关于明确增值税小规模纳税人减免增值税等政策的公告》（财政部 税务总局公告2023年第1号）规定的生活性服务业纳税人，应在年度首次确认适用10%加计抵减政策时，通过电子税务局或办税服务厅提交《适用10%加计抵减政策的声明》。

【答案】B

4. 下列关于非居民纳税人享受税收协定待遇，说法不正确的是（　　）。

A. 非居民企业享受税收协定待遇，是指按照税收协定或国际运输协定可以减轻或者免除按照国内税收法律规定应当履行的企业所得税纳税义务

B. 非居民纳税人在享受协定待遇后，情况发生变化，但仍然符合享受协定待遇条件的，无须重新报送相关报告表和资料

C. 居民纳税人情况发生变化，不再符合享受协定待遇条件的，在自行申报情况下，应当自情况发生变化之日起立即停止享受相关协定待遇，并按国内税收法律规定申报纳税

D. 自2020年1月1日起，非居民纳税人享受协定待遇，采取“自行判断、申报享受、相关资料留存备查”的方式办理。非居民纳税人自行判断符合享受协定待遇条件的，可在纳税申报时，或通过扣缴义务人在扣缴申报时，自行享受协定待遇，无须通过该事项办理

【解析】根据规定，非居民纳税人在享受协定待遇后，情况发生变化，但仍然符合享受协定待遇条件的，应当在下一次纳税申报时或扣缴义务人在下一次扣缴申报时重新报送相关报告表和资料。

【答案】B

5. 下列车辆不符合办理车辆购置税优惠条件的是（　　）。

A. 购置挂车

B. 回国服务的在外留学人员购买自用进口小汽车

C. 城市公交企业购置公共汽电车辆

D. 新能源汽车

【解析】根据《财政部 税务总局关于继续执行的车辆购置税优惠政策的公告》（财政部 税务总局公告2019年第75号）规定，回国服务的在外留学人员用现汇购买1辆个人自用国产小汽车免征车辆购置税。

【答案】B

6. 下列申报享受车辆购置税税收减免需报送资料的是（　　）。

A. 纳税人取得悬挂应急救援专用号牌的国家综合性消防救援车辆

B. 城市公交企业取得公共汽电车辆

C. 防汛部门取得用于指挥、检查、调度、报汛（警）、联络的由指定厂家生产的设有固定装置的指定型号的车辆

D. 回国服务的在外留学人员用现汇购买1辆个人自用国产小汽车

【解析】根据《国家税务总局关于进一步实施部分税务证明事项告知承诺制的公告》（国家税务总局公告2023年第2号）规定，自2023年3月1日起，在全国范围内对列入目录内的国家综合性消防救援车辆证明、公共汽电车辆认定表、专用车证等6项税务证明事项实行告知承诺制，无须报送资料，即可享受免征车辆购置税。

【答案】D

7. 下列企业中，（　　）企业开展研发活动中实际发生的研发费用，未形成无形资产计入当期损益的，在按规定据实扣除的基础上，自2023年1月1日起，再按照实际发生额的100%在税前加计扣除。

A. 烟草制造业　　B. 机械制造业

C. 住宿和餐饮业　　D. 房地产业

【解析】除烟草制造业、住宿和餐饮业、批发和零售业、房地产业、租赁和商务服务业、娱乐业等以外，企业开展研发活动中实际发生的研发费用，未形成无形资产计入当期损益的，在按规定据实扣除的基础上，自2023年1月1日起，再按照实际发生额的100%在税前加计扣除；形成无形资产的，自2023年1月1日起，按照无形资产成本的200%在税前摊销。

【答案】B

8. 以下增值税优惠为税收减免备案类事项的是（　　）。

A. 残疾人专用物品免征增值税优惠

B. 安置残疾人就业增值税即征即退

C. 企业招用退役士兵扣减增值税优惠

D. 技术转让、技术开发免征增值税优惠

【解析】根据《全国税务机关纳税服务规范（3.0版）》规定，对于增值税，只有12个增值税即征即退优惠为税收减免备案事项，其余增值税优惠均为申报享受税收减免。

【答案】B

9. 纳税人销售货物或者应税劳务适用免税规定的，可以放弃免税，依照规定缴纳增值税。放弃免税后（　　）。

A. 3年内不得再申请免税

B. 应当以口头或者书面形式提交放弃免税权声明，报主管税务机关备案

C. 纳税人自提交声明材料的次月起，按照现行有关规定计算缴纳增值税

D. 可以选择某一免税项目放弃免税权，或者根据不同的销售对象选择部分货物或劳务放弃免税权

【解析】纳税人销售货物或者应税劳务适用免税规定的，可以放弃免税，依照规定缴纳增值税。放弃免税后，36个月内不得再申请免税。生产和销售免征增值税货物或劳务的纳税人要求放弃免税权，应当以书面形式提交放弃免税权声明，报主管税务机关备案。纳税人自提交声明材料的次月起，按照现行有关规定计算缴纳增值税。纳税人一经放弃免税权，其生产销售的全部增值税应税货物或劳务均应按照适用税率征税，不得选择某一免税项目放弃免税权，也不得根据不同的销售对象选择部分货物或劳务放弃免税权。

【答案】C

10. 享受核准类减免税的纳税人，享受减免税的情形发生变化时，应当及时向税务机关报告，税务机关对纳税人的减免税资质进行（　　）。

A. 延期办理　　B. 重新赋权

C. 备案处理　　D. 重新审核

【解析】根据《全国税务机关纳税服务规范（3.0版）》规定，纳税人享受减免税的情形发生变化时，应当及时向税务机关报告，税务机关对纳税人的减免税资质进行重新审核。

【答案】D

11. 符合核准类税收减免的纳税人，应当提交核准材料，提出申请，经（　　）按规定核准确认后方可享受。未按规定申请或虽申请但未经有批准权限的税务机关核准确认的，纳税人不得享受。

A. 县级税务机关

B. 市级税务机关

C. 省级税务机关

D. 依法具有批准权限的税务机关

【解析】根据《全国税务机关纳税服务规范（3.0 版）》规定，符合核准类税收减免的纳税人，应当提交核准材料，提出申请，经依法具有批准权限的税务机关按规定核准确认后方可享受。未按规定申请或虽申请但未经有批准权限的税务机关核准确认的，纳税人不得享受。

【答案】D

12. 以下关于农村集体产权制度改革有关税收政策的说法错误的是（　　）。

A. 对进行股份合作制改革后的农村集体经济组织承受原集体经济组织的土地、房屋权属，免征契税

B. 对农村集体经济组织以及代行集体经济组织职能的村民委员会、村民小组进行清产核资收回集体资产而承受土地、房屋权属，免征契税

C. 对因农村集体经济组织以及代行集体经济组织职能的村民委员会、村民小组进行清产核资收回集体资产而签订的产权转移书据，免征印花税

D. 对农村集体土地所有权、宅基地和集体建设用地使用权及地上房屋确权登记，免征契税

【解析】根据《财政部 税务总局关于支持农村集体产权制度改革有关税收政策的通知》（财税〔2017〕55 号）规定：

（1）对进行股份合作制改革后的农村集体经济组织承受原集体经济组织的土地、房屋权属，免征契税。

（2）对农村集体经济组织以及代行集体经济组织职能的村民委员会、村民小组进行清产核资收回集体资产而承受土地、房屋权属，免征契税。

对因农村集体经济组织以及代行集体经济组织职能的村民委员会、村民小组进行清产核资收回集体资产而签订的产权转移书据，免征印花税。

（3）对农村集体土地所有权、宅基地和集体建设用地使用权及地上房屋确权登记，不征收契税。

【答案】D

13. 以下关于土地增值税的表述，说法不正确的是（　　）。

A. 某公司的厂房因修建高速公路被征收，免征土地增值税

B. 某房地产公司建造普通标准住宅出售，增值额未超过扣除项目金额 30% 的免征土地增值税

C. 某公司因城市实施规划的需要搬迁，自行转让原房地产免征土地增值税

D. 对个人销售房屋暂免征收土地增值税

【解析】《中华人民共和国土地增值税暂行条例》第八条规定：“有下列情形之一

的，免征土地增值税：……因国家建设需要依法征收、收回的房地产。”

根据《中华人民共和国土地增值税暂行条例实施细则》规定，因国家建设需要依法征收、收回的房地产，是指因城市实施规划、国家建设的需要而被政府批准征用的房产或收回的土地使用权。

因城市实施规划、国家建设的需要而搬迁，由纳税人自行转让原房地产的，比照上述规定免征土地增值税。

选项 A 和选项 C 说法正确。

《中华人民共和国土地增值税暂行条例》第八条规定：“有下列情形之一的，免征土地增值税：纳税人建造普通标准住宅出售，增值额未超过扣除项目金额 20% 的。”选项 B 说法错误。

根据《财政部 国家税务总局关于调整房地产交易环节税收政策的通知》（财税〔2008〕137 号）第三条规定，自 2008 年 11 月 1 日起，对个人销售住房暂免征收土地增值税。选项 D 说法正确。

【答案】B

14. 小规模纳税人发生增值税应税销售行为，在免征范围内申报增值税时，需要（　　）。

A. 前往办税服务厅备案

B. 在电子税务局申请备案

C. 留存相关资料备查

D. 无须任何操作任意享受优惠

【解析】单位和个体工商户适用增值税减征、免征政策的，在增值税纳税申报时按规定填写申报表相应减免税栏次即可享受，相关政策规定的证明材料留存备查。

【答案】C

15. 自 2023 年 1 月 1 日至 2027 年 12 月 31 日，对个体工商户年应纳税所得额不超过（　　）万元的部分，减半征收个人所得税。

A. 100

B. 200

C. 300

D. 500

【解析】根据《国家税务总局关于进一步落实支持个体工商户发展个人所得税优惠政策有关事项的公告》（国家税务总局公告 2023 年第 12 号）规定，自 2023 年 1 月 1 日至 2027 年 12 月 31 日对个体工商户年应纳税所得额不超过 200 万元的部分，减半征收个人所得税。

【答案】B

16. 为贯彻落实《财政部 税务总局关于进一步支持小微企业和个体工商户发展有关税费政策的公告》（财政部 税务总局公告 2023 年第 12 号），进一步支持个体工商户发展，自 2023 年 1 月 1 日至 2027 年 12 月 31 日，对个体工商户经营所得年应纳税所得额不超过 200 万元的部分，在现行优惠政策基础上，再减半征收个人所得税。个体工商户（　　）。

A. 定期定额户才能享受

B. 查账征收户才能享受

C. 不区分征收方式，均可享受

D. 不区分征收方式均可享受，超额的定期定额户不可享受

【解析】根据《国家税务总局关于进一步落实支持个体工商户发展个人所得税优惠政策有关事项的公告》（国家税务总局公告 2023 年第 12 号）规定，自 2023 年 1 月 1 日至 2027 年 12 月 31 日，对个体工商户经营所得年应纳税所得额不超过 200 万元的部分，在现行优惠政策基础上，再减半征收个人所得税。个体工商户不区分征收方式，均可享受。

【答案】C

17. 适用增值税免税政策的出口货物劳务，出口企业或其他单位可以依照现行增值税有关规定放弃免税，出口企业或其他单位如果放弃免税，实行按内销货物征税的，应向主管税务机关提出书面报告，报送《出口货物劳务放弃免税权声明表》，办理备案手续。自备案次月起执行征税政策，（　　）个月内不得变更。

A. 36　　B. 24

C. 12　　D. 48

【解析】根据《国家税务总局关于〈出口货物劳务增值税和消费税管理办法〉有关问题的公告》（国家税务总局公告 2013 年第 12 号）规定，适用增值税免税政策的出口货物劳务，出口企业或其他单位可以依照现行增值税有关规定放弃免税，出口企业或其他单位如果放弃免税，实行按内销货物征税的，应向主管税务机关提出书面报告，报送《出口货物劳务放弃免税权声明表》，办理备案手续。自备案次月起执行征税政策，36 个月内不得变更。

【答案】A

18. 享受减税、免税优惠的纳税人，减税、免税期满，应当自期满（　　）起恢复纳税。

A. 次日　　B. 次月

C. 次年　　D. 当日

【解析】根据《中华人民共和国税收征收管理法实施细则》第四十三条规定，享受减税、免税优惠的纳税人，减税、免税期满，应当自期满次日起恢复纳税；不再符合

减税、免税条件的，应当依法履行纳税义务；未依法纳税的，税务机关应当予以追缴。

【答案】A

19. 纳税人兼营免税、减税项目的，应当（　　）免税、减税项目的销售额。

A. 合并计算

B. 分别核算

C. 合并核算或者分别核算

D. 可以不区分

【解析】根据《中华人民共和国增值税暂行条例》规定，纳税人兼营免税、减税项目的，应当分别核算免税、减税项目的销售额；未分别核算销售额的，不得免税、减税。

【答案】B

20. 对于通过电子税务局申报的个体工商户，税务机关将提供个人所得税经营所得优惠政策减免税额和报告表的预填服务。实行简易申报的定期定额个体工商户，税务机关（　　）进行税款划缴。

A. 先全额扣款再退税

B. 按照减免后的税额

C. 全额

D. 不扣款，个体户自行申报

【解析】根据《国家税务总局关于进一步落实支持个体工商户发展个人所得税优惠政策有关事项的公告》（国家税务总局公告 2023 年第 12 号）规定，对于通过电子税务局申报的个体工商户，税务机关将提供个人所得税经营所得优惠政策减免税额和报告表的预填服务。实行简易申报的定期定额个体工商户，税务机关按照减免后的税额进行税款划缴。

【答案】B

21. 有限合伙制创业投资企业（以下简称合伙创投企业）采取股权投资方式直接投资于初创科技型企业满（　　）年的，该合伙创投企业的个人合伙人可以按照对初创科技型企业投资额的 70% 抵扣个人合伙人从合伙创投企业分得的经营所得；当年不足抵扣的，可以在以后纳税年度结转抵扣。

A. 1　　　　B. 2

C. 3　　　　D. 4

【解析】根据《财政部 税务总局关于创业投资企业和天使投资个人有关税收政策的通知》（财税〔2018〕55 号）规定，合伙创投企业采取股权投资方式直接投资于初创科技型企业满 2 年的，该合伙创投企业的个人合伙人可以按照对初创科技型企业投资额的 70% 抵扣个人合伙人从合伙创投企业分得的经营所得；当年不足抵扣的，可以在以后纳税年度结转抵扣。

【答案】B

22. 企事业单位、社会团体以及其他组织转让旧房作为改造安置住房房源且增值额未超过扣除项目金额（　　）的，免征土地增值税。

A. 10%　　　　B. 20%

C. 30%　　　　D. 40%

【解析】根据《财政部 国家税务总局关于棚户区改造有关税收政策的通知》（财税〔2013〕101 号）规定，企事业单位、社会团体以及其他组织转让旧房作为改造安置住房房源且增值额未超过扣除项目金额 20% 的，免征土地增值税。

【答案】B

23. 纳税人建造普通标准住宅出售，增值额未超过扣除项目金额（　　）的，免征土地增值税。

A. 10%　　　　B. 20%

C. 30%　　　　D. 40%

【解析】根据《中华人民共和国土地增值税暂行条例》规定，纳税人建造普通住宅出售且增值额未超过扣除项目金额 20% 的，免征土地增值税。

【答案】B

24. 享受减税、免税优惠的纳税人，减税、免税条件发生变化的，应当自发生变化之日起（　　）日内向税务机关报告。

A. 5　　　　B. 10

C. 15　　　　D. 20

【解析】享受减税、免税优惠的纳税人，减税、免税条件发生变化的，应当自发生变化之日起 15 日内向税务机关报告；不再符合减税、免税条件的，应当依法履行纳税义务。

【答案】C

25. 纳税人销售自己使用过的固定资产，适用简易办法依照 3% 征收率减按（　　）% 征收增值税政策的，可以放弃减税。

A. 0.5　　　　B. 1

C. 1.5　　　　D. 2

【解析】纳税人销售自己使用过的固定资产，适用简易办法依照 3% 征收率减按 2% 征收增值税政策的，可以放弃减税，按照简易办法依照 3% 征收率缴纳增值税，并可以开具增值税专用发票。

【答案】D

## 二、多项选择题

1. 申报享受税收减免的优惠办理分为以下（　　）情形。

A. 需在首次申报享受时随申报表报送附列资料

B. 需在首次申报享受后15日内报送附列资料

C. 需在首次申报享受后征期内报送附列资料

D. 无须报送附列资料

【解析】根据《全国税务机关纳税服务规范（3.0版）》规定，申报享受税收减免的优惠办理分为需在申报享受时随申报表报送附列资料和无须报送附列资料两种情形。

【答案】AD

2. 下列关于资源税优惠政策的说法，正确的有（　　）。

A. 自2014年12月1日至2023年8月31日，对充填开采置换出来的煤炭，资源税减征60%

B. 自2023年1月1日至2027年12月31日，对增值税小规模纳税人、小型微利企业和个体工商户减半征收资源税

C. 自2019年1月1日至2021年12月31日，增值税小规模纳税人可以在50%的税额幅度内减征资源税

D. 纳税人享受资源税优惠政策，实行“自行判别、申报享受、有关资料留存备查”的办理方式，另有规定的除外

【解析】根据《财政部 税务总局关于继续执行的资源税优惠政策的公告》（财政部 税务总局公告2020年第32号）和《财政部 税务总局关于延续对充填开采置换出来的煤炭减征资源税优惠政策的公告》（财政部 税务总局公告2023年第36号）规定，自2014年12月1日至2027年12月31日，对充填开采置换出来的煤炭，资源税减征50%。根据《财政部 税务总局关于实施小微企业普惠性税收减免政策的通知》（财税〔2019〕13号）规定，自2019年1月1日至2021年12月31日，对增值税小规模纳税人可以在50%的税额幅度内减征资源税。根据《财政部 税务总局关于进一步实施小微企业“六税两费”减免政策的公告》（财政部 税务总局公告2022年第10号）规定，自2022年1月1日至2022年12月31日，对增值税小规模纳税人、小型微利企业和个体工商户可以在50%的税额幅度内减征资源税。根据《财政部 税务总局关于进一步支持小微企业和个体工商户发展有关税费政策的公告》（财政部 税务总局公告2023年第12号）规定，自2023年1月1日至2027年12月31日，对增值税小规模纳税人、小型微利企业和个体工商户减半征收资源税（不含水资源税）。根据《国家税务总局关于资源税征收管理若干问题的公告》（国家税务总局公告2020年第14号）规定，纳税人享受资源税优惠政策，实行“自行判别、申报享受、有关资料留存备查”的办理方式，

另有规定的除外。

【答案】BCD

3. 下列车辆免征车辆购置税的有（　　）。

A. 中国妇女发展基金会“母亲健康快车”项目的流动医疗车

B. 防汛部门用于指挥、检查、调度、报汛（警）、联络的由指定厂家生产的设有固定装置的指定型号的车辆

C. 森林消防部门用于指挥、检查、调度、报汛（警）、联络的由指定厂家生产的设有固定装置的指定型号的车辆

D. 长期来华定居专家进口第2辆自用小汽车

【解析】根据《财政部 税务总局关于继续执行的车辆购置税优惠政策的公告》（财政部 税务总局公告2019年第75号）规定，长期来华定居专家进口1辆自用小汽车免征车辆购置税，选项D错误。

【答案】ABC

4. 城市公交企业购置公共汽电车辆（汽车）免征车辆购置税，应当提供的相关资料包括（　　）。

A.《车辆购置税纳税申报表》

B. 告知承诺书

C. 车辆合格证明和车辆相关价格凭证

D. 所在地县级以上（含县级）交通运输主管部门出具的公共汽电车辆认定表原件及复印件（原件查验后退回）

【解析】根据《国家税务总局关于车辆购置税征收管理有关事项的公告》（国家税务总局公告2019年第26号）规定，纳税人办理纳税申报时应当如实填报《车辆购置税纳税申报表》，同时提供车辆合格证明和车辆相关价格凭证。根据《国家税务总局关于进一步实施部分税务证明事项告知承诺制的公告》（国家税务总局公告2023年第2号）规定，自2023年3月1日起，在全国范围内对列入目录内的国家综合性消防救援车辆证明、公共汽电车辆认定表、专用车证等6项税务证明事项实行告知承诺制，无须报送资料。城市公交企业取得公共汽电车辆，需填写告知承诺书。

【答案】ABC

5. 符合备案类税收减免的纳税人，如需享受相应税收减免，应在（　　）或（　　）提交相关资料向主管税务机关申请办理税收减免备案。

A. 首次享受减免税的申报阶段

B. 首次享受减免税的当月

C. 在申报征期后的其他规定期限内

D. 在申报征期后、下月申报期前的期限内

【解析】根据《全国税务机关纳税服务规范（3.0版）》规定，符合备案类税收减免的纳税人，如需享受相应税收减免，应在首次享受减免税的申报阶段或在申报征期后的其他规定期限内提交相关资料，向主管税务机关申请办理税收减免备案。

【答案】AC

6. 优惠办理规范中，下列事项的办理时间为即时办结的有（　　）。

A. 申报享受税收减免

B. 税收减免备案

C. 税收减免核准

D. 纳税人放弃免（减）税权声明

【解析】根据《全国税务机关纳税服务规范（3.0版）》规定，税收减免核准的办理时间为由省（自治区、直辖市和计划单列市）税务局确定。

【答案】ABD

7. 下列属于增值税即征即退优惠项目的有（　　）。

A. 安置残疾人就业增值税即征即退优惠

B. 动漫企业增值税即征即退优惠

C. 资源综合利用产品及劳务增值税即征即退优惠

D. 管道运输服务增值税即征即退优惠

【解析】根据《财政部 国家税务总局关于印发〈资源综合利用产品和劳务增值税优惠目录〉的通知》（财税〔2015〕78号）、《财政部 国家税务总局关于全面推开营业税改征增值税试点的通知》（财税〔2016〕36号）、《财政部 国家税务总局关于促进残疾人就业增值税政策的通知》（财税〔2016〕52号）、《财政部 税务总局关于延续动漫产业增值税政策的通知》（财税〔2018〕38号）规定，安置残疾人就业、动漫企业、资源综合利用产品及劳务、管道运输服务属于增值税即征即退项目。

【答案】ABCD

8. 纳税人向国内海关特殊监管区域内的单位或者个人（　　），不属于跨境应税行为，应照章征收增值税。

A. 销售服务　　　　B. 销售无形资产

C. 销售货物　　　　D. 销售劳务

【解析】根据《全国税务机关纳税服务规范（3.0版）》规定，纳税人向国内海关特殊监管区域内的单位或者个人销售服务、无形资产，不属于跨境应税行为，应照章征收增值税。

【答案】AB

9. 国际运输服务适用增值税零税率，国际运输服务包含以下（　　）类型。

A. 在境内载运旅客或者货物出境

B. 在境内载运旅客或者货物

C. 在境外载运旅客或者货物入境

D. 在境外载运旅客或者货物

【解析】根据《财政部 国家税务总局关于全面推开营业税改征增值税试点的通知》（财税〔2016〕36 号）附件 4《跨境应税行为适用增值税零税率和免税政策的规定》第一条第（一）项规定，中华人民共和国境内的单位和个人销售的国际运输服务，适用增值税零税率。国际运输服务，是指：①在境内载运旅客或者货物出境。②在境外载运旅客或者货物入境。③在境外载运旅客或者货物。

【答案】ACD

10. 纳税人享受资源税、城市维护建设税、房产税、城镇土地使用税、印花税、耕地占用税和教育费附加、地方教育附加（简称“六税两费”）减免政策，下列说法正确的有（　　）。

A. 适用“六税两费”减免政策的小型微利企业的判定以企业所得税年度汇算清缴结果为准

B. 新设立企业按规定办理首次汇算清缴申报前，已按规定申报缴纳“六税两费”的，根据首次汇算清缴结果进行更正

C. 增值税小规模纳税人按规定登记为一般纳税人的，自一般纳税人生效之日起不再按照增值税小规模纳税人适用“六税两费”减免政策

D. 增值税年应税销售额超过小规模纳税人标准应当登记为一般纳税人而未登记，经税务机关通知，逾期仍不办理登记的，自逾期当月起不再按照增值税小规模纳税人申报享受“六税两费”减免优惠

【解析】根据《国家税务总局关于进一步实施小微企业“六税两费”减免政策有关征管问题的公告》（国家税务总局公告 2022 年第 3 号）规定，适用“六税两费”减免政策的小型微利企业的判定以企业所得税年度汇算清缴结果为准。新设立企业按规定办理首次汇算清缴申报前，已按规定申报缴纳“六税两费”的，不再根据首次汇算清缴结果进行更正。增值税年应税销售额超过小规模纳税人标准应当登记为一般纳税人而未登记，经税务机关通知，逾期仍不办理登记的，自逾期次月起不再按照增值税小规模纳税人申报享受“六税两费”减免优惠。

【答案】AC

11. 除（　　）等以外，企业开展研发活动中实际发生的研发费用，未形成无形资产计入当期损益的，在按规定据实扣除的基础上，自 2023 年 1 月 1 日起，再按照实际发生额的 100% 在税前加计扣除；形成无形资产的，自 2023 年 1 月 1 日起，按照无形资产成本的 200% 在税前摊销。

A. 烟草制造业　　B. 住宿和餐饮业

C. 批发和零售业　　　　　　　　　D. 房地产业

E. 租赁和商务服务业　　　　　　　F. 娱乐业

【解析】根据《财政部 税务总局关于进一步完善研发费用税前加计扣除政策的公告》（财政部 税务总局公告2023年第7号）规定，除烟草制造业、住宿和餐饮业、批发和零售业、房地产业、租赁和商务服务业、娱乐业等以外，企业开展研发活动中实际发生的研发费用，未形成无形资产计入当期损益的，在按规定据实扣除的基础上，自2023年1月1日起，再按照实际发生额的100%在税前加计扣除；形成无形资产的，自2023年1月1日起，按照无形资产成本的200%在税前摊销。

【答案】ABCDEF

12. 下列企业中，（　　）开展研发活动中实际发生的研发费用，未形成无形资产计入当期损益的，在按规定据实扣除的基础上，自2023年1月1日至2027年12月31日，再按照实际发生额的120%在税前扣除；形成无形资产的，在上述期间按照无形资产成本的220%在税前摊销。

A. 集成电路企业　　　　　　　　　B. 工业母机企业

C. 高新技术企业　　　　　　　　　D. 资源综合利用

【解析】参见《财政部 税务总局 国家发展改革委 工业和信息化部关于提高集成电路和工业母机企业研发费用加计扣除比例的公告》（财政部 税务总局 国家发展改革委 工业和信息化部公告2023年第44号）。

【答案】AB

13. 由省、自治区、直辖市人民政府根据本地区实际情况，以及宏观调控需要确定，对增值税小规模纳税人、小型微利企业和个体工商户可以在50%的税额幅度内减征（　　）、城镇土地使用税、印花税（不含证券交易印花税）、耕地占用税和教育费附加、地方教育附加。

A. 资源税　　　　　　　　　　　B. 城市维护建设税

C. 房产税　　　　　　　　　　　D. 城镇土地使用税

【解析】略

【答案】ABCD

14. 已购公有住房经补缴土地出让价款成为完全产权住房的免征契税。纳税人在向主管税务机关申报纳税时，需提交的资料有（　　）。

A. 公有住房产权证明

B. 购买人缴款证明

C. 补缴土地出让价款相关材料原件及复印件（原件查验后退回）

D. 公有住房相关材料原件及复印件（原件查验后退回）

【解析】已购公有住房经补缴土地出让价款成为完全产权住房的免征契税。纳税人在向主管税务机关申报纳税时，根据《全国税务机关纳税服务规范（3.0版）》规定需提交：①补缴土地出让价款相关材料原件及复印件（原件查验后退回）；②公有住房相关材料原件及复印件（原件查验后退回）。

【答案】CD

15. 婚姻关系存续期间夫妻之间变更土地、房屋权属，免征契税。纳税人在向主管税务机关申报纳税时，需提交的资料有（　　）。

A. 财产分割协议

B. 房产权属证明

C. 土地、房屋权属变更、过户文书复印件

D. 户口本或结婚证原件及复印件（原件查验后退回）

【解析】婚姻关系存续期间夫妻之间变更土地、房屋权属，免征契税。纳税人在向主管税务机关申报纳税时，根据《全国税务机关纳税服务规范（3.0版）》规定需提交：①财产分割协议，房产权属证明，土地、房屋权属变更、过户文书复印件；②户口本或结婚证原件及复印件（原件查验后退回）。

【答案】ABCD

16. 增值税一般纳税人销售其自行开发生产的软件产品，按适用税率征收增值税后，对其增值税实际税负超过3%的部分实行即征即退政策，应报送的资料有（　　）。

A.《税务资格备案表》2份

B. 取得软件产业主管部门颁发的软件产品登记证书或著作权行政管理部门颁发的计算机软件著作权登记证书

C. 软件产品销售明细

D. 软件产品功能及内容说明

【解析】增值税一般纳税人销售其自行开发生产的软件产品，按适用税率征收增值税后，对其增值税实际税负超过3%的部分实行即征即退政策；增值税一般纳税人将进口软件产品进行本地化改造后对外销售，其销售的软件产品可享受增值税即征即退政策。根据《全国税务机关纳税服务规范（3.0版）》规定，应报送资料：

（1）《税务资格备案表》2份；

（2）取得软件产业主管部门颁发的软件产品登记证书或著作权行政管理部门颁发的计算机软件著作权登记证书。

【答案】AB

17. 境外投资者以分得利润进行的直接投资，包括境外投资者以分得利润进行的增资、新建、股权收购等权益性投资行为，但不包括新增、转增、收购上市公司股份（符合条件的战略投资除外），具体是指（　　）。

A. 新增或转增中国境内居民企业实收资本或者资本公积

B. 在中国境内投资新建居民企业

C. 从非关联方收购中国境内居民企业股权

D. 财政部、税务总局规定的其他方式

【解析】根据《财政部 税务总局 国家发展改革委 商务部关于扩大境外投资者以分配利润直接投资暂不征收预提所得税政策适用范围的通知》（财税〔2018〕102号）规定，境外投资者以分得利润进行的直接投资，包括境外投资者以分得利润进行的增资、新建、股权收购等权益性投资行为，但不包括新增、转增、收购上市公司股份（符合条件的战略投资除外）。具体是指：

（1）新增或转增中国境内居民企业实收资本或者资本公积；

（2）在中国境内投资新建居民企业；

（3）从非关联方收购中国境内居民企业股权；

（4）财政部、税务总局规定的其他方式。

【答案】ABCD

18. 残疾、孤老人员和烈属的所得可以减征个人所得税，应报送资料有（　　）。

A.《纳税人减免税备案登记表》2份

B. 个人身份证件原件及复印件（原件查验后退回）

C. 残疾、孤老、烈属的资格相关材料原件及复印件（原件查验后退回）

D. 民政部门证明

【解析】残疾、孤老人员和烈属的所得可以减征个人所得税，具体幅度和期限，由省、自治区、直辖市人民政府规定，并报同级人民代表大会常务委员会备案，根据《全国税务机关纳税服务规范（3.0版）》规定，应报送资料：

（1）《纳税人减免税备案登记表》2份；

（2）个人身份证件原件及复印件（原件查验后退回）；

（3）残疾、孤老、烈属的资格相关材料原件及复印件（原件查验后退回）。

【答案】ABC

19. 纳税人纳税确有困难的，可由省、自治区、直辖市人民政府确定，定期减征或者免征房产税，应报送资料有（　　）。

A.《纳税人减免税申请核准表》

B. 减免税申请报告

C. 房屋产权证书或其他证明纳税人实际使用房产的材料原件及复印件（原件查验后退回）

D. 证明纳税人困难的相关材料

【解析】纳税人纳税确有困难的，可由省、自治区、直辖市人民政府确定，定期减征或者免征房产税。根据《全国税务机关纳税服务规范（3.0版）》规定，应报送资料：

（1）《纳税人减免税申请核准表》；

（2）减免税申请报告；

（3）房屋产权证书或其他证明纳税人实际使用房产的材料原件及复印件（原件查验后退回）；

（4）证明纳税人困难的相关材料。

【答案】ABCD

20. 非居民纳税人享受协定待遇，采取（　　）的方式办理。

A. 自行判断

B. 事前备案

C. 申报享受

D. 相关资料留存备查

【解析】非居民纳税人享受协定待遇，采取“自行判断、申报享受、相关资料留存备查”的方式办理。非居民纳税人自行判断符合享受协定待遇条件的，可在纳税申报时，或通过扣缴义务人在扣缴申报时，自行享受协定待遇，同时按规定归集和留存相关资料备查，并接受税务机关后续管理。

【答案】ACD

21. 非居民纳税人享受协定待遇，协定包括（　　）。

A. 税收协定

B. 贸易协定

C. 国际运输协定

D. 国际贸易协定

【解析】“协定”包括税收协定和国际运输协定。国际运输协定包括中华人民共和国政府签署的航空协定、海运协定、道路运输协定、汽车运输协定、互免国际运输收入税收协议或换函以及其他关于国际运输的协定。

【答案】AC

**三、判断题**

1. 适用增值税小规模纳税人“六税两费”减免政策的纳税人自行申报享受减征优惠，不需额外提交资料。（　　）

【解析】根据《国家税务总局关于实施小微企业“六税两费”减免政策有关征管问题的公告》（国家税务总局公告2022年第3号）规定，纳税人自行申报享受减征优惠，不需额外提交资料。

【答案】正确

2. 对实施备案管理的税收优惠事项，纳税人应当按照规定向税务机关报送备案材料。对应按规定备案但未备案的纳税人，税务机关应终止其享受税收优惠政策，并按规定追缴其已享受的减免税款，同时加收滞纳金。（　　）

【解析】根据《国家税务总局关于税务行政审批制度改革若干问题的意见》（税总发〔2014〕107号）第十一条规定，实施备案管理的事项，纳税人等行政相对人应当按照规定向税务机关报送备案材料，税务机关应当将其作为加强后续管理的资料，但不得以纳税人等行政相对人没有按照规定备案为由，剥夺或者限制其依法享有的权利、获得的利益、取得的资格或者可以从事的活动。纳税人等行政相对人未按照规定履行备案手续的，税务机关应当依法进行处理。

【答案】错误

3. 新型墙体材料增值税即征即退50%，是直接按销项税额的50%办理退税。（　　）

【解析】根据《财政部 国家税务总局关于新型墙体材料增值税政策的通知》（财税〔2015〕73号）第一条规定，对纳税人销售自产的列入该通知所附《享受增值税即征即退政策的新型墙体材料目录》的新型墙体材料，实行增值税即征即退50%的政策，是对对应增值税税额的50%办理退税，而非销项税额。

【答案】错误

4. 纳税人一经放弃免税权，其生产销售的全部增值税应税货物或劳务均应按照适用税率征税，可以选择某一免税项目放弃免税权，也可以根据不同的销售对象选择部分货物或劳务放弃免税权。（　　）

【解析】根据《财政部 国家税务总局关于增值税纳税人放弃免税权有关问题的通知》（财税〔2007〕127号）规定，纳税人一经放弃免税权，其生产销售的全部增值税应税货物或劳务均应按照适用税率征税，不得选择某一免税项目放弃免税权，也不得根据不同的销售对象选择部分货物或劳务放弃免税权。

【答案】错误

5. 生产和销售免征增值税货物或劳务的纳税人要求放弃免税权，应当以书面形式提交放弃免税权声明，报主管税务机关备案。纳税人自提交备案资料的当月起，按照现行有关规定计算缴纳增值税。（　　）

【解析】根据《财政部 国家税务总局关于增值税纳税人放弃免税权有关问题的通知》（财税〔2007〕127号）第一条规定，生产和销售免征增值税货物或劳务的纳税人要求放弃免税权，应当以书面形式提交放弃免税权声明，报主管税务机关备案。纳税人自提交备案资料的次月起，按照现行有关规定计算缴纳增值税。

【答案】错误

6. 其他个人代开增值税发票时，放弃免税权不受“36个月不得享受减免税优惠限制”，仅对当次代开发票有效，不影响以后申请免税代开。（　　）

【解析】根据《国家税务总局关于印发〈全国税务系统进一步优化税收营商环境行动方案（2018 年—2022 年)〉的通知》（税总发〔2018〕145 号）第二条规定，放宽个人免税权限制。其他个人代开增值税发票时，放弃免税权不受“36 个月不得享受减免税优惠限制”，仅对当次代开发票有效，不影响以后申请免税代开。

【答案】正确

7. 2021 年 1 月，某地个体工商户因受大雪灾害，根据该省规定可以享受个人所得税经营所得减征的税收优惠，因此其需要向税务机关申请个人所得税优惠核准，并填制《纳税人减免税申请核准表》。 （　）

【解析】根据《全国税务机关纳税服务规范（3.0 版)》规定，因自然灾害遭受重大损失的，可以减征个人所得税属于税收减免核准事项，需要报送《纳税人减免税申请核准表》。

【答案】正确

8. 纳税人发生跨境应税行为享受免税的，应当按规定进行纳税申报。纳税人享受免税到期或实际经营情况不再符合规定的免税条件的，应当报告税务机关，申请停止享受免税，并按照规定申报纳税。 （　）

【解析】纳税人发生跨境应税行为享受免税的，应当按规定进行纳税申报。纳税人享受免税到期或实际经营情况不再符合规定的免税条件的，应当停止享受免税，并按照规定申报纳税。

【答案】错误

9. 资源税纳税人开采或者生产应税产品过程中，因地震灾害遭受重大损失的，要享受资源税优惠政策，无须进行优惠核准。 （　）

【解析】资源税纳税人开采或者生产应税产品过程中，因地震灾害遭受重大损失的，由受灾地区省、自治区、直辖市人民政府决定减征或免征资源税。

【答案】错误

10. 纳税人发生跨境应税行为享受免税的，发生与香港、澳门、台湾有关的应税行为，参照执行。 （　）

【解析】根据《全国税务机关纳税服务规范（3.0 版)》规定，跨境应税行为免征增值税，纳税人发生的与香港、澳门、台湾有关的应税行为，参照执行。

【答案】正确

11. 自 2023 年 1 月 1 日至 2027 年 12 月 31 日，对个体工商户年应纳税所得额不超过 100 万元的部分，减半征收个人所得税。个体工商户在享受现行其他个人所得税优惠政策的基础上，可叠加享受本条优惠政策。 （　）

【解析】根据《财政部 税务总局关于进一步支持小微企业和个体工商户发展有关税费政策的公告》（财政部 税务总局公告 2023 年第 12 号)，自 2023 年 1 月 1 日至

2027 年 12 月 31 日，对个体工商户年应纳税所得额不超过 200 万元的部分，减半征收个人所得税。个体工商户在享受现行其他个人所得税优惠政策的基础上，可叠加享受本条优惠政策。

【答案】错误

12. 减免税享受形式分为申报享受税收减免、税收减免备案、税收减免核准 3 种。（　　）

【解析】略

【答案】正确

13. 符合申报享受税收减免条件的纳税人，在首次申报前报送资料，或直接在申报表中填列减免税信息无须报送资料。（　　）

【解析】符合申报享受税收减免条件的纳税人，在首次申报享受时随申报表报送附列资料，或直接在申报表中填列减免税信息无须报送资料。

【答案】错误

14. 集成电路企业和工业母机企业开展研发活动中实际发生的研发费用，未形成无形资产计入当期损益的，在按规定据实扣除的基础上，自 2023 年 1 月 1 日至 2027 年 12 月 31 日，再按照实际发生额的 100% 在企业所得税税前扣除。（　　）

【解析】集成电路企业和工业母机企业开展研发活动中实际发生的研发费用，未形成无形资产计入当期损益的，在按规定据实扣除的基础上，自 2023 年 1 月 1 日至 2027 年 12 月 31 日，再按照实际发生额的 120% 在税前扣除；形成无形资产的，在上述期间按照无形资产成本的 220% 在税前摊销。

【答案】错误

15. 回国服务的在外留学人员用现汇购买 1 辆个人自用国产小汽车免征车辆购置税。（　　）

【解析】略

【答案】正确

16. 符合备案类税收减免的纳税人，如需享受相应税收减免，应在首次享受减免税的申报阶段或在申报征期后的其他规定期限内提交相关资料向主管税务机关申请办理税收减免备案。（　　）

【解析】符合备案类税收减免的纳税人，如需享受相应税收减免，应在首次享受减免税的申报阶段或在申报征期后的其他规定期限内提交相关资料向主管税务机关申请办理税收减免备案。纳税人在符合减免税条件期间，备案材料一次性报备，在政策存续期可一直享受，当减免税情形发生变化时，应当及时向税务机关报告。

【答案】正确

17. 增值税一般纳税人销售其自行开发生产的软件产品，按适用税率征收增值税后，对其增值税实际税负超过3%的部分实行即征即退政策。（　　）

【解析】增值税一般纳税人销售其自行开发生产的软件产品，按适用税率征收增值税后，对其增值税实际税负超过3%的部分实行即征即退政策；增值税一般纳税人将进口软件产品进行本地化改造后对外销售，其销售的软件产品可享受增值税即征即退政策。

【答案】正确

18. 残疾、孤老人员和烈属的所得可以减征个人所得税。（　　）

【解析】残疾、孤老人员和烈属的所得可以减征个人所得税，具体幅度和期限，由省、自治区、直辖市人民政府规定，并报同级人民代表大会常务委员会备案。

【答案】正确

## 四、简答题

1. 目前有哪些税收优惠属于税收减免核准？

【答案】应从以下方面进行阐述：

（1）其他地区地震受灾减免个人所得税；

（2）其他自然灾害受灾减免个人所得税；

（3）地震灾害减免资源税；

（4）事故灾害等原因减免资源税；

（5）企业纳税困难减免房产税；

（6）纳税人困难性减免城镇土地使用税优惠；

（7）普通标准住宅增值率不超过20%的土地增值税减免；

（8）因城市实施规划、国家建设需要而搬迁，纳税人自行转让房地产免征土地增值税；

（9）因国家建设需要依法征用、收回的房地产土地增值税减免。

2. 请列举出由省、自治区、直辖市人民政府根据本地区实际情况，以及宏观调控需要，对增值税小规模纳税人、小型微利企业和个体工商户可以在50%的税额幅度内减征的税种。

【答案】应从以下方面进行阐述：

资源税、城市维护建设税、房产税、城镇土地使用税、印花税（不含证券交易印花税）、耕地占用税和教育费附加、地方教育附加。

3. 纳税人建造普通标准住宅出售，增值额未超过扣除项目金额20%的，免征土地增值税。请列举应报送的资料。

【答案】应从以下方面进行阐述：

（1）《纳税人减免税申请核准表》1 份；

（2）减免税申请报告；

（3）开发立项及不动产权属资料复印件；

（4）土地增值税清算报告；

（5）相关的收入、成本、费用等相关材料。

4.《国家税务总局关于发布〈非居民纳税人享受协定待遇管理办法〉的公告》（国家税务总局公告 2019 年第 35 号）中的协定包括税收协定和国际运输协定。请列举该办法中国际运输协定包括的具体内容。

【答案】应从以下方面进行阐述：

国际运输协定包括中国政府签署的航空协定、海运协定、道路运输协定、汽车运输协定、互免国际运输收入税收协议或换函以及其他关于国际运输的协定。

**五、案例分析题**

1. 某制造业企业 2021 年 9 月总职工人数 120 人，其中残疾人职工数 25 人，2021 年 10 月吸收残疾人就业人数 10 人，2022 年 2 月 20 日新安置残疾人数 7 人。已知当地最低月工资标准为 1250 元。该企业增值税申报实行按月申报，2021 年 1—8 月应纳增值税为零，9 月缴纳增值税 3000 元，10 月缴纳增值税 37000 元，11 月缴纳增值税 198000 元，12 月缴纳增值税 112000 元，2022 年 1 月缴纳增值税 89000 元。

注：该企业均依法与安置的每位残疾人签订了一年以上（含一年）的劳动合同或服务协议。为安置的每位残疾人按月足额缴纳了基本养老保险、基本医疗保险、失业保险、工伤保险和生育保险等社会保险。并通过银行等金融机构向安置的每位残疾人，按月支付了不低于纳税人所在区县适用的经省人民政府批准的月最低工资标准的工资。

（1）该制造业企业可以在 2021 年（　　）月向税务机关申请安置残疾人增值税即征即退税收减免备案。（单选）

A. 9　　　　B. 10

C. 11　　　　D. 12

【解析】根据《财政部 国家税务总局关于促进残疾人就业增值税优惠政策的通知》（财税〔2016〕52 号）规定，享受税收优惠政策的条件为：

①纳税人（除盲人按摩机构外）月安置的残疾人占在职职工人数的比例不低于 25%（含 25%），并且安置的残疾人人数不少于 10 人（含 10 人）；盲人按摩机构月安置的残疾人占在职职工人数的比例不低于 25%（含 25%），并且安置的残疾人人数不少于 5 人（含 5 人）。

②依法与安置的每位残疾人签订了一年以上（含一年）的劳动合同或服务协议。

③为安置的每位残疾人按月足额缴纳了基本养老保险、基本医疗保险、失业保险、工伤保险和生育保险等社会保险。

④通过银行等金融机构向安置的每位残疾人，按月支付了不低于纳税人所在区县适用的经省人民政府批准的月最低工资标准的工资。

根据《国家税务总局关于发布〈促进残疾人就业增值税优惠政策管理办法〉的公告》（国家税务总局公告2016年第33号）第十条的规定，纳税人新安置的残疾人从签订劳动合同并缴纳社会保险的次月起计算，其他职工从录用的次月起计算；安置的残疾人和其他职工减少的，从减少当月计算。

该企业10月新安置的残疾人从签订劳动合同并缴纳社会保险的次月起计算，9—10月残疾人职工占在职职工人数的比例＝25÷120×100%＝20.8%，11月残疾人职工占在职职工人数的比例＝(25＋10)÷(120＋10)×100%＝26.9%，因此该企业可以在2021年11月向税务机关申请安置残疾人增值税即征即退税收减免备案。

【答案】C

（2）该制造业企业增值税税收减免备案时应报送的资料有（　　）。（多选）

A.《税务资格备案表》2份

B. 安置的残疾人的中华人民共和国残疾人证或者中华人民共和国残疾军人证复印件，注明与原件一致，并逐页加盖公章

C. 安置精神残疾人的，提供精神残疾人同意就业的书面声明以及其法定监护人签字或印章的证明精神残疾人具有劳动条件和劳动意愿的书面材料

D. 安置的残疾人的身份证明复印件，注明与原件一致，并逐页加盖公章

【解析】根据《全国税务机关纳税服务规范（3.0版）》规定，安置残疾人就业增值税即征即退优惠，应报送：①《税务资格备案表》2份；②安置精神残疾人的，提供精神残疾人同意就业的书面声明以及其法定监护人签字或印章的证明精神残疾人具有劳动条件和劳动意愿的书面材料；③中华人民共和国残疾人证或中华人民共和国残疾军人证；④安置的残疾人的身份证件复印件，注明与原件一致，并逐页加盖公章。

【答案】ABCD

（3）该制造业企业2021年12月向主管税务机关申请退税，可以申请退还的税额为（　　）元。（单选）

A. 238000　　B. 235000

C. 198000　　D. 175000

【解析】根据《财政部 国家税务总局关于促进残疾人就业增值税优惠政策的通知》（财税〔2016〕52号）及《国家税务总局关于发布〈促进残疾人就业增值税优惠政策管理办法〉的公告》（国家税务总局公告2016年第33号）规定，对安置残疾人的

单位和个体工商户，实行由税务机关按纳税人安置残疾人的人数，限额即征即退增值税。安置的每位残疾人每月可退还的增值税具体限额，由县级以上税务机关根据纳税人所在区县（含县级市、旗）适用的经省（含自治区、直辖市、计划单列市）人民政府批准的月最低工资标准的4倍确定。纳税人本期应退增值税额按以下公式计算：

本期应退增值税额＝本期所含月份每月应退增值税额之和

月应退增值税额＝纳税人本月安置残疾人员人数×本月最低工资标准的4倍

所属期11月应退增值税限额＝35×1250×4＝175000（元），11月已缴税额198000元，大于应退增值税限额，因此可退还175000元。

【答案】D

（4）该制造业企业2022年2月向主管税务机关申请退还所属期2022年1月的，可以申请退还的税额为（　　）元。（单选）

A. 135000　　B. 89000

C. 129000　　D. 112000

【解析】根据《财政部 国家税务总局关于促进残疾人就业增值税优惠政策的通知》（财税〔2016〕52号）第五条规定，纳税人按照纳税期限向主管税务机关申请退还增值税。本纳税期已交增值税额不足退还的，可在本纳税年度内以前纳税期已交增值税扣除已退增值税的余额中退还，仍不足退还的可结转本纳税年度内以后纳税期退还，但不得结转以后年度退还。纳税期限不为按月的，只能对其符合条件的月份退还增值税。

该企业所属期2021年11月已交未退税款＝198000－175000＝23000（元），所属期12月可申请退税额＝23000＋112000＝135000（元），所属期12月退税限额期末余额175000－135000＝40000（元），但不得结转至2022年度退还。因此2022年所属期1月可申请退还增值税89000元。

【答案】B

（5）该制造业企业提供的备案资料发生变化的，应于发生变化之日起（　　）日内就变化情况向主管税务机关办理备案。（单选）

A. 5　　B. 10

C. 15　　D. 30

【解析】根据《国家税务总局关于发布〈促进残疾人就业增值税优惠政策管理办法〉的公告》（国家税务总局公告2016年第33号）第五条规定，纳税人提供的备案资料发生变化的，应于发生变化之日起15日内就变化情况向主管税务机关办理备案。

【答案】C

2. 某软件公司为增值税一般纳税人，专注于医疗信息化领域的嵌入式软件产品的开发与销售，并且已取得软件产业主管部门颁发的软件产品登记证书。在2023年度，该公司取得了不含税销售收入5000万元。其中，嵌入式软件产品销售额为2500万元，硬件设备和相关服务费用为2500万元。2023年可抵扣进项税额100万元。

（1）该软件公司可以申请增值税即征即退吗？

【答案】可以申请。增值税一般纳税人销售其自行开发生产的软件产品，按适用税率征收增值税后，对其增值税实际税负超过3%的部分实行即征即退政策。该公司已经取得软件产业主管部门颁发的软件产品登记证书，因此可以申请增值税即征即退。

（2）该软件公司可以申请增值税即征即退的销售额是多少？

【答案】2500万元。根据《财政部 国家税务总局关于软件产品增值税政策的通知》（财税〔2011〕100号）规定，适用增值税即征即退政策的软件产品，是指信息处理程序及相关文档和数据。软件产品包括计算机软件产品、信息系统和嵌入式软件产品。该公司销售的嵌入式软件可以享受增值税即征即退政策。

（3）该软件公司在申报增值税时应该合并计算进销项还是分别计算进销项？

【答案】应该分别计算进销项。根据《财政部 国家税务总局关于软件产品增值税政策的通知》（财税〔2011〕100号）规定，对增值税一般纳税人随同计算机硬件、机器设备一并销售嵌入式软件产品，如果适用该通知规定按照组成计税价格计算确定计算机硬件、机器设备销售额的，应当分别核算嵌入式软件产品与计算机硬件、机器设备部分的成本。凡未分别核算或者核算不清的，不得享受该通知规定的增值税政策。

（4）假设该公司2023年取得的进项税额100万元均为开发嵌入式软件的成本，那么该软件公司2023年可获得的即征即退税款是多少？

【答案】该软件公司2023年可获得的即征即退税款是150万元。计算过程是：销项税额 $=2500\times13\%=325$（万元），应纳增值税税额 $=325-100=225$（万元），即征即退税额 $=225-2500\times3\%=150$（万元）。

（5）该软件公司申请增值税即征即退需要备案吗？

【答案】该软件公司申请增值税即征即退需要备案。纳税人享受软件产品增值税即征即退优惠政策，根据《全国税务机关纳税服务规范（3.0版）》规定需报送资料：①《税务资格备案表》；②取得软件产业主管部门颁发的软件产品登记证书或著作权行政管理部门颁发的计算机软件著作权登记证书。

3. 纳税人李某经营一家个体工商户，其个人所得税经营所得的征收方式为查账征收，增值税按季申报。2023年，该个体工商户取得不含税经营收入160000元，均已开具增值税普通发票，发生的经营成本支出为20000元，无其他专项扣除或专项附加扣除。李某在2022年度因意外导致身体残疾，已领取残疾证。

（1）李某经营的个体工商户需要按时申报吗？

【答案】需要。根据《中华人民共和国税收征收管理法》等法律法规的要求，查账征收的纳税人需要自行申报各项税（费）种。

（2）该个体工商户 2023 年度需要缴纳的增值税是多少？

【答案】该个体工商户 2023 年无须缴纳增值税。自 2023 年 1 月 1 日至 2027 年 12 月 31 日，小规模纳税人发生增值税应税销售行为，合计季度销售额未超过 30 万元的，免征增值税。该个体工商户全年不含税收入 160000 元，且均开具增值税普通发票，因此无须缴纳增值税。

（3）李某 2023 年度未取得综合所得，计算该个体工商户 2023 年度个人所得税经营所得应纳税所得额。

【答案】该个体工商户 2023 年度个人所得税经营所得应纳税所得额 = 160000 − 60000 − 20000 = 80000（元）

（4）李某可以享受个人所得税残疾人减免政策吗？

【答案】李某可以享受个人所得税残疾人减免政策。残疾、孤老人员和烈属的所得可以减征个人所得税，具体幅度和期限，由省、自治区、直辖市人民政府规定。

（5）假设李某可以享受残疾人政策减免税额 2000 元，那么李某在 2023 年度的个人所得税减免税额是多少？

【答案】李某在 2023 年度的个人所得税减免税额 = [（80000 × 10% − 1500）− 2000] × 50% = 2250（元）

## 错题、要点整理页

# 第六章 证明办理

## >> 本章知识框架

| 节 | 细目 | 知识点 | 学习进度 |
|---|---|---|---|
| 证明办理概述 | 证明办理概述 | 【知识点】证明办理概述 | |
| 开具税收完税证明 | 完税证明开具概述 | 【知识点】符合申请开具税收完税证明的情形 | |
| | 完税证明开具相关要求 | 【知识点】完税证明开具相关要求 | |
| 开具个人所得税纳税记录 | 个人所得税纳税记录开具概述 | 【知识点】符合申请开具个人所得税纳税记录的情形 | |
| | 个人所得税纳税记录开具相关要求 | 【知识点】个人所得税纳税记录开具相关要求 | |
| 社会保险费缴费证明开具 | 社会保险费缴费证明开具概述 | 【知识点】社会保险费缴费证明开具的情形 | |
| | 社会保险费缴费证明开具相关要求 | 【知识点】社会保险费缴费证明开具相关要求 | |
| 转开税收完税证明 | 转开税收完税证明概述 | 【知识点】转开税收完税证明的情形 | |
| | 转开税收完税证明相关要求 | 【知识点】转开税收完税证明相关要求 | |
| 转开税收缴款书（出口货物劳务专用） | 转开税收缴款书（出口货物劳务专用）概述 | 【知识点】转开税收缴款书（出口货物劳务专用）的情形 | |
| | 转开税收缴款书（出口货物劳务专用）相关要求 | 【知识点】转开税收缴款书（出口货物劳务专用）相关要求 | |

续表

| 节 | 细目 | 知识点 | 学习进度 |
|---|---|---|---|
| 出口退（免）税证明办理 | 出口退（免）税证明办理 | 【知识点1】出口退（免）税证明开具 | |
| | | 【知识点2】来料加工免税证明及核销办理 | |
| | | 【知识点3】出口卷烟相关证明及免税核销办理 | |
| | | 【知识点4】补办出口退（免）税证明 | |
| | | 【知识点5】作废出口退（免）税证明 | |
| | | 【知识点6】出口货物劳务专用税收票证开具 | |
| 国际税收证明开具 | 中国税收居民身份开具概述 | 【知识点】中国税收居民身份开具概述 | |
| | 中国税收居民身份开具相关要求 | 【知识点】中国税收居民身份开具相关要求 | |

## >> 习题演练

### 一、单项选择题

1. 以下纳税人中，可以申请开具税收完税证明的是（　　）。

A. 纳税人要求税务机关开具2021年全年自身纳税情况的

B. 纳税人遗失已完税的《出口货物完税分割单》，申请重新开具的

C. 纳税人损毁印花税票后，申请重新开具的

D. 纳税人遗失《印花税票销售凭证》后，申请重新开具的

【解析】根据《全国税务机关纳税服务规范（3.0版）》“开具税收完税证明”中“(3) 纳税人遗失已完税的各种税收票证（《出口货物完税分割单》、印花税票和《印花税票销售凭证》除外），需要重新开具的”的相关规定，选项B、C、D均不可以申请重新开具。

【答案】A

2. 以下完税凭证中，其具体形式与相应完税凭证分类一致的是（　　）。

A. 纳税人在取得扣缴义务人开具的记载完税情况的凭证后，要求税务机关换开文书的完税凭证

B. 纳税人通过横向联网电子缴税系统划缴税款到国库后或收到从国库退还的税款后，事后需要税务机关开具文书式的税收票证

C. 纳税人在取得各期完税凭证后，又向税务机关提出出具记载当年完税情况的

文书式税收完税证明

D. 扣缴义务人未按规定为纳税人开具税收票证的，纳税人要求税务机关为其开具文书式的税收完税证明

【解析】扣缴义务人代扣、代收税款后，已经向纳税人开具税法规定或国家税务总局认可的记载完税情况的其他凭证，纳税人需要换开正式完税凭证的，应当为表格式的完税凭证，故选项 A 错误。

纳税人通过横向联网电子缴税系统划缴税款到国库（经收处）后或收到从国库退还的税款后，当场或事后需要取得税收票证的，应当为表格式的完税凭证。故选项 B 错误。

扣缴义务人未按规定为纳税人开具税收票证的，税务机关核实税款缴纳情况后，应当为纳税人开具税收完税证明（表格式），故选项 D 错误。

【答案】C

3. 纳税人通过横向联网方式完成社会保险费缴费后，可以向主管税务机关申请开具（　　）。

A. 税收完税证明（表格式）

B. 社会保险费缴费证明

C. 税收完税证明（文书式）

D. 税收缴款书

【解析】根据规定，需要申请开具社会保险费缴费证明的纳税人或缴费人，应向主管税务机关提出申请，出示有效身份证件，领取并填写《开具社会保险费缴费证明申请表》，提交相关资料，申请开具社会保险费缴费证明。

【答案】B

4. 某企业在对单位员工代扣代缴个人所得税之后，未为纳税人开具税收票证，其主管税务机关核实税款缴纳情况后，应当为纳税人开具（　　）。

A. 税收完税证明（表格式）

B. 税收完税证明（文书式）

C. 税收完税证明（扣缴证明）

D. 税收缴款书

【解析】根据《全国税务机关纳税服务规范（3.0 版）》规定，扣缴义务人未按规定为纳税人开具税收票证的，税务机关核实税款缴纳情况后，应当为纳税人开具税收完税证明（表格式）。

【答案】A

5. 李先生任职于 A 市，居住于 B 市。某日，其在 C 市出差时，向当地税务机关申请出具其个人所得税《纳税记录》，在取得《纳税记录》后，其对相关记录有异议。

此时李先生应当向（　　）申请核实。

A. A 市税务机关

B. B 市税务机关

C. C 市税务机关

D. 具体异议记录的税务机关

【解析】根据《全国税务机关纳税服务规范（3.0 版）》规定，开具税收完税证明时，纳税人对个人所得税《纳税记录》存在异议的，可以向该项记录中列明的税务机关申请核实。

【答案】D

6. 下列开具税收完税证明的情况，需要报送的办理材料不正确的是（　　）。

A. 纳税人提供的各项资料为复印件的，一定要在复印件上注明“与原件一致”并签章

B. 纳税人使用符合电子签名法规定条件的电子签名，与手写签名或者盖章具有同等法律效力

C. 证券交易场所和证券登记结算机构扣缴证券交易印花税后，需要换开税收完税证明的，报送已注明扣收税款信息的“成交过户交割凭单”或“过户登记确认书”

D. 通过保险机构缴纳车船税后，需要换开税收完税证明的，报送记载车船税完税情况的“交强险”保险单复印件

【解析】根据《国家税务总局关于证券交易印花税完税凭证有关问题的公告》（国家税务总局公告 2014 年第 60 号）规定，证券交易场所和证券登记结算机构扣缴证券交易印花税，应当在证券公司给参与集中交易的投资者开具的“成交过户交割凭单”、证券登记结算机构或证券公司给办理非集中交易过户登记的投资者开具的“过户登记确认书”中注明应予扣收税款的计税金额、税率和扣收税款的金额，交割单、确认书应加盖开具单位的相关业务章戳。

【答案】C

7. 纳税人向税务机关要求转开税收完税证明时，下列错误的是（　　）。

A. 税收完税证明是税务机关为证明纳税人、扣缴义务人、代征代售人、缴费人已经缴纳税（费）款或者已经退还税人、扣缴义务人、代征代售人、缴费人税（费）款而开具的纸质税收票证

B. 纳税人、扣缴义务人、代征代售人、缴费人通过横向联网电子缴税系统划缴税（费）款到国库（经收处）后或收到从国库退还的税（费）款后，当场或事后需要取得税收票证的，开具的税收完税证明为表格式

C. 对于转开《税收完税证明》（表格式），证明内容为手工录入或从退库记录

中自动调取电子税票信息

D. 同一笔原始凭证只能转开一次《税收完税证明》（表格式）

【解析】根据规定，对于“转开”《税收完税证明》（表格式），证明内容不允许手工录入，需要从税收征管系统的缴款或退库记录中自动调取已成功办理业务的电子税票信息。

【答案】C

8. 关于中国税收居民身份开具的相关要求，下列说法中错误的是（　　）。

A. 中国居民企业的境内、境外分支机构应由其中国总机构向总机构主管税务机关申请开具《中国税收居民身份证明》

B. 合伙企业应当以其中国居民合伙人作为申请人，向中国居民合伙人主管税务机关申请，申请人要以就其构成中国税收居民的最近一个公历年度申请开具《中国税收居民身份证明》

C. 填报或提供的资料应提交中文文本，相关资料原件为外文文本的，应当同时提供中文译本，申请人向主管税务机关提交上述资料的复印件时，应在复印件上加盖申请人印章或签字，主管税务机关核验原件后留存复印件

D. 主管税务机关在受理申请之日起 10 个工作日内，由负责人签发《中国税收居民身份证明》并加盖公章或者将不予开具的理由书面告知申请人，主管税务机关无法准确判断居民身份的，应当及时报告上级税务机关

【解析】根据《全国税务机关纳税服务规范（3.0 版）》规定，合伙企业应当以其中国居民合伙人作为申请人，向中国居民合伙人主管税务机关申请。申请人可以就其构成中国税收居民的任一公历年度申请开具《中国税收居民身份证明》。

【答案】B

9. 自 2019 年 1 月 1 日起《税收缴款书（税务收现专用）》不再印刷，由金税三期核心征管系统直接输出打印。按照这一规定，打印出来的票据应当为（　　）。

A. 税收缴款书（税务收现专用）

B. 非印刷税收票证

C. 通用税收缴款书

D. 标准型记账凭证

【解析】根据《国家税务总局关于调整部分税收票证管理工作有关事项的通知》（税总函〔2018〕552 号）规定，自 2019 年 1 月 1 日起，税务机关开具的《税收缴款书（税务收现专用）》（印有固定金额的除外）不再印刷，由金税三期核心征管系统直接输出打印。代征人仍向税务机关领用《税收票证管理办法》规定的印刷制式《税收缴款书（税务收现专用）》。

【答案】B

10. 税收证明办理，是指税务机关依法为纳税人出具对其资产、行为、收入征（免）税情况的要式证明，供纳税人（　　）。

A. 提交第三方使用　　B. 申请贷款

C. 申报退税　　D. 相关资料留存备查

【解析】根据《全国税务机关纳税服务规范（3.0 版）》规定，税收证明办理，是指税务机关依法为纳税人出具对其资产、行为、收入征（免）税情况的要式证明，供纳税人提交第三方使用。

【答案】A

11. 个人所得税纳税人就税款所属期为 2019 年 1 月 1 日（含）以后缴（退）税情况申请开具证明的，税务机关为其开具个人所得税（　　），不再开具《税收完税证明》（文书式）。

A. 完税证明　　B.《纳税记录》

C. 申报明细　　D. 缴退税记录

【解析】根据《国家税务总局关于将个人所得税〈税收完税证明〉（文书式）调整为〈纳税记录〉有关事项的公告》（国家税务总局公告 2018 年第 55 号）规定，个人所得税纳税人就税款所属期为 2019 年 1 月 1 日（含）以后缴（退）税情况申请开具证明的，税务机关为其开具个人所得税《纳税记录》，不再开具《税收完税证明》（文书式）。

【答案】B

12. 对于缴费人需要开具缴费证明并向税务机关提出申请的，经税务机关核实后，开具其相应期间实际缴纳社会保险费的缴费证明（不体现社保部门退费结果信息）。对同一期间的缴费情况，缴费人（　　）开具缴费证明。

A. 可多次申请

B. 不可申请超过两次

C. 不可申请超过三次

D. 不可申请超过四次

【解析】略

【答案】A

13. 通过横向联网电子缴税系统完成税（费）款的缴纳或者退还后，纳税人、扣缴义务人、代征代售人、缴费人需要（　　）的，税务机关应当开具。

A. 电子发票　　B. 完税凭证

C. 纸质税收票证　　D. 完税证明

【解析】根据《税收票证管理办法》规定，通过横向联网电子缴税系统完成税（费）款的缴纳或者退还后，纳税人、扣缴义务人、代征代售人、缴费人需要纸质税收票证的，税务机关应当开具。

【答案】C

14. 委托出口货物属于国家取消出口退税的，委托方应自货物报关出口之日起至次年（　　）前，凭委托代理出口协议（复印件）向主管税务机关申请开具《委托出口货物证明》，对于委托出口货物不属于国家取消出口退税的，税务机关不予办理。

A. 4月30日　　B. 3月15日

C. 4月15日　　D. 3月31日

【解析】根据《国家税务总局关于出口货物劳务增值税和消费税有关问题的公告》（国家税务总局公告2013年第65号）规定，委托出口货物属于国家取消出口退税的，委托方应自货物报关出口之日起至次年3月15日前，凭委托代理出口协议（复印件）向主管税务机关申请开具《委托出口货物证明》，对于委托出口货物不属于国家取消出口退税的，税务机关不予办理。

【答案】B

15. 外贸企业发生原记入出口库存账的出口货物转内销或视同内销征税的，以及已申报退（免）税的出口货物发生退运并转内销的，外贸企业应于发生内销或视同内销的（　　）向主管税务机关申请开具《出口货物转内销证明》，并在取得出口货物转内销证明的下一个增值税纳税申报期内作为进项税额的抵扣凭证使用。

A. 当月　　B. 次月

C. 当年内　　D. 次月前

【解析】根据《国家税务总局关于发布〈出口货物劳务增值税和消费税管理办法〉的公告》（国家税务总局公告2012年第24号）规定，外贸企业发生原记入出口库存账的出口货物转内销或视同内销征税的，以及已申报退（免）税的出口货物发生退运并转内销的，外贸企业应于发生内销或视同内销的当月向主管税务机关申请开具《出口货物转内销证明》，并在取得出口货物转内销证明的下一个增值税纳税申报期内作为进项税额的抵扣凭证使用。

【答案】A

16. 卷烟出口企业（包括购进免税卷烟出口的企业、直接出口自产卷烟的生产企业、委托出口自产卷烟的生产企业）应在免税卷烟报关出口之日次月起至次年（　　）前的各增值税纳税申报期内，向主管税务机关办理出口卷烟的免税核销手续。

A. 4月30日　　B. 5月30日

C. 6月30日　　D. 7月30日

【解析】根据《国家税务总局关于发布〈出口货物劳务增值税和消费税管理办法〉的公告》（国家税务总局公告2012年第24号）规定，卷烟出口企业（包括购进免税卷烟出口的企业、直接出口自产卷烟的生产企业、委托出口自产卷烟的生产企业）应在免税卷烟报关出口之日次月起至次年 4 月 30 日前的各增值税纳税申报期内，向主管税务机关办理出口卷烟的免税核销手续。

【答案】A

17. 补办出口退（免）税证明事项是指出口企业或其他单位丢失出口退税有关证明的，可以向（　　）提出书面申请补办。

A. 任意税务机关

B. 原出具证明的税务机关

C. 所属市税务机关

D. 所属省税务机关

【解析】出口企业或其他单位丢失出口退税有关证明的，应向原出具证明的税务机关填报《关于补办出口退税有关证明的申请》，提供正式申报电子数据。

【答案】B

18.《中国税收居民身份证明》是我国税收（　　）为享受中国政府对外签署的税收协定（含与香港、澳门和台湾签署的税收安排或者协议）、航空协定税收条款、海运协定税收条款、汽车运输协定税收条款、互免国际运输收入税收协议或者换函待遇所需的重要材料。

A. 居民企业

B. 居民个人

C. 居民企业或居民个人

D. 居民法人

【解析】根据《国家税务总局关于开具〈中国税收居民身份证明〉有关事项的公告》（国家税务总局公告 2016 年第 40 号）规定，《中国税收居民身份证明》是我国税收居民企业或居民个人为享受中国政府对外签署的税收协定（含与香港、澳门和台湾签署的税收安排或者协议）、航空协定税收条款、海运协定税收条款、汽车运输协定税收条款、互免国际运输收入税收协议或者换函待遇所需的重要材料。

【答案】C

19. 申请人应向主管其所得税的（　　）申请开具《中国税收居民身份证明》。

A. 县税务局　　B. 市税务局

C. 省税务局　　D. 国家税务总局

【解析】根据《国家税务总局关于调整〈中国税收居民身份证明〉有关事项的公告》（国家税务总局公告 2019 年第 17 号）规定，申请人应向主管其所得税的县税务局申请开具《中国税收居民身份证明》。

【答案】A

## 二、多项选择题

1. 按照内部控制专项制度的规定，以下选项当中，属于凭证管理风险内部控制的有（　　）等事项的工作风险以及由此产生的廉政风险。

A. 票证管理　　　　B. 发票管理

C. 档案管理　　　　D. 证明管理

【解析】凭证管理风险内部控制的内容主要包括：票证管理、发票管理、证明管理等事项的工作风险以及由此产生的廉政风险。

【答案】ABD

2. 在以下选项当中，属于税收完税证明作用的选项有（　　）。

A. 证明纳税人需要缴纳税款

B. 证明纳税人已经缴纳税款

C. 说明需要退还纳税人税款

D. 证明已经退还纳税人税款

【解析】根据《全国税务机关纳税服务规范（3.0 版）》规定，开具税收完税证明的业务描述为：税收完税证明是税务机关为证明纳税人已经缴纳税款或者已经退还纳税人税款而开具的凭证。纳税人符合条件的，可以向税务机关申请开具税收完税证明。

【答案】BD

3. 在以下具体形式的表述当中，税收票证可以区分为（　　）。

A. 纸质形式　　　　B. 数据电文形式

C. 印刷形式　　　　D. 非印刷形式

【解析】根据《税收票证管理办法》第三条规定，税收票证包括纸质形式和数据电文形式。数据电文税收票证是指通过横向联网电子缴税系统办理税款的征收缴库、退库时，向银行、国库发送的电子缴款、退款信息。

【答案】AB

4. 以下关于转开税收缴款书（出口货物劳务专用）的说法正确的有（　　）。

A. 通过横向联网电子缴税系统完成税款的缴纳后，纳税人需要纸质税收票证的，税务机关应当开具。完成税款退还后，不能申请转开税收缴款书（出口货物劳务专用）

B. 对于仍须将《税收缴款书（出口货物劳务专用）》第二联（收据乙）转交购货企业的纳税人，税务机关必须在纳税人通过横向联网电子缴税系统缴税后，及时给纳税人开具《中华人民共和国税收缴款书（出口货物劳务专用）》

C. 转开税收缴款书（出口货物劳务专用）应报送《转开税收缴款书（出口货物劳务专用）申请表》

D. 税务登记证副本报送条件为未实行“多证合一、一照一码、两证整合”登记模式的纳税人报送，已实行实名制的可取消报送

【解析】根据规定，通过横向联网电子缴税系统完成税款的缴纳或者退还后，纳税人需要纸质税收票证的，税务机关应当开具。对于仍须将《税收缴款书（出口货物劳务专用）》第二联（收据乙）转交购货企业的纳税人，税务机关必须在纳税人通过横向联网电子缴税系统缴税后，及时给纳税人开具《中华人民共和国税收缴款书（出口货物劳务专用）》。报送资料有税务登记证副本、纳税人身份证件，报送条件为：①税务登记证副本报送条件为未实行“多证合一、一照一码、两证整合”登记模式的纳税人报送，已实行实名制的可取消报送。②纳税人身份证件报送条件为自然人纳税人。

【答案】BD

5. 以下选项当中，属于税收完税证明适用范围的选项有（　　）。

A. 纳税人、扣缴义务人、代征代售人通过横向联网电子缴税系统划缴税款到国库（经收处）后或收到从国库退还的税款后，当场或事后需要取得税收票证的

B. 扣缴义务人代扣代收税款后，已经向纳税人开具税法规定或国家税务总局认可的记载完税情况的其他凭证，纳税人需要换开正式完税凭证的

C. 纳税人遗失已完税的《出口货物完税分割单》、印花税票和《印花税票销售凭证》，需要重新开具的

D. 对纳税人特定期间完税情况出具证明的

【解析】根据《税收票证管理办法》第十七条规定，纳税人遗失已完税的各种税收票证（《出口货物完税分割单》、印花税票和《印花税票销售凭证》除外），需要重新开具的，税务机关为其开具税收完税凭证。故选项 C 错误。

【答案】ABD

6. 以下对个人所得税《纳税记录》的使用用途的表述当中，正确的有（　　）。

A. 作为纳税人记账使用

B. 作为纳税人抵扣凭证使用

C. 不得作为纳税人记账使用

D. 作为证明已缴税款使用

【解析】根据《全国税务机关纳税服务规范（3.0 版）》规定，个人所得税《纳税记录》不作纳税人记账、抵扣凭证的相关规定。

【答案】CD

7. 出口卷烟相关证明及免税核销办理事项包括（　　）。

A. 准予免税购进出口卷烟证明开具

B. 出口卷烟已免税证明开具

C. 出口卷烟免税核销管理

D. 出口卷烟已申报免税证明开具

【解析】根据《国家税务总局关于发布〈出口货物劳务增值税和消费税管理办法〉的公告》（国家税务总局公告2012年第24号）规定，出口卷烟相关证明及免税核销办理事项包括准予免税购进出口卷烟证明开具、出口卷烟已免税证明开具和出口卷烟免税核销管理。

【答案】ABC

**三、判断题**

1. 纳税人申请开具2024年第二季度个人所得税纳税情况，工作人员为其开具个人所得税《纳税记录》。（　　）

【解析】个人所得税税款所属期为2019年1月1日（含）以后的，税务机关开具个人所得税《纳税记录》。

【答案】正确

2. 某公司员工在扣缴义务人代扣个人所得税税款并取得相应凭证后，可以再向税务机关申请开具完税凭证。（　　）

【解析】扣缴义务人代扣、代收税款后，已经向纳税人开具税法规定或国家税务总局认可的记载完税情况的其他凭证，纳税人需要换开正式完税凭证的，可以申请开具税收完税证明。

【答案】正确

3. 自2019年1月1日起，《税收完税证明》（文书式）不再作为税收票证管理，不再套印“国家税务总局税收票证监制章”，加盖的税务机关印章为票证专用章。（　　）

【解析】根据《国家税务总局关于明确〈税收完税证明〉（文书式）开具管理有关事项的通知》（税总函〔2018〕628号）规定，自2019年1月1日起，《税收完税证明》不再作为税收票证管理，不再套印“国家税务总局税收票证监制章”，加盖的税务机关印章由“征税专用章”调整为“业务专用章”。

【答案】错误

4. 纳税人2019年1月1日以后取得应税所得并由扣缴义务人向税务机关办理了全员全额扣缴申报，或根据税法规定自行向税务机关办理纳税申报的，只有实际缴纳税款，才可以申请开具《纳税记录》。（　　）

【解析】根据《国家税务总局关于将个人所得税〈税收完税证明〉（文书式）调整为〈纳税记录〉有关事项的公告》（国家税务总局公告2018年第55号）规定，纳税人2019年1月1日以后取得应税所得并由扣缴义务人向税务机关办理了全员全额扣缴申报，或根据税法规定自行向税务机关办理纳税申报的，不论是否实际缴纳税款，均可以申请开具《纳税记录》。

【答案】错误

5. 个人所得税《纳税记录》因不同打印设备造成的色差，为避免影响使用效力，应重新打印直至清晰无色差。（　）

【解析】根据《全国税务机关纳税服务规范（3.0版）》规定，个人所得税《纳税记录》因不同打印设备造成的色差，不影响使用效力。

【答案】错误

6. 税收完税证明仅指税务机关为证明纳税人已经缴纳税款而开具的凭证。（　）

【解析】税收完税证明是税务机关为证明纳税人已经缴纳税款或者已经退还纳税人税款而开具的凭证。

【答案】错误

7. 个人所得税《纳税记录》为可公开信息，无须刻意保管。（　）

【解析】个人所得税《纳税记录》涉及纳税人敏感信息，纳税人需妥善保存。

【答案】错误

8. 对于缴费人需要开具缴费证明并向税务机关提出申请的，无须经税务机关核实，可直接从系统中开具具相应期间实际缴纳社会保险费的缴费证明（不体现社保部门退费结果信息）。（　）

【解析】对于缴费人需要开具缴费证明并向税务机关提出申请的，经税务机关核实后，开具其相应期间实际缴纳社会保险费的缴费证明（不体现社保部门退费结果信息）。

【答案】错误

9. 某受托方代理委托方企业出口业务后，在自货物报关出口之日的次月向其主管税务机关申请开具《代理出口货物证明》，并及时转交给委托方。（　）

【解析】根据《国家税务总局关于发布〈出口货物劳务增值税和消费税管理办法〉的公告》（国家税务总局公告2012年第24号）规定，受托方代理委托方企业出口业务后，需在自货物报关出口之日起至次年4月15日前向其主管税务机关申请开具《代理出口货物证明》，并及时转交给委托方。

【答案】错误

## 四、简答题

1. 请简述个人所得税《纳税记录》的验证方式。

【答案】应从以下方面进行阐述：

一是通过手机App扫描个人所得税《纳税记录》中的二维码进行验证；二是通过

自然人税收管理系统输入个人所得税《纳税记录》中的验证码进行验证。

2. 请简述出口退（免）税证明开具事项包括的内容。

【答案】应从以下方面进行阐述：

代理出口货物证明开具、代理进口货物证明开具、委托出口货物证明开具、出口货物退运已补税（未退税）证明开具、出口货物转内销证明开具及中标证明通知书开具。

## 五、案例分析题

2023年6月，张某由于办理贷款需要便前往所在地办税大厅打印个人所得税《纳税记录》，大厅导税人员引导张某来到大厅的自助办税机进行业务办理。但张某发现自助机取件口存放有其他人员打印出来的《纳税记录》，遂告知大厅导税人员。导税人员随手将他人的《纳税记录》扔至附近垃圾桶。张某通过自助办税机打印出了一张《纳税记录》，发现和自己去年在办税窗口打印的纸张和颜色略有不同。随后张某用大厅自助办税电脑登录电子税务局办理了车辆购置税的申报并缴纳了税款，张某要求办税窗口打印车辆购置税的完税证明以便前往车管所办理上牌，窗口工作人员告知张某无须打印完税证明即可办证。

请根据上述资料，回答下列问题：

1. 张某必须前往办税大厅才能获得个人所得税《纳税记录》吗？

【答案】不是。个人所得税App和办税大厅均可获取本人的个人所得税《纳税记录》。

2. 导税人员将《纳税记录》扔掉的行为正确吗？

【答案】不正确。个人所得税《纳税记录》涉及纳税人敏感信息，不应该扔至垃圾桶，应该妥善保存。

3. 张某发现打印的《纳税记录》和之前打印的有所不同影响使用吗？

【答案】不影响。个人所得税《纳税记录》因不同打印设备造成的色差，不影响使用效力。

4. 窗口人员未打印车辆购置税完税证明的行为正确吗？

【答案】正确。国家税务总局、公安部决定自2019年6月1日起，纳税人在全国范围内办理车辆购置税纳税业务时，税务机关不再打印和发放纸质车辆购置税完税证明。纳税人完成车辆购置税申报后，税务机关系统自动发送电子完税信息至公安交管部门。

## 错题、要点整理页

# 第七章　税务注销

## >> 本章知识框架

| 节 | 细目 | 知识点 | 学习进度 |
|---|---|---|---|
| 税务注销概述 | 税务注销概述 | 【知识点】税务注销概述 | |
| 清税申报与注销税务登记 | 清税申报管理 | 【知识点 1】清税申报概述 | |
| | | 【知识点 2】清税申报时限管理 | |
| | | 【知识点 3】清税申报办理 | |
| | 注销税务登记管理 | 【知识点】符合注销税务登记办理的情形 | |
| 税务注销即时办理 | 符合税务注销即时办理的情形 | 【知识点】符合税务注销即时办理的情形 | |
| | 免予办理清税证明的情形 | 【知识点】免予办理清税证明的情形 | |
| | 税务注销即时办结管理规定 | 【知识点】税务注销即时办结办理规定 | |

## >> 习题演练

### 一、单项选择题

1. 税务机关办理查账征收纳税人申请开具清税证明的时限是（　　）个工作日。

A. 20　　B. 7

C. 10　　D. 15

【解析】根据《全国税务机关纳税服务规范（3.0 版）》规定，查账征收两证整合个体工商户清税申报应当在20个工作日内办结。

【答案】A

2. 以下情形当中，不可以对开具清税证明的申请进行即时办结的是（　　）。

A. 纳税信用级别为A级和B级的纳税人

B. 控股母公司纳税信用级别为A级的M级纳税人

C. 未达到增值税纳税起征点的纳税人

D. 处于非正常户状态的纳税人

【解析】根据《全国税务机关纳税服务规范（3.0版）》规定，符合条件的纳税人在办理税务注销时，税务机关提供即时办结服务，采取“承诺制”容缺办理，即时出具清税文书的相关条件。选项D不符合条件。

【答案】D

3. 办理过涉税事宜但未领用发票、无欠税（滞纳金）及罚款的纳税人，主动到税务机关办理清税，资料不齐的，以下对税务机关出具清税文书的说法正确的是（　　）。

A. 税务机关即时出具清税文书

B. 税务机关应当于1个工作日内出具清税证明

C. 采取“承诺制”容缺办理，在其作出承诺后，即时出具清税文书

D. 采取“承诺制”容缺办理，在其作出承诺后，于1个工作日内出具清税证明

【解析】根据《国家税务总局关于深化“放管服”改革 更大力度推进优化税务注销办理程序工作的通知》（税总发〔2019〕64号）规定，办理过涉税事宜但未领用发票、无欠税（滞纳金）及罚款的纳税人，主动到税务机关办理清税，资料齐全的，税务机关即时出具清税文书；资料不齐的，可采取“承诺制”容缺办理，在其作出承诺后，即时出具清税文书。

【答案】C

4. 在以下情形当中，属于纳税人发生时，不需要向主管税务机关申报办理注销税务登记的是（　　）。

A. 因解散、破产、撤销等情形，依法终止纳税义务的

B. 按规定不需要在市场监督管理机关或者其他机关办理注销登记的，但经有关机关批准或者宣告终止的

C. 被市场监督管理机关吊销营业执照或者被其他机关予以撤销登记的

D. 因住所、经营地点变动，不涉及改变税务登记机关的

【解析】根据《税务登记管理办法》规定，纳税人因住所、经营地点变动，涉及改变税务登记机关的，应当在向市场监督管理机关或者其他机关申请办理变更、注销登记前，或者住所、经营地点变动前，持有关证件和资料，向原税务登记机关申报办

理注销税务登记。

【答案】D

5. 对于未办理过涉税事宜的纳税人，主动到税务机关办理清税的，在查询相应资料后，便可即时为纳税人出具清税文书，这一资料是指（　　）。

A. 营业执照（正副本）

B. 法人身份证

C. 营业执照复印件

D. 经办人身份证

【解析】根据《国家税务总局关于深化“放管服”改革 更大力度推进优化税务注销办理程序工作的通知》（税总发〔2019〕64 号）规定，未办理过涉税事宜的纳税人，主动到税务机关办理清税的，税务机关可根据纳税人提供的营业执照即时出具清税文书。

【答案】A

6. 领取营业执照后未开展经营活动，申请注销登记前未发生债权债务的有限责任公司，发生下列情形，可免予到税务机关办理税务注销的是（　　）。

A. 因住所、经营地点变动，涉及改变税务登记机关的

B. 被市场监督管理机关吊销营业执照或者被其他机关予以撤销登记的

C. 办理过涉税事宜但未领用发票、无欠税（滞纳金）及罚款的

D. 外国企业常驻代表机构驻在期届满、提前终止业务活动的

【解析】根据《国家税务总局关于进一步优化办理企业税务注销程序的通知》（税总发〔2018〕149 号）规定，对向市场监管部门申请简易注销的纳税人，符合下列情形之一的，可免予到税务机关办理清税证明，直接向市场监管部门申请办理注销登记：①未办理过涉税事宜的；②办理过涉税事宜但未领用发票、无欠税（滞纳金）及罚款的。

【答案】C

7. 按照规定，以下时限当中，属于定期定额个体工商户清税申报办理时限的是（　　）。

A. 即时办结

B. 5 个工作日

C. 3 个工作日

D. 2 个工作日

【解析】根据《全国税务机关纳税服务规范（3.0 版）》规定，定期定额个体工商户清税申报应当在 5 个工作日内办结。

【答案】B

8. 以下对税务机关实施税务注销业务受理及办理时，应当提供“套餐式”服务模式的表述当中，错误的是（　　）。

A. 一厅受理　　　　B. 内部流转

C. 限时办结　　　　D. 窗口出件

【解析】根据《全国税务机关纳税服务规范（3.0版）》规定，税务机关在注销业务办理过程当中，实行“一窗受理、内部流转、限时办结、窗口出件”的“套餐式”服务模式。

【答案】A

9. 经人民法院裁定宣告破产的纳税人，持相关资料向税务机关申请税务注销，税务机关即时出具清税文书，按照有关规定核销“死欠”，以上的相关资料是指（　　）。

A. 法人身份证

B. 营业执照复印件

C. 人民法院终结破产程序裁定书

D. 法人身份证、营业执照复印件

【解析】根据《国家税务总局关于深化“放管服”改革 更大力度推进优化税务注销办理程序工作的通知》（税总发〔2019〕64号）规定，从2019年7月1日起，经人民法院裁定宣告破产的纳税人，持人民法院终结破产程序裁定书向税务机关申请税务注销，税务机关即时出具清税文书，按照有关规定核销“死欠”。

【答案】C

10. 办理注销税务登记的过程中，若管理部门在核查、检查过程中发现有（　　）情形的，办理时限中止。

A. 纳税人存在未申报、欠税信息

B. 土地增值税纳税人未完成土地增值税清算

C. 纳税人存在未结报的税收票证

D. 涉嫌偷、逃、骗、抗税或虚开发票等重大事项的

【解析】根据规定，若管理部门在核查、检查过程中发现以下情形的，办理时限中止：①发现涉嫌偷、逃、骗、抗税或虚开发票等重大事项的；②需要进行特别纳税调整的；③国家税务总局规定的注销办理时限中止的情形。待相关事项办理完毕后方可继续办理注销事宜，办理时限继续计算。

【答案】D

11. 处于非正常状态纳税人办理清税申报，符合一定情形的，税务机关可打印相应税种和相关附加的（　　）。

A.《批量零申报确认表》

B.《批量申报确认表》

C.《零申报确认表》

D.《批量申报表》

【解析】处于非正常状态纳税人办理清税申报，符合一定情形的，税务机关可打印相应税种和相关附加的《批量零申报确认表》，经纳税人确认后，进行批量处理。

【答案】A

12. 经过实名信息验证的办税人员办理清税申报无须提供相关身份证明，此处实名信息指的是（　　）。

A. 微信实名认证

B. 支付宝实名认证

C. 人工比对身份证等信息

D. 已完成全国税务网络统一身份认证

【解析】国家税务总局针对税务网络实体接入数量快速增长、方式变化多样的特点和税务应用系统用户安全接入的需求，围绕纳税人、缴费人的实名身份建立、使用、维护、撤销的全生命周期管理，构建了税务网络统一身份认证体系。

【答案】D

13. 税务注销，是指纳税人、扣缴义务人由于（　　）终止纳税义务、扣缴义务时，持有关证件和资料向主管税务机关申报办理税务注销手续。

A. 法定的原因　　B. 企业经营不善

C. 法院认定破产　　D. 企业自身原因

【解析】根据《全国税务机关纳税服务规范（3.0版）》规定，税务注销，是指纳税人、扣缴义务人由于法定的原因终止纳税义务、扣缴义务时，持有关证件和资料向主管税务机关申报办理税务注销手续。

【答案】A

14. 清税完毕后，税务机关向纳税人出具《清税证明》，纳税人持《清税证明》到（　　）办理注销。

A. 市级任意登记机关

B. 县区任意登记机关

C. 原登记机关

D. 现登记机关

【解析】根据《全国税务机关纳税服务规范（3.0版）》规定，清税完毕后，税务机关向纳税人出具《清税证明》，纳税人持《清税证明》到原登记机关办理注销。

【答案】C

15. 经过（　　）的办税人员，不再提供登记证件、身份证件复印件、上级主管部门批复文件或董事会决议复印件、《项目完工证明》及《验收证明》等相关文件复印件、《发票领用簿》等资料。

A. 实名信息验证　　　　B. 前台人工判定

C. 身份证核验　　　　D. 金三系统备案

【解析】根据《全国税务机关纳税服务规范（3.0 版）》规定，经过实名信息验证的办税人员，不再提供登记证件、身份证件复印件、上级主管部门批复文件或董事会决议复印件、《项目完工证明》及《验收证明》等相关文件复印件、《发票领用簿》等资料。

【答案】A

16. 被调查企业在税务机关实施特别纳税调查调整期间申请注销税务登记的，税务机关在调查结案前原则上（　　）办理注销手续。

A. 暂缓　　　　B. 终止

C. 中止　　　　D. 不予

【解析】被调查企业在税务机关实施特别纳税调查调整期间申请注销税务登记的，税务机关在调查结案前原则上不予办理注销手续。

【答案】D

17. 对适用税务注销即办流程的纳税人，资料不齐的，税务机关可在纳税人作出承诺后，采取“承诺制”容缺办理，即时出具清税文书。纳税人应按承诺的时限补齐资料，并办结相关事项。若未履行承诺的，税务机关将对其法定代表人、财务负责人（　　）管理。

A. 拉入黑名单　　　　B. 纳入纳税信用 D 级

C. 实施限制措施　　　　D. 在社会公告

【解析】根据《国家税务总局关于进一步优化办理企业税务注销程序的通知》（税总发〔2018〕149 号）规定，对适用税务注销即办流程的纳税人，资料不齐的，税务机关可在纳税人作出承诺后，采取“承诺制”容缺办理，即时出具清税文书。纳税人应按承诺的时限补齐资料，并办结相关事项。若未履行承诺的，税务机关将对其法定代表人、财务负责人纳入纳税信用 D 级管理。

【答案】B

## 二、多项选择题

1. 以下符合简化税务注销即免予到税务机关办理清税证明的条件有（　　）。

A. 未办理过涉税事宜的纳税人

B. 办理过涉税事宜但未领用发票、无欠税（滞纳金）及罚款的纳税人

C. 有过纳税记录，但存在未清缴税款的纳税人

D. 目前处于非正常经营的纳税人

【解析】根据优化税务注销的管理规定，未办理过涉税事宜的纳税人及办理过涉税

事宜但未领用发票、无欠税（滞纳金）及罚款的纳税人可以免予到直接到市场监管部门办理注销手续。

【答案】AB

2. 以下选项当中，属于申请开具清税证明前提条件的有（　　）。

A. 结清应纳税款

B. 法定代表人亲自办理

C. 缴销发票及税控专用设备

D. 无欠税（滞纳金）及罚款

【解析】根据《全国税务机关纳税服务规范（3.0 版）》规定，纳税人办理一照一码户清税申报，应结清应纳税款、多退（免）税款、滞纳金和罚款，缴销发票和其他税务证件，因此，选项 A、C、D 正确；办理资料当中，仅需要提供经办人身份证件原件，无须法定代表人亲自办理，因此选项 B 错误。

【答案】ACD

3. 对于已经办理实名认证的一照一码纳税人，其在办理清税申报时，以下资料当中，无须再向税务机关提供的有（　　）。

A. 登记证件及身份证件复印件

B.《清税申报表》

C.《项目完工证明》及《验收证明》等相关文件复印件

D.《发票领用簿》

【解析】根据《国家税务总局关于深化“放管服”改革 更大力度推进优化税务注销办理程序工作的通知》（税总发〔2019〕64 号）规定，对已实行实名办税的纳税人，免予提供以下证件、资料：《税务登记证》正（副）本、《临时税务登记证》正（副）本和《发票领用簿》，市场监督管理部门吊销营业执照决定原件（复印件），上级主管部门批复文件或董事会决议原件（复印件），《项目完工证明》及《验收证明》等相关文件原件（复印件）。

【答案】ACD

4. 纳税人税务注销即时办理时，符合容缺即时办理条件的纳税人，在办理税务注销时，资料齐全的，税务部门即时出具清税文书；若资料不齐，可在作出承诺后，税务部门即时出具清税文书。纳税人应按承诺的时限补齐资料并办结相关事项。具体容缺条件包括（　　）。

A. 办理过涉税事宜但未领用发票（含代开发票）、无欠税（滞纳金）及罚款的纳税人，主动到税务部门办理清税的

B. 未处于税务检查状态、无欠税（滞纳金）及罚款、已缴销增值税专用发票及税控设备，纳税信用级别为 A 级和 B 级的纳税人

C. 未处于税务检查状态、无欠税（滞纳金）及罚款、已缴销增值税专用发票及税控设备，省级人民政府引进人才或经省级以上行业协会等机构认定的行业领军人才等创办的企业

D. 未处于税务检查状态、无欠税（滞纳金）及罚款、已缴销增值税专用发票及税控设备，未达到增值税纳税起征点的纳税人

【解析】根据税收征管相关规定，符合容缺即时办理条件的纳税人，在办理税务注销时，资料齐全的，税务部门即时出具清税文书；若资料不齐，可在作出承诺后，税务部门即时出具清税文书。纳税人应按承诺的时限补齐资料并办结相关事项。具体容缺条件如下。①办理过涉税事宜但未领用发票（含代开发票）、无欠税（滞纳金）及罚款的纳税人，主动到税务部门办理清税的。②未处于税务检查状态、无欠税（滞纳金）及罚款、已缴销增值税专用发票及税控设备，且符合下列情形之一的纳税人：纳税信用级别为A级和B级的纳税人、控股母公司纳税信用级别为A级的M级纳税人、省级人民政府引进人才或经省级以上行业协会等机构认定的行业领军人才等创办的企业、未纳入纳税信用级别评价的定期定额个体工商户、未达到增值税纳税起征点的纳税人。

【答案】ABCD

5. 下列关于单位及查账征收个体工商户办理清税注销的说法正确的有（　　）。

A. 对未处于税务检查状态、无欠税（滞纳金）及罚款、已缴销增值税专用发票及税控专用设备，且纳税信用级别为A级和B级的纳税人，税务机关提供即时办结服务，采取“承诺制”容缺办理

B. 经人民法院裁定宣告破产的纳税人，持人民法院终结破产程序裁定书，向税务机关申请办理税务注销的纳税人

C. 若在核查检查过程中发生涉嫌偷、逃、骗、抗税或虚开发票等重大事项，办理时限中止，待相关事项办理完毕后方可继续办理注销事宜，办理时限重新计算

D. 未办理过涉税事宜的单位及查账征收个体工商户，符合市场监管部门简易注销条件的，可免予到税务机关办理税务注销，直接向市场监管部门申请办理简易注销

【解析】根据《全国税务机关纳税服务规范（3.0版）》规定，单位及查账征收个体工商户办理清税注销时，若在核查检查过程中发生一定情形的，办理时限中止，待相关事项办理完毕后方可继续办理注销事宜，办理时限继续计算，而不是重新计算。

【答案】ABD

6. 向市场监督管理等部门申请办理注销登记前，须先向税务机关申报清税的纳税人有（　　）。

A. 已实行“一照一码”登记模式的纳税人

B. 已实行“两证整合”登记模式的个体工商户

C. 已办理税务登记的纳税人

D. 未办理税务登记的纳税人

【解析】根据《全国税务机关纳税服务规范（3.0 版）》规定，已实行“一照一码”登记模式的纳税人及已实行“两证整合”登记模式的个体工商户向市场监督管理等部门申请办理注销登记前，须先向税务机关申报清税。清税完毕后，税务机关向纳税人出具《清税证明》，纳税人持《清税证明》到原登记机关办理注销。

【答案】AB

7. 下列纳税人向市场监管部门申请简易注销，可免予到税务机关办理清税证明的有（　　）。

A. 未办理过涉税事宜的

B. 办理过涉税事宜但未领用发票、无欠税（滞纳金）及罚款的

C. 办理过涉税事宜但已领用发票、无欠税（滞纳金）及罚款的

D. 被稽查后稽查已结案的

【解析】向市场监管部门申请简易注销的纳税人，符合下列情形之一的，可免予到税务机关办理清税证明：

（1）未办理过涉税事宜的；

（2）办理过涉税事宜但未领用发票、无欠税（滞纳金）及罚款的。

【答案】AB

8. 纳税人办理一照一码户清税申报应完成的流程有（　　）。

A. 结清应纳税款、多退（免）税款、滞纳金和罚款

B. 缴销发票和其他税务证件

C. 未做土地增值税清算申报的可以合并在注销后清算申报

D. 未申请出口退税的也可以直接注销

【解析】根据《全国税务机关纳税服务规范（3.0 版）》规定，纳税人办理一照一码户清税申报，应结清应纳税款、多退（免）税款、滞纳金和罚款，缴销发票和其他税务证件，其中：

（1）企业所得税纳税人办理一照一码户清税申报，就其清算所得向税务机关申报并依法缴纳企业所得税。

（2）纳税人未办理土地增值税清算手续的，应在办理一照一码户清税申报前进行土地增值税清算。

（3）出口企业应在结清出口退（免）税款后，办理一照一码户清税申报。

【答案】AB

9. 处于非正常状态纳税人办理清税申报，符合（　　）情形的，税务机关可打印相应税种和相关附加的《批量零申报确认表》，经纳税人确认后可以进行批量处理。

A. 在非正常状态期间未经营的

B. 在非正常状态期间发生零星经营但未开发票的

C. 非正常状态期间增值税、消费税和相关附加需补办的申报均为零申报的

D. 非正常状态期间企业所得税月（季）度预缴需补办的申报均为零申报，且不存在弥补前期亏损情况的

【解析】根据《国家税务总局关于深化“放管服”改革 更大力度推进优化税务注销办理程序工作的通知》（税总发〔2019〕64 号）规定，处于非正常状态纳税人办理清税申报，符合以下情形的，税务机关可打印相应税种和相关附加的《批量零申报确认表》，经纳税人确认后，进行批量处理：

（1）非正常状态期间增值税、消费税和相关附加需补办的申报均为零申报的；

（2）非正常状态期间企业所得税月（季）度预缴需补办的申报均为零申报，且不存在弥补前期亏损情况的。

【答案】CD

10. 根据税收征收管理法律制度的规定，下列属于需要办理注销税务登记情形的有（　　）。

A. 纳税人发生解散、破产、撤销以及其他情形，依法终止纳税义务的

B. 纳税人被市场监管部门吊销营业执照或者被其他机关予以撤销登记的

C. 纳税人因住所、经营地点变动，涉及变更税务登记机关的

D. 境外企业在中国境内承包建筑、安装、装配、勘探工程和提供劳务的，项目完工、离开中国的

【解析】“一照一码”“两证整合”以外的纳税人发生以下情形的，向主管税务机关办理注销税务登记：

（1）因解散、破产、撤销等情形，依法终止纳税义务的；

（2）按规定不需要在市场监督管理机关或者其他机关办理注销登记的，但经有关机关批准或者宣告终止的；

（3）被市场监督管理机关吊销营业执照或者被其他机关予以撤销登记的；

（4）境外企业在中华人民共和国境内承包建筑、安装、装配、勘探工程和提供劳务，项目完工、离开中国的；

（5）外国企业常驻代表机构驻在期届满、提前终止业务活动的；

（6）非境内注册居民企业经国家税务总局确认终止居民身份的。

【答案】ABCD

11. 以下有关税务注销说法正确的有（　　）。

A. 由法人转变为个人独资企业，不需要进行企业所得税清算

B. 被市场监督管理机关吊销营业执照，应向主管税务机关办理注销税务登记

C. 处于非正常状态纳税人在办理税务注销前需先解除非正常状态，补办纳税申报手续

D. 已实行“一照一码”登记模式的纳税人向市场监督管理等部门申请办理注销登记后，再向税务机关申报清税

E. 经人民法院裁定宣告破产的纳税人，持人民法院终结破产程序裁定书向税务机关申请税务注销的，税务机关即时出具清税文书，按照有关规定核销“死欠”

【解析】由法人转变为个人独资企业，需要进行企业所得税清算（因为个人独立企业只缴个人所得税，不缴企业所得税）。已实行“一照一码”登记模式的纳税人向市场监督管理等部门申请办理注销登记前，先向税务机关申报清税。

【答案】BCE

## 三、判断题

1. 纳税人办理一照一码户清税申报的前提之一就是解除原先签订的银税三方（委托）划缴协议，以避免在清税手续办理完成后，发生误扣税款的问题。（　　）

【解析】根据税务注销的管理规定，纳税人办理一照一码户清税申报，无须向税务机关提出终止银税三方（委托）划缴协议。税务机关办结一照一码户清税申报后，银税三方（委托）划缴协议自动终止。

【答案】错误

2. 并不是所有纳税人在办理注销业务时，都应当先到税务机关办理清税申报，再向市场监管部门办理注销手续。（　　）

【解析】根据《国家税务总局关于进一步优化办理企业税务注销程序的通知》（税总发〔2018〕149号）规定，符合下列情形之一的，可免予到税务机关办理清税证明，直接向市场监管部门申请办理注销登记：①未办理过涉税事宜的；②办理过涉税事宜但未领用发票、无欠税（滞纳金）及罚款的。

【答案】正确

3. 已办理信息报告的扣缴义务人发生解散、破产、撤销以及其他情形，依法终止纳税义务的纳税人，需同时申报办理税务注销和注销扣缴税款登记。（　　）

【解析】根据《全国税务机关纳税服务规范（3.0版）》规定，已办理信息报告的扣缴义务人发生解散、破产、撤销以及其他情形，依法终止纳税义务的，申报办

理税务注销时，不需单独提出申请，税务机关在办理税务注销的同时，注销扣缴税款登记。

【答案】错误

4. 被市场监督管理机关吊销营业执照的纳税人，应当自营业执照被吊销或者被撤销登记之日起10日内，向原税务登记机关申报办理税务注销。（ ）

【解析】根据《税务登记管理办法》规定，纳税人被吊销营业执照或者被其他机关予以撤销登记的，应当自营业执照被吊销或撤销登记之日起15日内，向原税务登记机关申报办理注销税务登记。

【答案】错误

5. 未处于税务检查状态、但有欠税的纳税人在办理税务注销时，若资料不齐，可在其作出承诺后，税务机关即时出具清税文书。（ ）

【解析】根据《国家税务总局关于进一步优化办理企业税务注销程序的通知》（税总发〔2018〕149号）规定，对向市场监管部门申请一般注销的纳税人，税务机关在为其办理税务注销时，进一步落实限时办结规定。对未处于税务检查状态、无欠税（滞纳金）及罚款、已缴销增值税专用发票及税控专用设备，且符合一定情形的纳税人，优化即时办结服务，采取"承诺制"容缺办理，即纳税人在办理税务注销时，若资料不齐，可在其作出承诺后，税务机关即时出具清税文书。

【答案】错误

6. 定期定额个体工商户清税申报应当在10个工作日内办结。（ ）

【解析】定期定额个体工商户清税申报应当在5个工作日内办结。

【答案】错误

7. 税务机关在核查、检查过程中发现涉嫌偷、逃、骗、抗税或虚开发票的，或者需要进行纳税调整等情形的，办理时限终止。（ ）

【解析】税务机关在核查、检查过程中发现涉嫌偷、逃、骗、抗税或虚开发票的，或者需要进行纳税调整等情形的，办理时限中止。

【答案】错误

8. 某纳税人已完成实名认证，申请企业注销可以不提供身份证件复印件进行核验。（ ）

【解析】经过实名信息验证的办税人员，不再提供登记证件、身份证件复印件、上级主管部门批复文件或董事会决议复印件、《项目完工证明》及《验收证明》等相关文件复印件、《发票领用簿》等资料。

【答案】正确

9. 非正常状态的企业可以依纳税人申请直接注销。（ ）

【解析】处于非正常状态纳税人在办理清税申报前，需先解除非正常状态，补办申报纳税手续。

【答案】错误

10. 法院裁定的破产企业，符合条件的可即时注销。（　　）

【解析】经人民法院裁定宣告破产，持人民法院终结破产程序裁定书，向税务机关申请办理税务注销的，税务机关即时出具清税文书。

【答案】正确

## 四、简答题

1. 2021 年 5 月 20 日，纳税人 A 公司向主管税务机关申请注销，但资料不齐，该公司向主管税务机关承诺于 2021 年 6 月 1 日前到税务机关补齐相关资料，税务机关在接收该公司的承诺书后，即时出具了清税证明。至 2021 年 6 月 1 日，该纳税人未向主管税务机关补齐资料，经税务机关尝试与企业相关人员进行沟通，但均无法取得联系。请问此时应当如何办理？

【答案】根据《国家税务总局关于进一步优化办理企业税务注销程序的通知》（税总发〔2018〕149 号）规定，纳税人应按承诺的时限补齐资料并办结相关事项。若未履行承诺的，税务机关将对其法定代表人、财务负责人纳入纳税信用 D 级管理。

（注：也可结合工作实际进行解答）

2. 请简要说明在税务注销办理过程当中，税务机关应当为纳税人提供哪些服务。

【答案】应从以下方面进行阐述：

（1）为纳税人提供简化注销、优化注销服务，对符合条件的纳税人提供清税证明即时办结服务；对不符合即时办结清税证明的纳税人，严格按照规定时限开具清税证明。

（2）对符合条件的纳税人在办理清税证明时，提供“容缺服务”。

（3）简化税务注销办理的资料和流程，对已实行实名办税的纳税人，免予提供以下资料：

①《税务登记证》正（副）本、《临时税务登记证》正（副）本和《发票领用簿》；

②市场监督管理部门吊销营业执照决定原件（复印件）；

③上级主管部门批复文件或董事会决议原件（复印件）；

④《项目完工证明》及《验收证明》等相关文件原件（复印件）。

（4）对于符合以下条件的纳税人，税务机关可打印相应税种和相关附加的《批量零申报确认表》，经纳税人确认后，进行批量处理：

①非正常状态期间增值税、消费税和相关附加需补办的申报均为零申报的；

②非正常状态期间企业所得税月（季）度预缴需补办的申报均为零申报，且不存

在弥补前期亏损情况的。

（5）开设专门窗口。在办税服务厅设置注销业务专门服务窗口，并根据情况及时增加专门服务窗口数量。

（6）提供“套餐式”服务。整合税务注销前置事项，实行“一窗受理、内部流转、限时办结、窗口出件”的“套餐式”服务模式。

（7）强化“首问责任制”和“一次性告知”。纳税人到办税服务厅办理税务注销时，首次接待的税务人员应负责问清情况，区分事项和复杂程度，分类出具需要办理的事项告知书，并做好沟通和辅导工作。

（8）优化内部工作流程和岗责分配。对纳税人办理注销业务涉及多事项的，要创新工作方式，简并优化流程、岗责，实现联动、限时处理。

**五、案例分析题**

1. 2023年9月10日，一名纳税人向税务机关递交了《清税申报表》，申请开具清税证明，由于不符合即时办结的条件，办税服务厅在受理相关资料后，向税源管理部门进行了移交。

税源管理部门在注销核查业务的过程当中，发现纳税人为非正常户，要求纳税人接受处罚。由于纳税人在外地忙于业务，在即将到期时，税务机关工作人员中止了该项业务的办理。11月10日，纳税人到当地税务机关接受了处罚，并进行了补充申报。

请指出上述案例当中税务机关的不妥之处。

【答案】应从以下方面进行阐述：

（1）税务机关工作人员在受理业务当中，操作不当，没有对纳税人的情况进行核实，便受理这一清税申报。

（2）税务机关工作人员应当在受理纳税人清税申报前，在金税三期系统当中操作“注销税务登记（优化版）”模块，而不是“注销税务登记受理”模块，如发现纳税人存在未办结事项的，应对其进行告知及提醒，以便纳税人进行相应处置。

（3）税务机关工作人员对于纳税人不配合进行处罚而导致即将超期的情况，不应当适用“时限中止”的操作方式，因为这一方式仅适用于“税务机关在核查、检查过程中发现涉嫌偷、逃、骗、抗税或虚开发票的，或者需要进行纳税调整”的情形。

2. A公司法定代表人委托朋友甲某前往办税服务厅办理注销A公司的相关事项。大厅工作人员直接受理了注销的相关资料后发现A公司符合即办流程，但缺少部分资料，遂拒绝了甲某的A公司注销申请。甲某同时申请办理注销自己名下的一家个体工商户，该个体工商户一直没有正式经营。工作人员在系统查询后发现该个体工商户没有办理税务登记，于是告知甲某可直接前往市场监管部门申请简易注销。

请根据上述资料，回答下列问题：

(1) 请分析工作人员受理A公司注销的不妥之处。

【答案】工作人员应先进行甲某的实名信息验证再办理业务。甲某为A公司法人的朋友，未经过实名信息验证，不能直接办理注销业务。

(2) 工作人员拒绝A公司的注销申请正确吗？

【答案】不正确。对适用税务注销即办流程的纳税人，资料不齐的，税务机关可在纳税人作出承诺后，采取“承诺制”容缺办理，即时出具清税文书。

(3) 工作人员告知甲某直接前往市场监管部门的行为正确吗？

【答案】正确。向市场监管部门申请简易注销的纳税人，符合下列情形之一的，可免予到税务机关办理清税证明：①未办理过涉税事宜的；②办理过涉税事宜但未领用发票、无欠税（滞纳金）及罚款的。

错题、要点整理页

# 第八章　纳税人权益保护与纳税信用管理

## >>本章知识框架

| 节 | 细目 | 知识点 | 学习进度 |
|---|---|---|---|
| 纳税人权益保护概述 | 纳税人权益保护概述 | 【知识点1】纳税人权益保护的概念 | |
| | | 【知识点2】纳税人权益保护的意义 | |
| | 纳税人权利与义务 | 【知识点1】纳税人权利与义务的具体内容 | |
| | | 【知识点2】纳税人权益保护措施 | |
| 纳税人需求管理 | 纳税人需求管理概述 | 【知识点】纳税人需求管理工作原则 | |
| | 纳税人需求管理相关规定 | 【知识点1】纳税人需求征集 | |
| | | 【知识点2】纳税人需求分析 | |
| | | 【知识点3】纳税人需求响应 | |
| | | 【知识点4】纳税人结果运用 | |
| 纳税人满意度调查 | 纳税人满意度调查概述 | 【知识点1】纳税人满意度调查的类型 | |
| | | 【知识点2】纳税人满意度调查的方式 | |
| | 纳税人满意度调查的管理 | 【知识点1】纳税人满意度调查的指标及评分标准 | |
| | | 【知识点2】纳税人满意度调查的实施 | |
| | | 【知识点3】纳税人满意度调查的结果运用 | |
| 纳税人涉税信息查询 | 纳税人涉税信息查询 | 【知识点1】社会公众涉税公开信息查询 | |
| | | 【知识点2】纳税人涉税信息查询 | |
| | | 【知识点3】第三方涉税保密信息查询 | |
| | | 【知识点4】纳税人涉税保密信息管理 | |

续表

| 节 | 细目 | 知识点 | 学习进度 |
|---|---|---|---|
| 纳税服务投诉处理 | 纳税服务投诉概述 | 【知识点】纳税服务投诉管理工作原则 | |
| | 纳税服务投诉管理 | 【知识点1】纳税服务投诉管理相关要求 | |
| | | 【知识点2】纳税服务投诉范围 | |
| | | 【知识点3】纳税服务投诉提交与受理 | |
| | | 【知识点4】纳税服务投诉的调查与处理 | |
| | | 【知识点5】纳税服务投诉的指导与监督 | |
| 纳税人法律救济 | 申请行政复议 | 【知识点1】税务行政复议受理范围 | |
| | | 【知识点2】税务行政复议的管理 | |
| | 税务行政处罚听证 | 【知识点1】税务行政处罚听证的提出 | |
| | | 【知识点2】税务行政处罚听证的要求 | |
| | 提起行政诉讼 | 【知识点1】涉税行政诉讼受理范围 | |
| | | 【知识点2】涉税行政诉讼的管理 | |
| 纳税信用评价 | 纳税信用管理的对象与工作原则 | 【知识点1】纳税信用管理的对象 | |
| | | 【知识点2】纳税信用管理的工作原则 | |
| | 纳税信用管理的工作要求 | 【知识点1】纳税信用信息采集 | |
| | | 【知识点2】纳税信用评价的方式 | |
| | | 【知识点3】纳税信用评价的周期 | |
| | | 【知识点4】纳税信用级别的确定 | |
| 纳税信用评价结果确定发布及补评、复评 | 纳税信用评价结果的确定和发布 | 【知识点1】纳税信用评价结果的确定 | |
| | | 【知识点2】纳税信用评价结果的发布 | |
| | 纳税信用补评、复评与修复 | 【知识点1】纳税信用补评 | |
| | | 【知识点2】纳税信用复评 | |
| | | 【知识点3】纳税信用级别动态调整 | |
| | | 【知识点4】纳税信用修复 | |
| 纳税信用评价结果的应用 | 纳税信用评价结果的应用 | 【知识点1】激励措施和惩戒措施 | |
| | | 【知识点2】“银税互动”助力小微企业发展 | |
| | | 【知识点3】重大税收违法案件当事人联合惩戒 | |
| | | 【知识点4】信用信息共享交换 | |

## >> 习题演练

### 一、单项选择题

1. 根据《国家税务总局关于纳税信用评价有关事项的公告》（国家税务总局公告2018年第8号）规定，下列企业不是新增参与纳税信用评价的是（　　）。

A. 从首次在税务机关办理涉税事宜之日起时间不满一个评价年度的企业

B. 因涉嫌税收违法被立案查处尚未结案的

C. 评价年度内无生产经营业务收入的企业

D. 适用企业所得税核定征收办法的企业

【解析】根据《纳税信用管理办法（试行）》规定，因涉嫌税收违法被立案查处尚未结案的企业不参与纳税信用评价。

【答案】B

2. 某纳税人A领取营业执照后，其财务人员拨打了12366纳税缴费服务热线，询问办理税务的相关手续，工作人员向其详细告知了办理程序和需要提交的资料。这体现了纳税人的（　　）。

A. 知情权　　　　B. 保密权

C. 税收监督权　　　　D. 税收法律救济权

【解析】知情权是指纳税人有权了解国家税收法律、行政法规的规定以及与纳税程序有关的情况，包括：现行税收法律、行政法规和税收政策规定；办理税收事项的时间、方式、步骤以及需要提交的资料；应纳税额核定及其他税务行政处理决定的法律依据、事实依据和计算方法；与税务机关在纳税、处罚和采取强制执行措施时发生争议或纠纷时，可以采取的法律救济途径及需要满足的条件。

【答案】A

3. 申请退还多缴税款权是指纳税人超过应纳税额缴纳的税款，税务机关发现后将自发现之日起（　　）日内办理退还手续。

A. 5　　　　B. 10

C. 30　　　　D. 60

【解析】超过应纳税额缴纳的税款，税务机关发现后，将自发现之日起10日内办理退还手续；如纳税人自结算缴纳税款之日起3年内发现的，可以向税务机关要求退还多缴的税款并加算银行同期存款利息。税务机关将自接到纳税人退还申请之日起30日内查实并办理退还手续，涉及从国库中退库的，依照法律、行政法规有关国库管理的规定退还。

【答案】B

4. 按照国家税务总局关于加强纳税人需求管理工作的通知，对复杂涉税需求，应于（　　）内响应或反馈。

A. 15 日　　B. 15 个工作日

C. 20 日　　D. 30 个工作日

【解析】对纳税人提出的简单需求，及时反馈；对一般涉税需求，应于 15 个工作日内响应或反馈；对复杂涉税需求，应于 30 个工作日内响应或反馈。

【答案】D

5. 某县税务机关纳税服务部门负责人正在制订 2022 年纳税服务需求管理年度工作计划，根据纳税服务需求管理的规定，下列不由县级税务机关开展的是（　　）。

A. 按地域、规模、行业等要素选择有代表性的纳税人作为定向征集对象

B. 将全体纳税人作为非定向征集对象

C. 开展纳税人需求专项征集

D. 开展纳税人需求全面征集

【解析】《国家税务总局关于加强纳税人需求管理工作的通知》（税总发〔2016〕128 号）规定："全面征集是税务总局、各省税务机关针对整体税收工作情况开展的较大范围纳税人需求征集，原则上每年开展一次。"

【答案】D

6. 纳税人的同一投诉事项涉及两个以上税务机关的，应当由（　　）牵头协调处理。

A. 上级税务机关

B. 首诉税务机关

C. 后诉税务机关

D. 省级税务机关

【解析】纳税人的同一投诉事项涉及两个以上税务机关的，应当由首诉税务机关牵头协调处理。首诉税务机关协调不成功的，应当向上级税务机关申请协调处理。

【答案】B

7. 关于纳税服务投诉税务机关对服务质效类的投诉，应自受理之日起（　　）内办结。

A. 3 个工作日　　B. 5 个工作日

C. 10 个工作日　　D. 15 个工作日

【解析】税务机关对各类服务投诉应限期办结。对服务言行类投诉，自受理之日起 5 个工作日内办结；服务质效类、其他侵害纳税人合法权益类投诉，自受理之日起 10 个工作日内办结。

【答案】C

8. 申请人最迟在知道税务机关作出具体行政行为之日起（　　）日内提出行政复议申请。

A. 10　　B. 30

C. 60　　D. 90

【解析】申请人可以在知道税务机关作出具体行政行为之日起60日内提出行政复议申请。

【答案】C

9. 下列行为中属于“必经复议”的受案范围是（　　）。

A. 税务机关作出的税收保全措施

B. 税务机关作出的强制执行措施

C. 税务机关作出的征税行为

D. 税务机关作出的阻止出境行为

【解析】税务机关作出的征税行为复议前置，然后才能诉讼。

【答案】C

10. 纳税信用指标不包括（　　）。

A. 纳税人信用历史信息

B. 税务内部信息

C. 税务外部信息

D. 纳税人关联方信息

【解析】纳税信用评价指标包括信用历史信息、税务内部信息、外部信息。

【答案】D

11. 纳税信用年度评价指标得分40分及以上不满70分的，为（　　）。

A. A级　　B. B级

C. C级　　D. D级

【解析】A级纳税信用为年度评价指标得分90分以上的，B级纳税信用为年度评价指标得分70分以上不满90分的，C级纳税信用为年度评价指标得分40分以上不满70分的，D级纳税信用为年度评价指标得分不满40分或者直接判级确定的。

【答案】C

12. 纳税人信用历史信息包括（　　）、评价年度之前的优良信息记录、评价年度之前的不良信息记录等三部分。

A. 市场主体登记信息

B. 基本信息

C. 人员信息

D. 经营信息

【解析】纳税人信用历史信息包括基本信息和评价年度之前的纳税信用记录，以及相关部门评定的优良信用记录和不良信用记录。

【答案】B

13. 纳税信用等级评价中，本评价年度不能评为 A 级的是（　　）。

A. 实际生产经营期不满 5 年的

B. 上一评价年度纳税信用评价结果为 C 级的

C. 增值税连续 3 个月或累计 6 个月零申报、负申报的

D. 上一评价年度纳税信用评价结果为 D 级的

【解析】有下列情形之一的纳税人，本评价年度不能评为 A 级：实际生产经营期不满 3 年的；上一评价年度纳税信用评价结果为 D 级的；非正常原因一个评价年度内增值税连续 3 个月或者累计 6 个月零申报、负申报的；不能按照国家统一的会计制度规定设置账簿，并根据合法、有效凭证核算，向税务机关提供准确税务资料的。

【答案】D

14. 根据纳税信用评价等级的管理规定，A 级纳税人信用为年度评价指标得分 90 分及以上的。下列情形中，纳税人在本评价年度不能评为 A 级的是（　　）。

A. 小李的公司成立 3 年，实际生产经营期 2 年

B. 某公司上一评价年度纳税信用评价结果是 C 级

C. 小姜的公司因为会计离职，无人申报做账，其增值税申报连续 2 个月零申报，并在第 3 个月恢复正常申报，并对前面属期报表进行了更正

D. 小王的公司按照国家统一的会计制度规定设置账簿，并根据合法、有效凭证核算，向税务机关提供准确的税务资料

【解析】根据《纳税信用管理办法（试行）》规定，实际生产经营不满 3 年的纳税人不能在本评价年度评为 A 级。

【答案】A

15. 为建立促进诚信纳税机制，税务机关对纳税人的纳税信用级别实行动态调整。下列关于纳税信用级别动态调整的说法不正确的是（　　）。

A. 因税务检查等发现纳税人以前评价年度存在直接判为 D 级情形的，主管税务机关应调整其相应评价年度纳税信用级别为 D 级，该 D 级评价保留至下一年度

B. 主管税务机关按月开展纳税信用级别动态调整工作

C. 主管税务机关完成动态调整工作后，于次月初 5 个工作日内将动态调整情况上报至省税务机关备案，并发布 A 级纳税人变动情况通告

D. 纳税信用年度评价结果发布前，主管税务机关发现纳税人在评价年度存在动态调整情形的，应调整后再发布评价结果

【解析】根据《国家税务总局关于完善纳税信用管理有关事项的公告》(国家税务总局公告2016年第9号)规定，因税务检查等发现纳税人以前评价年度存在直接判为D级情形的，主管税务机关应调整其相应评价年度纳税信用级别为D级，并记录动态调整信息，该D级评价不保留至下一年度。

【答案】A

16. A公司是增值税一般纳税人，因经营需要想一次领取3个月的增值税发票用量，该公司的纳税信用等级应达到（　　）。

A. A级　　B. B级

C. C级　　D. D级

【解析】根据《国家税务总局关于按照纳税信用等级对增值税发票使用实行分类管理有关事项的公告》(国家税务总局公告2016年第71号)规定，纳税信用A级的纳税人可一次领取不超过3个月的增值税发票用量，纳税信用B级的纳税人可一次领取不超过2个月的增值税发票用量。以上两类纳税人生产经营情况发生变化，需要调整增值税发票用量，手续齐全的，按照规定即时办理。

【答案】A

17. 关于信用等级评价，下列说法不正确的是（　　）。

A. 非正常户失信行为纳税信用修复一个纳税年度内只能申请一次

B. 纳税信用修复后纳税信用级别不再为D级的纳税人，其直接责任人注册登记或者负责经营的其他纳税人之后被关联为D级的，可向主管税务机关申请解除纳税信用D级关联

C. 因其他失信行为纳税信用直接判为D级的纳税人，已纠正纳税信用失信行为、履行税收法律责任，申请前连续12个月没有新增纳税信用失信行为记录的，可以申请信用等级修复

D. 因上一年度纳税信用直接判为D级，本年度纳税信用保留为D级的纳税人，已纠正纳税信用失信行为、履行税收法律责任或失信主体信息已按照国家税务总局相关规定不予公布或停止公布，申请前连续12个月没有新增纳税信用失信行为记录的，可以申请信用等级修复

【解析】根据《国家税务总局关于纳税信用修复有关事项的公告》(国家税务总局公告2019年第37号)规定，纳税信用修复后纳税信用级别不再为D级的纳税人，其直接责任人注册登记或者负责经营的其他纳税人之前被关联为D级的，可向主管税务机关申请解除纳税信用D级关联。

【答案】B

18. 纳税人向税务机关申请税收法律救济的主要形式不包括（　　）。

A. 提请行政处罚听证

B. 提起行政诉讼

C. 提请行政复议

D. 申请行政赔偿

【解析】纳税人向税务机关申请税收法律救济的主要形式不包括提起行政诉讼。

【答案】B

19. 按照《纳税信用管理办法（试行）》规定，下列不属于应予纳税信用 A 级纳税人的激励措施的是（　　）。

A. 主动向社会公告年度 A 级纳税人名单

B. 一般纳税人可单次领取 3 个月的增值税发票用量

C. 普通发票按需领用

D. 除专项、专案检查以及金税协查等检查外，两年内可以免除税务检查

【解析】根据《纳税信用管理办法（试行）》规定，税务机关应主动向社会公告年度 A 级纳税人名单，一般纳税人可单次领取 3 个月的增值税发票用量，普通发票按需领用。

【答案】D

20. 纳税人的权利不包括（　　）。

A. 知情权、保密权、税收监督权

B. 纳税申报方式选择权、申请延期申报权、申请延期缴纳税款权、申请退还多缴税款权、依法享受税收优惠权

C. 委托税务代理权、陈述与申辩权、税收法律救济权、对未出示税务检查证和税务检查通知书的拒绝检查权

D. 检举权、索取行政赔偿权、隐私权

【解析】依据《国家税务总局关于纳税人权利与义务的公告》（国家税务总局公告 2009 年第 1 号）相关规定。

【答案】D

21. 纳税信用信息的主要发布渠道不包括（　　）。

A. 资源共享　　B. 政务共享

C. 依申请查询　　D. 有限共享

【解析】纳税信用信息的发布渠道包括社会共享、政务共享、有限共享和依申请查询。

【答案】A

22. 日常征集是（　　）税务机关对税收管理服务各个环节开展的纳税人需求征集，原则上每半年归集整理一次。

A. 省以下　　B. 市以下

C. 县以下　　D. 总局以下

【解析】根据《国家税务总局关于加强纳税人需求管理工作的通知》(税总发〔2016〕128号)规定，日常征集是省以下税务机关对税收管理服务各个环节开展的纳税人需求征集，原则上每半年归集整理一次。

【答案】A

23.（　　）是各级税务机关结合税收重点工作，针对某一类问题或某个专项工作开展的纳税人需求征集，征集时间根据税收重点工作安排确定。

A. 特殊征集　　B. 专项征集

C. 特别征集　　D. 重点征集

【解析】根据《国家税务总局关于加强纳税人需求管理工作的通知》(税总发〔2016〕128号)规定，专项征集是各级税务机关结合税收重点工作，针对某一类问题或某个专项工作开展的纳税人需求征集，征集时间根据税收重点工作安排确定。

【答案】B

24. 某纳税人因公司办公地点距离办税服务厅距离较远，向当地税务局提出需求，希望在公司附近专门为其设立办税服务厅，税务局应该（　　）。

A. 不作响应　　B. 合理考虑

C. 满足纳税人需求　　D. 明确拒绝

【解析】根据《国家税务总局关于加强纳税人需求管理工作的通知》(税总发〔2016〕128号)规定，各级税务机关对纳税人需求进行分析评估，对违反法律、法规、规章有关规定，超越现实资源和条件，反映事实不清等非正当纳税人需求，税务机关不作响应。

【答案】A

25. 国家税务总局、省税务机关围绕税收工作重点，开展覆盖（　　）三个层级税务机关、涉及多项调查指标的全面调查。

A. 总局、省、市　　B. 省、市、区

C. 省、市、县　　D. 市、县、区

【解析】根据国家税务总局满意度调查相关规定，国家税务总局、省税务机关围绕税收工作重点，开展覆盖省、市、县三个层级税务机关、涉及多项调查指标的全面调查。

【答案】C

26. 全面调查每（　　）一次，由税务总局、省税务机关决定是否开展全面调查，市以下税务机关不得自行开展全面调查。

A. 一年　　B. 两年

C. 三年　　D. 四年

【解析】根据国家税务总局满意度调查相关规定，全面调查每两年一次，由税务总局、省税务机关决定是否开展全面调查，市以下税务机关不得自行开展全面调查。

【答案】B

27. 各级税务机关的（　　）是纳税服务投诉的主管部门，负责纳税服务投诉的接收、受理、调查、处理、反馈等事项。

A. 纳税服务部门　　B. 信访部门

C. 12366 中心　　D. 办税服务厅

【解析】根据《纳税服务投诉管理办法》规定，各级税务机关的纳税服务部门是纳税服务投诉的主管部门，负责纳税服务投诉的接收、受理、调查、处理、反馈等事项。需要其他部门配合的，由纳税服务部门进行统筹协调。

【答案】A

28. 纳税人对纳税服务的投诉，可以向本级税务机关提交，也可以向其（　　）提交。

A. 本级政府信访部门

B. 本级纪委监委

C. 上级税务机关

D. 上级政府信访部门

【解析】根据《纳税服务投诉管理办法》规定，纳税人对纳税服务的投诉，可以向本级税务机关提交，也可以向其上级税务机关提交。

【答案】C

29. 税务机关收到投诉后应于（　　）内决定是否受理，并按照“谁主管、谁负责”的原则办理或转办。

A. 1 个工作日　　B. 2 个工作日

C. 3 个工作日　　D. 4 个工作日

【解析】根据《纳税服务投诉管理办法》规定，税务机关收到投诉后应于 1 个工作日内决定是否受理，并按照“谁主管、谁负责”的原则办理或转办。

【答案】A

## 二、多项选择题

1. 下列属于纳税人权利的有（　　）。

A. 索取有关税收凭证

B. 代扣、代收税款

C. 陈述与申辩

D. 委托税务代理

【解析】选项 B 属于纳税人义务。

【答案】ACD

2. 下列属于纳税人需求分析的内容有（　　）。

A. 政策落实需求　　B. 征管执法需求

C. 法律救济需求　　D. 税收筹划需求

【解析】纳税人需求包括政策落实、征管执法、服务规范、法律救济、信息化建设、人员素质和其他需求。

【答案】ABC

3. 纳税人需求管理工作的原则包括（　　）。

A. 依法服务　　B. 统筹协调

C. 全员参与　　D. 科学高效

【解析】选项 C 应为自愿参与，以遵循自愿为准则，尊重纳税人合法权益，税务机关开展纳税人需求征集工作，不得违背纳税人意愿强制其参与，也不得以任何形式频繁打扰纳税人。

【答案】ABD

4. 涉税信息查询是税务机关提供的权益保护的服务措施，根据涉税业务实际，可分为（　　）。

A. 社会公众涉税公开信息查询

B. 纳税人涉税信息查询

C. 第三方涉税保密信息查询

D. 税收案件处理结果查询

【解析】涉税信息查询是税务机关提供的权益保护的服务措施，根据涉税业务实际，可分为社会公众涉税公开信息查询、纳税人涉税信息查询和第三方涉税保密信息查询。

【答案】ABC

5. 纳税人可以通过网站、客户端软件、自助办税终端等渠道，经过有效身份认证和识别，可以自行查询的涉税信息包括（　　）。

A. 自身税费缴纳情况

B. 自身纳税信用评价结果

C. 客户的税费缴纳情况

D. 客户涉税事项办理进度

【解析】根据《涉税信息查询管理办法》规定，纳税人可以通过网站、客户端软件、自助办税终端等渠道，经过有效身份认证和识别，自行查询税费缴纳情况、纳税信用评价结果、涉税事项办理进度等自身涉税信息。

【答案】AB

6. 下列属于对服务质效投诉的有（　　）。

A. 对税务机关及其工作人员未按规定落实首问责任的投诉

B. 对税务机关未能向纳税人提供便利化办税渠道的投诉

C. 对税务机关工作人员服务用语不符合文明服务规范的投诉

D. 对税务机关及其工作人员擅自要求纳税人提供规定以外资料的投诉

【解析】选项 C 属于对服务言行的投诉。

【答案】ABD

7. 下列投诉中，税务机关不予受理的有（　　）。

A. 纳税人虽进行匿名投诉

B. 对税务机关已经处理完毕且经上级税务机关复核的相同投诉事项再次投诉的

C. 对税务机关依法、依规受理，且正在办理的服务投诉再次投诉的

D. 对申请税务行政复议的具体行政行为的投诉

【解析】纳税人虽进行匿名投诉，但投诉的事实清楚、理由充分，有明确的被投诉人，投诉内容具有典型性的应当受理。

【答案】BCD

8. 税务机关调查人员与（　　）有利害关系的，应当回避。

A. 投诉事项　　B. 投诉人

C. 被投诉人　　D. 受理机关

【解析】税务机关调查人员与投诉事项或者投诉人、被投诉人有利害关系的，应当回避。

【答案】ABC

9. 税务机关应自受理之日起 3 个工作日内办结的投诉事项有（　　）。

A. 税务机关及其工作人员未准确掌握税收法律法规等相关规定，导致纳税人应享受未享受税收优惠政策的投诉

B. 自然人纳税人提出的个人所得税服务投诉

C. 企业提出的非税收入征缴服务投诉

D. 涉及其他重大政策落实的服务投诉

【解析】选项 C 应为自然人缴费人提出的社会保险费和非税收入征缴服务投诉。

【答案】ABD

10. 调查过程中应当终结调查的投诉情形有（　　）。

A. 投诉事实经查不属于纳税服务投诉事项的

B. 投诉内容不具体

C. 投诉人自行撤销投诉

D. 调查过程中发现不属于税务机关职责范围的

【解析】选项B投诉内容不具体，无法联系投诉人或者投诉人拒不配合调查，导致无法调查核实的；选项C投诉人自行撤销投诉，经核实确实不需要进一步调查的。

【答案】AD

11. 下列属于纳税服务投诉范围的有（　　）。

A. 对税务机关工作人员服务言行进行的投诉

B. 对税务机关及其工作人员服务质效进行的投诉

C. 针对法律、法规、规章和规范性文件规定进行的投诉

D. 对税务机关及其工作人员在履行纳税服务职责过程中侵害其合法权益的行为进行的投诉

【解析】纳税服务投诉包括：纳税人对税务机关工作人员服务言行进行的投诉，纳税人对税务机关及其工作人员服务质效进行的投诉，纳税人对税务机关及其工作人员在履行纳税服务职责过程中侵害其合法权益的行为进行的其他投诉。

【答案】ABD

12. 下列情形中，国家不承担赔偿责任的有（　　）。

A. 行政机关工作人员与行使职权无关的个人行为

B. 因公民、法人和其他组织自己的行为致使损害发生的

C. 行政机关及其工作人员在行使行政职权时造成公民身体伤害

D. 行政机关及其工作人员在行使行政职权时违法征收、征用财产

【解析】选项C、D属于赔偿范围。

【答案】AB

13. 纳税信用等级评价中，以下在本评价年度直接判为D级的有（　　）。

A. 由D级纳税人的直接责任人员在被评价为D级之前注册登记的企业

B. 在规定期限内未按税务机关处理结论缴纳或者足额缴纳税款、滞纳金和罚款并在评价年度记录

C. 在评价年度12月31日为非正常状态

D. 由非正常户直接责任人员在认定为非正常户之后注册登记或负责经营的企业

【解析】由D级纳税人的直接责任人员在被评价为D级之后注册登记的企业，在本评价年度直接被判为D级，故选项A错误。

【答案】BCD

14. 纳税人需要申请纳税信用补评的，可以填写《纳税信用补评申请表》，向主管税务机关申请补充纳税信用评价，下列情形解除后，可以申请补充纳税信用评价的有（　　）。

A. 纳税人因涉嫌税收违法被立案查处尚未结案的

B. 纳税人因被审计、财政部门依法查出税收违法行为，税务机关正在依法处理，尚未办结的

C. 纳税人已申请税务行政复议、提起行政诉讼尚未结案的

D. 对当期评价结果有异议的

【解析】根据《国家税务总局关于明确纳税信用补评和复评事项的公告》（国家税务总局公告2015年第46号）规定，纳税人因《纳税服务投诉管理办法》第十七条第三、四、五项所列情形解除，或对当期未予评价有异议的，可填写《纳税信用补评申请表》，向主管税务机关申请补充纳税信用评价。《纳税信用管理办法（试行）》第十七条第三、四、五项为因涉嫌税收违法被立案查处尚未结案的；被审计、财政部门依法查出税收违法行为，税务机关正在依法处理，尚未办结的；已申请税务行政复议、提起行政诉讼尚未结案的。

【答案】ABC

15. 税务机关对纳税信用评价为A级的纳税人采取一定的激励措施，以促进企业依法诚信纳税。下列选项中属于对A级纳税人激励措施的有（　　）。

A. 一般纳税人可单次领取3个月的增值税发票用量，需要调整增值税发票用量时即时办理

B. 由税务机关提供绿色通道或专门人员帮助办理涉税事项

C. 主动向社会公告年度A级纳税人名单

D. 普通发票按需领用

【解析】根据《纳税信用管理办法（试行）》第二十九条规定，连续3年被评为A级信用级别的纳税人，可以由税务机关提供绿色通道或专门人员帮助办理涉税事项。

【答案】ACD

16. 纳税人需求征集的类型有（　　）。

A. 全面征集　　B. 日常征集

C. 专项征集　　D. 电话征集

【解析】参见《国家税务总局关于加强纳税人需求管理工作的通知》（税总发〔2016〕128号）的相关规定。

【答案】ABC

17. 纳入纳税信用管理的企业纳税人，符合下列条件（　　）之一的，可在规定期限内向主管税务机关申请纳税信用修复。

A. 破产企业或其管理人在重整或和解程序中，已依法缴纳税款、滞纳金、罚款，并纠正相关纳税信用失信行为的

B. 因确定为重大税收违法失信主体，纳税信用直接判为D级的纳税人，失信主体信息已按照国家税务总局相关规定不予公布或停止公布，申请前连续

12 个月没有新增纳税信用失信行为记录的

C. 由纳税信用 D 级纳税人的直接责任人员注册登记或者负责经营，纳税信用关联评价为 D 级的纳税人，申请前连续 6 个月没有新增纳税信用失信行为记录的

D. 纳税人因被审计、财政部门依法查出税收违法行为，税务机关正在依法处理，已经办结的

E. 因其他失信行为纳税信用直接判为 D 级的纳税人，已纠正纳税信用失信行为、履行税收法律责任，申请前连续 12 个月没有新增纳税信用失信行为记录的

【解析】根据《国家税务总局关于纳税信用评价与修复有关事项的公告》（国家税务总局公告 2021 年第 31 号）规定，符合下列条件之一的纳税人，可向主管税务机关申请纳税信用修复：①破产企业或其管理人在重整或和解程序中，已依法缴纳税款、滞纳金、罚款，并纠正相关纳税信用失信行为的。②因确定为重大税收违法失信主体，纳税信用直接判为 D 级的纳税人，失信主体信息已按照国家税务总局相关规定不予公布或停止公布，申请前连续 12 个月没有新增纳税信用失信行为记录的。③由纳税信用 D 级纳税人的直接责任人员注册登记或者负责经营，纳税信用关联评价为 D 级的纳税人，申请前连续 6 个月没有新增纳税信用失信行为记录的。④因其他失信行为纳税信用直接判为 D 级的纳税人，已纠正纳税信用失信行为、履行税收法律责任，申请前连续 12 个月没有新增纳税信用失信行为记录的。⑤因上一年度纳税信用直接判为 D 级，本年度纳税信用保留为 D 级的纳税人，已纠正纳税信用失信行为、履行税收法律责任或失信主体信息已按照国家税务总局相关规定不予公布或停止公布，申请前连续 12 个月没有新增纳税信用失信行为记录的。

【答案】ABCE

18. 以下属于纳税信用评价信息的有（　　）。

A. 纳税人逾期申报记录

B. 纳税人欠税 5 万元以上，纳税人处置其不动产或大额资产之前未向税务机关报告

C. 纳税人在市场监管部门完成股权转让变更登记或其他涉税变更登记，未向税务机关报告相关信息

D. 纳税人生产假冒伪劣产品被市场监管部门曝光

【解析】纳税信用信息包括纳税人信用历史信息、税务内部信息、外部信息。其中税务内部信息包括经常性指标信息和非经常性指标信息，选项 A“纳税人逾期申报记录”属于经常性指标信息。

外部信息包括外部参考信息和外部评价信息，外部评价信息是指从相关部门取得

的影响纳税人纳税信用评价的指标信息。选项 B、C 属于外部评价信息。可参见《纳税信用评价指标和评价方式（试行）》（国家税务总局公告 2014 年第 48 号）外部评价指标相关内容。

【答案】ABC

19. 关于纳税信用修复，下列说法正确的有（　　）。

A. 非正常户失信行为纳税信用修复一个纳税年度内只能申请一次

B. 纳税信用修复后纳税信用级别不再为 D 级的纳税人，其直接责任人注册登记或者负责经营的其他纳税人之前被关联为 D 级的，可向主管税务机关申请解除纳税信用 D 级关联

C. 主管税务机关自受理纳税信用修复申请之日起 15 个工作日内完成审核，并向纳税人反馈信用修复结果

D. 税务机关发现纳税人未履行信用修复承诺，通过提交虚假材料申请纳税信用修复的，在核实后撤销已完成的纳税信用修复，并在纳税信用年度评价中按次扣 5 分

【解析】参见《国家税务总局关于纳税信用管理有关事项的公告》（国家税务总局公告 2020 年第 15 号）、《国家税务总局关于纳税信用修复有关事项的公告》（国家税务总局公告 2019 年第 37 号）。

【答案】ABCD

20. 各级税务机关对纳税人需求进行分析评估，对（　　）等非正当纳税人需求，税务机关不作响应。

A. 违反法律、法规、规章有关规定

B. 超越现实资源和条件

C. 反映事实不清

D. 可能会造成税务机关不便

【解析】根据《国家税务总局关于加强纳税人需求管理工作的通知》（税总发〔2016〕128 号）规定，各级税务机关对纳税人需求进行分析评估，分别采取不同的处理方式。对违反法律、法规、规章有关规定，超越现实资源和条件，反映事实不清等非正当纳税人需求，税务机关不作响应。

【答案】ABC

21. 税务机关要建立（　　）的纳税人需求响应机制。

A. 分工负责　　B. 分级办理

C. 分类处理　　D. 分级回复

【解析】根据《国家税务总局关于加强纳税人需求管理工作的通知》（税总发〔2016〕128 号）规定，税务机关要建立分工负责、分级办理、分类处理的纳税人需求

响应机制。

【答案】ABC

22. 纳税人需求管理的结果运用主要包括（　　）。

A. 提升满意　　B. 改进工作

C. 辅助决策　　D. 定期公开

【解析】根据《国家税务总局关于加强纳税人需求管理工作的通知》（税总发〔2016〕128号）规定，纳税人需求管理的结果运用主要包括：改进工作、辅助决策、定期公开。

【答案】BCD

23. 纳税人满意度调查可采用（　　）等方式开展。

A. 电话　　B. 网络

C. 信函　　D. 入户走访

E. 窗口服务评价

【解析】纳税人满意度调查可采用电话、网络、信函、入户走访、窗口服务评价等方式开展。相关方式的调查在同一年度内最多只能进行一次。调查过程遵循纳税人自愿原则，保证调查结果客观、真实、公正。

【答案】ABCDE

24. 税务机关在本单位职责权限内，按照法律法规规定向查询申请单位或个人提供有关纳税人的涉税保密信息。人民法院、人民检察院、公安机关和审计机关向税务机关提出查询申请时需提供的材料有（　　）。

A.《纳税人 扣缴义务人涉税保密信息查询申请表》

B. 单位介绍信

C. 查询人有效身份证明原件

D. 涉案基本情况

【解析】根据《全国税务机关纳税服务规范（3.0版）》规定，人民法院、人民检察院、公安机关和审计机关向税务机关提出查询申请时需提供以下材料：

（1）《纳税人 扣缴义务人涉税保密信息查询申请表》；

（2）单位介绍信；

（3）查询人有效身份证明原件。

【答案】ABC

25. 税务机关在本单位职责权限内，按照法律法规规定向查询申请单位或个人提供有关纳税人的涉税保密信息。抵押权人、质权人申请查询纳税人欠税有关情况时需提供的材料有（　　）。

A.《纳税人 扣缴义务人涉税保密信息查询申请表》

B. 合法有效的抵押合同或者质押合同的原件

C. 查询人本人有效身份证明原件

D. 单位介绍信

【解析】根据《全国税务机关纳税服务规范（3.0版）》规定，抵押权人、质权人申请查询纳税人欠税有关情况时需提供以下材料：

（1）《纳税人 扣缴义务人涉税保密信息查询申请表》；

（2）合法有效的抵押合同或者质押合同的原件；

（3）查询人本人有效身份证明原件。

【答案】ABC

26. 对于纳税人的涉税保密信息，税务机关和税务人员应依法为其保密。下列情形中，可以向外部门、社会公众或个人提供的有（　　）。

A. 按照法律、法规的规定应予公布的信息

B. 法定第三方依法查询的信息

C. 纳税人自身查询的信息

D. 经纳税人同意公开的信息

【解析】对于纳税人的涉税保密信息，税务机关和税务人员应依法为其保密。除下列情形外，不得向外部门、社会公众或个人提供：

（1）按照法律、法规的规定应予公布的信息；

（2）法定第三方依法查询的信息；

（3）纳税人自身查询的信息；

（4）经纳税人同意公开的信息。

【答案】ABCD

27. 下列投诉内容存在的情形，不属于纳税服务投诉的范围的有（　　）。

A. 违反法律、法规、规章有关规定的

B. 针对法律、法规、规章和规范性文件规定进行投诉的

C. 超出税务机关法定职责和权限的

D. 不属于《纳税服务投诉管理办法》投诉范围的其他情形

【解析】投诉内容存在以下情形的，不属于纳税服务投诉的范围：

（1）违反法律、法规、规章有关规定的；

（2）针对法律、法规、规章和规范性文件规定进行投诉的；

（3）超出税务机关法定职责和权限的；

（4）不属于《纳税服务投诉管理办法》投诉范围的其他情形。

【答案】ABCD

28. 纳税人可以提出投诉的方式有（　　）。

A. 网络　　B. 电话

C. 信函　　D. 当面

【解析】根据《纳税服务投诉管理办法》规定，纳税人可以通过网络、电话、信函或者当面等方式提出投诉。

【答案】ABCD

29. 各级税务机关应当向纳税人公开负责纳税服务投诉机构的事项有（　　）。

A. 通信地址　　B. 投诉电话

C. 税务网站　　D. 其他便利投诉的

【解析】根据《纳税服务投诉管理办法》规定，各级税务机关应当向纳税人公开负责纳税服务投诉机构的通信地址、投诉电话、税务网站和其他便利投诉的事项。

【答案】ABCD

30. 调查纳税服务投诉事项，应当由两名以上工作人员参加，一般流程为（　　）。

A. 核实情况　　B. 沟通调解

C. 提出意见　　D. 处理回复

【解析】根据《纳税服务投诉管理办法》规定，调查纳税服务投诉事项，应当由两名以上工作人员参加。一般流程为：

（1）核实情况。查阅文件资料，调取证据，听取双方陈述事实和理由，必要时可向其他组织和人员调查或实地核查。

（2）沟通调解。与投诉人、被投诉人确认基本事实，强化沟通，化解矛盾，促进双方就处理意见达成共识。

（3）提出意见。依照有关法律、法规、规章及其他有关规定提出处理意见。

【答案】ABC

31. 申请人申请行政复议的方式有（　　）。

A. 书面申请　　B. 口头申请

C. 电话申请　　D. 网络申请

【解析】申请人申请行政复议，可以书面申请，也可以口头申请；口头申请的，复议机关应当当场记录申请人的基本情况、行政复议请求、申请行政复议的主要事实、理由和时间。

【答案】AB

32.《纳税信用管理办法（试行）》适用于已办理市场主体登记，从事生产、经营并适用查账征收的（　　）。

A. 独立核算企业　　B. 个人独资企业

C. 个人合伙企业　　D. 个体工商户

【解析】根据《国家税务总局关于明确纳税信用管理若干业务口径的公告》（国家税务总局公告2015年第85号）规定，《纳税信用管理办法（试行）》适用于已办理市场主体登记，从事生产、经营并适用查账征收的独立核算企业、个人独资企业和个人合伙企业。

【答案】ABC

33. 纳税信用管理遵循的原则有（　　）。

A. 客观公正　　B. 标准统一

C. 分级分类　　D. 动态调整

【解析】根据《纳税信用管理办法（试行）》规定，纳税信用管理遵循客观公正、标准统一、分级分类、动态调整的原则。

【答案】ABCD

## 三、判断题

1. 需求日常征集是各级税务机关对税收管理服务各个环节开展的纳税人需求征集，原则上每年归集整理一次。（　　）

【解析】日常征集是省以下税务机关对税收管理服务各个环节开展的纳税人需求征集，原则上每半年归集整理一次。

【答案】错误

2. 纳税满意度调查全面调查每两年一次，由国家税务总局、省税务机关决定是否开展全面调查，市以下税务机关可以自行开展全面调查。（　　）

【解析】全面调查每两年一次，由国家税务总局、省税务机关决定是否开展全面调查，市以下税务机关不得自行开展全面调查。

【答案】错误

3. 纳税人满意度调查可采用电话、网络、信函、入户走访、窗口服务评价等方式开展。相关方式的调查在同一年度内最多只能进行一次。调查过程需管辖纳税人全面参与，保证调查结果客观、真实、公正。（　　）

【解析】调查可采用电话、网络、信函、入户走访、窗口服务评价等方式开展。相关方式的调查在同一年度内最多只能进行一次。调查过程遵循纳税人自愿原则，保证调查结果客观、真实、公正。

【答案】错误

4. 纳税人对纳税服务的投诉，应向本级税务机关提交。（　　）

【解析】纳税人对纳税服务的投诉，可以向本级税务机关提交，也可以向其上级税务机关提交。

【答案】错误

5. 纳税人通过电话或者当面方式提出投诉的，税务机关可以对投诉内容进行录音或者录像。（　　）

【解析】纳税人通过电话或者当面方式提出投诉的，税务机关在告知纳税人的情况下可以对投诉内容进行录音或者录像。

【答案】错误

6. 对征收税款行为既可以直接向法院起诉，也可以先选择申请行政复议，对复议决定不服的再向法院起诉。（　　）

【解析】对征收税款行为需先选择申请行政复议，对复议决定不服的再向法院起诉。

【答案】错误

7. 市级以上税务机关的纳税服务管理部门具体办理纳税服务投诉事项，负责受理、调查、处理纳税服务投诉。（　　）

【解析】根据《纳税服务投诉管理办法》第七条规定，各级税务机关的纳税服务部门是纳税服务投诉的主管部门，负责纳税服务投诉的接收、受理、调查、处理、反馈等事项。需要其他部门配合的，由纳税服务部门进行统筹协调。

【答案】错误

8. 因税务检查等发现纳税人以前评价年度需扣减信用评价指标得分或者直接判级的，税务机关应按规定调整其本年度纳税信用评价结果和记录。（　　）

【解析】应按规定调整其以前年度纳税信用评价结果和记录。

【答案】错误

9. 对纳税人提出的复杂涉税需求，应于60个工作日内响应或反馈。（　　）

【解析】根据《国家税务总局关于加强纳税人需求管理工作的通知》（税总发〔2016〕128号）规定，对纳税人提出的复杂涉税需求，应于30个工作日内响应或反馈。

【答案】错误

10. 已就具体行政行为申请税务行政复议或者提起税务行政诉讼，且被依法受理的，可以同时进行纳税服务投诉。（　　）

【解析】已就具体行政行为申请税务行政复议或者提起税务行政诉讼，且被依法受理的，税务机关不予受理纳税服务投诉。

【答案】错误

11. 各级税务机关根据税收工作现状，原则上委托第三方专业机构对税务机关在政务公开、纳税服务、涉税审批、税收征管、税务检查、法律救济、廉政建设等方面情况开展纳税人满意度调查。（　　）

【解析】各级税务机关根据税收工作现状，可自行组织或委托第三方专业机构对税务机关在政务公开、纳税服务、涉税审批、税收征管、税务检查、法律救济、廉政建设等方面情况开展纳税人满意度调查。

【答案】错误

12. 某公司实名认证的会计人员可以通过登录电子税务局查询该公司的纳税信用等级。（ ）

【解析】纳税人可以通过网站、客户端软件、自助办税终端等渠道，经过有效身份认证和识别，自行查询税费缴纳情况、纳税信用评价结果、涉税事项办理进度等自身涉税信息。

【答案】正确

13. 纳税人书面申请查询，要求税务机关出具书面查询结果的，税务机关有权拒绝并口头答复纳税人申请。（ ）

【解析】纳税人书面申请查询，要求税务机关出具书面查询结果的，税务机关应当出具《涉税信息查询结果告知书》。

【答案】错误

14. 各级税务机关应当配备专职人员或者兼职人员从事纳税服务投诉管理工作，保障纳税服务投诉工作的顺利开展。（ ）

【解析】根据《纳税服务投诉管理办法》规定，各级税务机关应当配备专职人员从事纳税服务投诉管理工作，保障纳税服务投诉工作的顺利开展。

【答案】错误

15. 纳税人进行纳税服务投诉原则上以实名提出，也可以匿名提出。（ ）

【解析】根据《纳税服务投诉管理办法》规定，纳税人进行纳税服务投诉原则上以实名提出。

【答案】错误

## 四、简答题

1. 请简述纳税服务投诉中，税务机关不予受理的情形。

【答案】应从以下方面进行阐述：

（1）对税务机关已经处理完毕且经上级税务机关复核的相同投诉事项再次投诉的。

（2）对税务机关依法、依规受理，且正在办理的服务投诉再次投诉的。

（3）不属于投诉范围的其他情形。

（4）已就具体行政行为申请税务行政复议或者提起税务行政诉讼，但具体行政行为存在不符合文明规范言行问题的，可就该问题单独向税务机关进行投诉。

2. 请根据《国家税务总局 中国银行保险监督管理委员会关于深化和规范“银税互动”工作的通知》（税总发〔2019〕113 号），回答如何深挖合作潜能，充分发挥“银税互动”普惠效能。

【答案】应从以下方面进行阐述：

（1）扩大“银税互动”受惠企业范围。银行业金融机构逐步将申请“银税互动”贷款的受惠企业范围由纳税信用 A 级和 B 级企业扩大至 M 级企业。

（2）积极推进银税数据直连。各省应结合本地实际情况，加快推进税务和银行之间“省对省”数据直连工作机制。

（3）创新“银税互动”信贷产品。

**五、案例分析题**

1. 2024 年 4 月 18 日是 4 月申报期最后一天，B 市 A 区税务局办税服务厅熙熙攘攘，前来办理纳税申报的人络绎不绝。纳税人员小王因公司第一季度企业所得税申报出现问题，前来申报窗口咨询工作人员小刘。

“请问我们公司第一季度符合小型微利企业税收优惠政策，报表怎么填呢?”纳税人小王问道。

“你公司符合小型微利企业税收优惠政策，在申报前需先进行小型微利企业税收优惠政策备案，您是否已经备案?”工作人员小刘问道。

“没有。”纳税人小王回答道。

因申报期即将截止，为避免逾期申报，小王在工作人员小刘的指导下按不享受优惠政策的情形填写了季度所得税申报表，并缴纳了税款。

次日，小王向同行咨询得知，小型微利企业税收优惠政策的享受无须进行备案。小王认为公司的合法权益受到了损害，直接向 B 市税务局进行投诉，B 市税务局于当天将投诉事项转办 A 区税务局，A 区税务局于 4 月 22 日对该投诉进行了审查并受理，并安排工作人员李某进行调查核实。经调查该投诉事项属实，于是对小刘进行了批评教育，责令其于 4 月 26 日前向纳税人赔礼道歉并检讨。4 月 29 日 A 区税务局将投诉处理结果书面上报了市局。市局于同日将最终结果反馈至办税人员小王。（假定 4 月均为工作日）

在上述纳税服务投诉处理过程中，有哪些不当之处，并简述理由。

【答案】应从以下方面进行阐述：

（1）纳税人 4 月 19 日进行了投诉，A 区税务局于 4 月 22 日才审查受理，超过了规定的 1 个工作日期限。

（2）A 区仅安排李某一人进行调查，违反了《纳税服务投诉管理办法》规定的“调查处理纳税服务投诉事项，应当由两名以上工作人员参加”。

（3）4 月 29 日投诉事项处理结束，超过规定的时间限制。该类投诉属于对小微企业税收优惠政策落实不到位的投诉，应在 3 个工作日内办结。

2. 某企业系一般纳税人，2017 年开始生产经营，2023 年发生纳税评估。

（1）若企业 2023 年 1—3 月有非正常原因增值税连续零申报，无其他扣分项目，2023 年纳税信用评价级别应为什么级别？

【答案】应从以下方面进行阐述：

2023 年有发生纳税评估，该纳税人起评分为 100 分，2023 年 1—3 月有非正常原因增值税连续零申报，纳税信用评价指标得分减除 11 分，2023 年度税信用评价指标得分 89 分，故 2023 年度该纳税人纳税信用评价级别为 B 级。

（2）若该企业 2023 年 9 月未按规定期限缴纳已申报增值税 160 元，无其他扣分项目。当年纳税信用评价级别应为什么级别？

【答案】应从以下方面进行阐述：

2023 年有发生纳税评估，该纳税人起评分为 100 分，2023 年 9 月未按规定期限缴纳已申报增值税 160 元，A 级纳税信用评价指标得分减除 5 分，2023 年度税信用评价指标得分 95 分，故 2023 年度该纳税人纳税信用评价级别为 A 级。

（3）若 2022 年该企业因直接判级纳税信用级别评为 D 级，则 2023 年纳税信用评价级别应为什么级别？2024 年纳税信用评价级别可以评为 A 级吗？

【答案】应从以下方面进行阐述：

该纳税人 2022 年纳税信用级别为 D 级，上一评价年度按照评价指标被评为 D 级的企业，本评价年度保留 D 级评价，次年不得评为 A 级。因此 2023 年该纳税人纳税信用级别 D 级，2024 年不予评为 A 级。

（4）若纳税评估发现企业在 2020 年有虚开增值税专用发票的行为，2020 年纳税信用评价应当怎么处理？

【答案】应从以下方面进行阐述：

该纳税人 2020 年有虚开增值税专用发票的行为，属于直接判 D 的行为，因此应将该纳税人 2020 年纳税信用评价级别调整为 D 级。

错题、要点整理页

# 第九章　宣传咨询

## >>本章知识框架

| 节 | 细目 | 知识点 | 学习进度 |
| --- | --- | --- | --- |
| 税收宣传 | 税收政策宣传 | 【知识点 1 】税收政策宣传的概念 | |
| | | 【知识点 2 】税收政策宣传相关工作要求 | |
| | 办税流程宣传 | 【知识点 1 】办税流程宣传的概念 | |
| | | 【知识点 2 】办税流程宣传相关工作要求 | |
| | 热点问题宣传 | 【知识点 1 】热点问题宣传的概念 | |
| | | 【知识点 2 】热点问题宣传相关工作要求 | |
| | 重点专题宣传 | 【知识点 1 】重点专题宣传的概念 | |
| | | 【知识点 2 】重点专题宣传相关工作要求 | |
| | 税收宣传月宣传 | 【知识点 1 】税收宣传月宣传的概念 | |
| | | 【知识点 2 】税收宣传月相关工作要求 | |
| 涉税（费）咨询 | 电话咨询 | 【知识点 1 】电话咨询的概念 | |
| | | 【知识点 2 】电话咨询相关工作要求 | |
| | 网络咨询 | 【知识点 1 】网络咨询的概念 | |
| | | 【知识点 2 】网络咨询相关工作要求 | |
| | 面对面咨询 | 【知识点 1 】面对面咨询的概念 | |
| | | 【知识点 2 】面对面咨询相关工作要求 | |
| 培训辅导 | 新办纳税人培训辅导 | 【知识点 1 】新办纳税人培训辅导的概念 | |
| | | 【知识点 2 】新办纳税人培训辅导相关工作要求 | |
| | 税收专项培训辅导 | 【知识点 1 】税收专项培训辅导的概念 | |
| | | 【知识点 2 】税收专项培训辅导相关工作要求 | |

续表

| 节 | 细目 | 知识点 | 学习进度 |
|---|---|---|---|
| 12366 税费服务 | 12366 纳税缴费服务热线概述 | 【知识点 1】12366 纳税缴费服务热线工作目标 | |
| | | 【知识点 2】12366 纳税缴费服务热线功能定位 | |
| | 12366 纳税缴费服务热线主要工作内容 | 【知识点 1】咨询服务相关工作要求 | |
| | | 【知识点 2】税费信息查询相关工作要求 | |
| | | 【知识点 3】接受纳税服务投诉相关工作要求 | |
| | | 【知识点 4】收集意见建议相关工作要求 | |
| | | 【知识点 5】12366 热线以分中心的形式归并到所在地的 12345 热线 | |

## >> 习题演练

### 一、单项选择题

1. 以下体现税收宣传工作的重点任务的是（　　）。

A. 统筹宣传重点　　B. 做好媒体宣传

C. 推进普法教育　　D. 深化信息公开

【解析】根据《全国税务机关纳税服务规范（3.0 版）》规定，推进普法教育，开展经常性的税收宣传工作，增强全社会的税法意识，是税收宣传工作的重点任务之一。

【答案】C

2. 第 33 个全国税收宣传月的主题是（　　）。

A. 税收惠民办实事 深化改革促发展

B. 减税费优服务 助复产促发展

C. 税惠千万家 共建现代化

D. 税助发展 向新而进

【解析】第 33 个全国税收宣传月活动于 2024 年 3 月 29 日启动，主题为“税助发展 向新而进”。各地税务机关以税收宣传月为契机，通过一系列内容丰富、形式多样的宣传活动，进一步提高纳税人缴费人的税法遵从度和依法纳税缴费的荣誉感。

【答案】D

3. 税务机关对外公开的其他咨询服务电话，以下关于人工涉税（费）咨询服务时段的表述，正确的是（　　）。

A. 工作时间内

B. 工作日9：00—17：00

C. 工作日8：00—17：00

D. 每天9：00—12：00，13：00—17：00

【解析】根据《全国税务机关纳税服务规范（3.0版）》规定，税务机关对外公开的其他咨询服务电话，在工作时间内为纳税（缴费）人提供人工涉税（费）咨询服务。

【答案】A

4. 以下税收宣传事项中，属于县（区）级税务机关应当实施的是（　　）。

A. 税收政策宣传资料的制作

B. 通过税务网站发布办税流程宣传资料

C. 对咨询频率较高的热点问题进行上报

D. 通过各种渠道实施重点专题宣传

【解析】对于税收政策宣传，要求省、市税务机关纳税服务部门根据实际情况制作宣传资料，并及时将本级制作和上级下发的宣传资料发放至下一级税务机关，县税务机关1个工作日内将接收的宣传资料通过办税服务厅发放。因此选项A错误。

对于办税流程宣传，要求收到经发布核准的资料后1个工作日内，省、市税务机关通过税务网站，县税务机关通过办税服务厅公告栏、电子显示屏等渠道发布办税流程宣传资料并及时更新维护。因此选项B错误。

对于热点问题宣传，要求纳税服务部门每月初5个工作日内收集、筛选上月咨询频率较高的热点问题，整理答案并提交业务主管部门审核。业务主管部门5个工作日内完成热点问题及答案的审核并传递纳税服务部门。因此选项C错误。

对于重点专题宣传，要求税务机关通过办税服务厅、纳税人学堂、互联网、媒体等渠道，以教学讲座、税企座谈会、媒体通气会、在线访谈等多种形式开展多方位宣传，并进行效果评估，持续改进。此处的“税务机关”包含县（区）级税务机关，因此选项D正确。

【答案】D

5. 网络纳税人学堂原则上每个季度应更新教学内容，实体纳税人学堂（　　）应至少开展一次教学活动。

A. 每个季度　　B. 每个月

C. 每半年　　D. 每年

【解析】根据《国家税务总局关于加强纳税人学堂建设的通知》（税总函〔2014〕562号）规定，网络纳税人学堂原则上每个季度应更新教学内容，实体纳税人学堂每个季度应至少开展一次教学活动。

【答案】D

6. 12366 按照半小时接通率指标设定预警标准，接通率在 60% ~70% 时为（　　）级预警。

A. 一　　B. 二

C. 三　　D. 四

【解析】12366 按照半小时接通率指标设定预警标准，接通率在 70% ~80% 时为一级预警，接通率在 60% ~70% 时为二级预警，接通率低于 60% 时为三级预警。

【答案】B

7. 以下选项当中，属于税法宣传最终目的是（　　）。

A. 促进税款应缴尽缴

B. 提高纳税人税法遵从度

C. 促进税收政策全面知晓

D. 促进税收政策全面落实

【解析】根据规定，税法宣传的最终目的是提高纳税人税法遵从度。

【答案】B

8. 为确保 12366 纳税缴费服务热线顺利运转，提升答复准确率，各地税务机关应当设置一定的热线上线准备时间，其准备时间为（　　）。

A. 最多 15 分钟　　B. 最多 30 分钟

C. 最多 45 分钟　　D. 根据实际情况而定

【解析】根据《全国税务机关纳税服务规范（3.0 版）》规定，省税务机关开通 12366 纳税缴费服务热线，提供涉税（费）咨询服务。12366 纳税缴费服务热线工作时间与当地税务机关工作时间一致，包括上线准备时间和人工服务时间。上线准备时间最多为 30 分钟。

【答案】B

9. 由税务机关主办，有组织、有计划地为纳税人提供税收法律法规及相关政策规定培训辅导的网络平台和实体场所，这里的平台和场所具体是指（　　）。

A. 学习兴税　　B. 税务课堂

C. 税收辅导产品　　D. 纳税人学堂

【解析】根据《国家税务总局关于加强纳税人学堂建设的通知》（税总函〔2014〕562 号）规定，纳税人学堂是由税务机关主办的，有组织、有计划地为纳税人提供税收法律法规及相关政策规定培训辅导的网络平台和实体场所。

【答案】D

10. 12366 纳税缴费服务热线咨询员岗对不能立即答复的问题，应在向咨询人做出说明后，进行信息登记并在规定时间内生成工单转业务管理岗。这个规定的时间是（　　）。

A. 0.5 个工作日　　B. 1 个工作日

C. 3 个工作日　　D. 5 个工作日

【解析】略

【答案】B

11. 12366 纳税缴费服务热线提供的服务是（　　）。

A. 5×24 小时自动语音服务

B. 5×24 小时人工语音服务

C. 7×24 小时自动语音服务

D. 7×24 小时人工语音服务

【解析】12366 纳税缴费服务热线提供 7×24 小时自动语音服务。

【答案】C

12. 12366 纳税缴费服务热线可以通过人工语音，采取主动呼出的方式向纳税人提供纳税服务，下列不属于主动回呼的是（　　）。

A. 留言回呼　　B. 更正回呼

C. 承诺回呼　　D. 遇忙（呼损）回呼

【解析】12366 纳税缴费服务热线可以通过人工语音，采取主动呼出的方式向纳税人提供纳税服务，电话回呼包括留言回呼、纠错回呼、承诺回呼、遇忙（呼损）回呼等。

【答案】B

13. 12366 纳税缴费服务热线日常监测工作按月进行，主要采用的方式是（　　）。

A. 问卷调查　　B. 前台拨测

C. 后台抽测　　D. 测评专家匿名测评

【解析】12366 纳税缴费服务热线日常监测工作按月进行，主要采用的方法是后台抽测。

【答案】C

14. 办税公开要求税务机关应及时公开的信息不包括（　　）。

A. 税务机构和职责　　B. 税务违法处罚标准

C. 税款征收进度　　D. 欠缴税款信息

【解析】办税公开包括税收法律法规政策、服务事项、办税程序、税务违法处罚标准、办理时限、办公时间、服务人员信息以及咨询和投诉举报电话等事项。

【答案】C

15. 纳税人对自身涉税信息查询结果有异议，向税务机关申请核实不需要提交的资料是（　　）。

A. 涉税信息查询结果核实申请表

B. 纳税人本人（法定代表人或主要负责人）有效身份证件复印件

C. 原涉税信息查询结果

D. 相关证明材料

【解析】根据《涉税信息查询管理办法》规定，纳税人对自身涉税信息查询结果有异议，向税务机关申请核实并提交以下资料：①涉税信息查询结果核实申请表；②原涉税信息查询结果；③相关证明材料。

【答案】B

16. 纳税人涉税信息查询指的是税务机关依照法律法规的规定，向纳税人提供的（　　）服务。

A. 依法公开涉税信息查询

B. 依申请公开涉税信息查询

C. 自身涉税信息查询

D. 第三方涉税信息查询

【解析】根据《全国税务机关纳税服务规范（3.0 版）》规定，纳税人涉税信息查询是指税务机关依照法律法规的规定，向纳税人提供的自身涉税信息查询服务。

【答案】C

17. 实体纳税人学堂应根据工作计划或纳税人需求举办新办纳税人培训，培训通知发布时间是（　　）。

A. 提前 3 天发布

B. 提前 5 天发布

C. 提前 7 天发布

D. 提前 10 天发布

【解析】根据《国家税务总局关于加强纳税人学堂建设的通知》（税总函〔2014〕562 号）规定，实体纳税人学堂应根据工作计划或纳税人需求举办新办纳税人培训，培训通知应至少提前一周在网络纳税人学堂发布。

【答案】C

18. 税务机关对申请人申请查询涉税信息的申请资料应专门归档管理，保存期限为（　　）年。

A. 1　　B. 3

C. 5　　D. 10

【解析】根据《纳税人涉税保密信息管理暂行办法》规定，税务机关对申请人查询涉税信息的申请资料应专门归档管理，保存期限为 3 年。

【答案】B

## 二、多项选择题

1. 以下对各级税务机关税收宣传工作的组织与实施的表述中，正确的有（　　）。

A. 为强化税收宣传工作，各级税务机关均应当根据实际情况制作宣传资料

B. 为增强各部门对税收宣传工作的重视，各级税务的各个部门都应当根据实际情况制作宣传资料

C. 各级税务机关可以根据自身实际情况，对上级税务机关发放的办税资料进行补充说明

D. 办税流程宣传的主要内容包括涉税事项的办理渠道、报送资料、办理程序、办理方法等内容

【解析】省、市税务机关纳税服务部门根据实际情况制作宣传资料，并及时将本级制作和上级下发的宣传资料发放至下一级税务机关，县税务机关 1 个工作日内将接收的宣传资料通过办税服务厅发放。故选项 A、B 错误。

办税流程宣传，是指税务机关对涉税事项的办理渠道、报送资料、办理程序、办理方法等进行宣传。纳税服务部门接收业务主管部门或上级纳税服务部门提供的办税流程相关资料。无须补充说明的，于接收当日进入对外发布核准环节；需要补充说明的，由纳税服务部门商业务主管部门确定。故选项 C、D 正确。

【答案】CD

2. 关于税务面对面咨询，说法正确的有（　　）。

A. 在办税服务厅设置咨询服务岗位，提供面对面咨询服务

B. 提供咨询服务时应耐心听取纳税人缴费人的提问，属于咨询受理范围的，认真做好解答工作；不属于咨询受理范围的，主动告知纳税人缴费人不予受理的理由，并尽量进行引导

C. 对不能即时回复的涉税（费）问题，一般转税源管理部门或主管税务科所办理

D. 面对面咨询的答复内容应整理归档，经税务机关确认后，可作为涉税事项办理依据

【解析】选项 C 对不能即时答复的涉税（费）问题，按照首问责任制要求进行处理。选项 D 面对面咨询的答复仅供参考，具体以法律法规及相关规定为准。

【答案】AB

3. 按照“二维码”一次性告知的工作管理规定，以下税务机关纳税服务主管部门中，负责根据梳理的业务内容和存放网址，利用相关软件编码生成二维码图标的有（　　）。

A. 国家税务总局　　B. 省税务机关

C. 市级税务机关　　D. 各级税务机关

【解析】根据《国家税务总局关于做好“二维码”一次性告知工作的通知》（税总函〔2015〕678 号）规定，国家税务总局和省税务机关纳税服务主管部门根据梳理的业务内容和存放网址，利用相关软件编码生成二维码图标。

【答案】AB

4. 对查询 12366 知识库后不能够答复的咨询事项，咨询员可使用的求助方式有（　　）。

A. 现场求助　　B. 转接答复

C. 三方通话　　D. 视频连线

【解析】对查询 12366 知识库后不能够答复的咨询事项，咨询员可通过现场求助、转接答复、三方通话等求助方式即时处理。

【答案】ABC

5. 在咨询服务的主渠道之一网络咨询当中，以下选项属于其具体形式的有（　　）。

A. 智能咨询　　B. 在线咨询

C. 网上留言咨询　　D. 邮件咨询

【解析】根据《全国税务机关纳税服务规范（3.0 版）》规定，税务机关在互联网对外公开平台上设置智能咨询、在线咨询、网上留言等功能，为纳税人缴费人提供涉税（费）咨询服务。

【答案】ABC

6. 根据对外公开电话管理的相关规定，以下选项属于税务机关对外公开电话的有（　　）。

A. 政府信息公开工作机构联系电话、税务部门联系电话

B. 纳税咨询、纳税服务投诉电话

C. 税收违法行为举报电话、税务干部违纪举报电话

D. 办税服务厅值班领导的手机号码

【解析】根据国家税务总局关于税务系统对外公开电话管理的相关规定，税务机关根据部门职能分工，实行对外公开电话的分类管理，包括：①政府信息公开工作机构联系电话。②纳税咨询、纳税服务投诉电话，包括 12366 纳税缴费服务热线和县级税务机关对外公开的咨询服务电话。③税收违法行为举报电话。④税务干部违纪举报电话。⑤税务部门联系电话。⑥纳税人端税务软件支持电话。

【答案】ABC

7. 以下关于办税事项“二维码”一次性告知的相关表述当中，正确的有（　　）。

A. 各地自行制作的“二维码”一次性告知事项与国家税务总局统一制定的事项中一致的部分，可以宣传、使用国家税务总局统一制定的“二维码”

B. 落实“二维码”一次性告知工作已列入纳税人满意度调查和明察暗访内容

C. 二维码中“全国统一事项”是指国家税务总局根据《全国税务机关纳税服务规范》对服务事项进行梳理，就全国通行事项统一制发二维码

D. 二维码中“地方适用事项”是指各级税务机关对地方业务进行梳理，自行生成供本地纳税人使用的二维码

【解析】根据《国家税务总局关于做好“二维码”一次性告知工作的通知》（税总函〔2015〕678号）规定，地方适用事项，是指省税务机关对地方业务进行梳理，自行生成供本地纳税人使用的二维码。

【答案】ABC

8. 税务机关提供咨询服务时应耐心听取纳税人的提问，判断其是否属于涉税咨询服务受理范围。属于咨询受理范围的，认真做好解答工作；不属于咨询受理范围的，（　　）。

A. 主动告知纳税人该问题不属于税务机关答复范畴

B. 主动告知纳税人不予受理的理由

C. 尽量引导纳税人向确定的部门进行咨询

D. 引导纳税人自行查询受理部门，避免错误引导

【解析】根据《全国税务机关纳税服务规范（3.0版）》规定，提供咨询服务时应耐心听取纳税人缴费人的提问，判断其是否属于涉税（费）咨询服务受理范围。属于咨询受理范围的，认真做好解答工作；不属于咨询受理范围的，主动告知纳税人缴费人不予受理的理由，并尽量进行引导。

【答案】BC

9. 按照12366税（费）信息查询的工作要求，纳税人可以通过有关渠道向税务机关提出查询需求，12366纳税缴费服务在规定可查询范围内为纳税人提供税费信息查询服务，在这一表述当中的相关渠道主要有（　　）。

A. 电话　　B. 网络

C. 现场　　D. 传真

【解析】根据《全国税务机关纳税服务规范（3.0版）》规定，纳税人通过电话、网络、现场、传真等方式提出查询需求，12366纳税缴费服务在规定可查询范围内为纳税人提供税费信息查询服务。

【答案】ABCD

10. 对于12366运行过程当中发现的疑难问题，应当形成《12366热线疑难问题提交单》交相关部门进行答复，以下关于这一事项处理的表述当中，错误的有（　　）。

A. 本级12366主管部门不能处理的工单，属于要本级业务部门答复的疑难问题，本级业务部门应在10个工作日内予以答复

B. 本级业务部门不能答复的向同级业务部门处理，对于业务部门不能够解释和明确的疑难问题且未上报至国家税务总局的，省级12366主管部门应在

问题产生之日起1个工作日内省级业务部门办理

C. 对于业务部门不能够解释和明确的疑难问题且未上报至国家税务总局的，省12366主管部门应在问题产生之日起1个工作日内省级业务部门办理，承办部门应自形成工单之日起5个工作日内答复省12366主管部门

D. 对于业务部门不能够解释和明确的疑难问题且未上报至国家税务总局的，12366主管部门应在收到反馈意见后3个工作日内制作《12366热线疑难问题提交单》提交至12366国家级中心

【解析】根据12366纳税缴费服务热线试行管理的相关规定，本级12366主管部门不能处理的工单，属于要本级业务部门答复的疑难问题，本级业务部门应在5个工作日内予以答复，本级业务部门不能答复的向同级业务部门处理，对于业务部门不能够解释和明确的疑难问题且未上报至国家税务总局的，省12366主管部门应在问题产生之日起1个工作日内上报省级业务部门办理，承办部门应在自形成工单之日起5个工作日内答复省12366主管部门。对于业务部门不能够解释和明确的疑难问题且未上报至国家税务总局的，12366主管部门应在收到反馈意见后1个工作日内制作《12366热线疑难问题提交单》提交至12366国家级中心。

【答案】AD

11. 根据《全国税务机关纳税服务规范（3.0版）》，涉税（费）咨询的主要形式包括（　　）。

A. 电话咨询　　B. 网络咨询

C. 面对面咨询　　D. 短信咨询

E. 信函咨询

【解析】根据《全国税务机关纳税服务规范（3.0版）》规定，涉税（费）咨询的主要形式包括电话咨询、网络咨询、面对面咨询。

【答案】ABC

12. 首问责任制的业务范围包括（　　）。

A. 涉税业务办理　　B. 涉税业务咨询

C. 纳税服务投诉　　D. 税收工作建议

E. 干部违法违纪行为的举报

【解析】首问责任制的业务范围不包括干部违法违纪行为的举报。

【答案】ABCD

13.《国家税务总局办公厅 中华全国工商业联合会办公厅关于印发〈2024年助力小微经营主体发展“春雨润苗”专项行动方案〉的通知》（税总办纳服发〔2024〕29号）围绕“惠达小微 助稳向好”主题，推出了系列活动，具体包括（　　）。

A. 面向新办主体，做好开业辅导

B. 优化自助布局，提升办理体验

C. 深化征纳互动，推进直办速办

D. 聚集先进行业，落实全程服务

E. 加强诉求分析，提升响应质效

【解析】略

【答案】ABE

14. 按照国家税务总局要求，征纳互动服务运营管理模式包括（　　）。

A. 省局集中　　B. 市局集中

C. 县局集中　　D. 基层分局集中

E. 混合集中

【解析】略

【答案】ABCE

15. 12366 纳税缴费服务热线接到的下列来电，应当受理的有（　　）。

A. 咨询灵活就业养老保险无法缴纳的问题

B. 举报在某餐饮公司消费，该公司拒绝开具发票的情况

C. 咨询退役士兵开办个体工商户的优惠政策

D. 希望与 12366 纳税缴费服务热线讨论企业重组业务如何编制会计分录

E. 投诉办税服务厅工作人员服务态度恶劣

【解析】略

【答案】ABCE

16. 2024 年税务总局"便民办税春风行动"提出的诉求响应举措包括（　　）。

A. 持续深化"民呼我为""接诉即办""未诉先办"

B. 优化税费优惠政策精准推送，发挥工作机制作用，进一步提升宣传辅导实效，切实解决纳税人缴费人申报享受遇到的问题

C. 优化可视答疑服务，通过数据比对等方式，实现纳税人缴费人诉求实名归集、分析，主动向纳税人缴费人推送邀请，解答热点诉求，实现"一地答疑、多地共享""一期答疑、产品共用"

D. 开展面向新办纳税人的"开业第一课"活动，精准推送新办纳税人想要了解和需要掌握的政策、指引等宣传辅导产品

E. 优化企业所得税政策风险提示服务，帮助纳税人更好办理企业所得税汇算清缴

【解析】参见《国家税务总局关于开展 2024 年"便民办税春风行动"的意见》（税总纳服发〔2024〕19 号）。

【答案】ABCD

17. 征纳互动平台提供的服务功能包括（　　）。

A. 智能应答　　B. 互动查询

C. 业务提醒　　D. 人工互动

E. 互动办理

【解析】征纳互动服务是依托人工智能、云计算等技术，为纳税人提供互动办理、人工互动、智能应答、互动查询等互动办税辅导服务。

【答案】ABDE

18. 下列关于税费政策精准推送工作表述正确的有（　　）。

A. 精准推送应推动税费政策应享尽享、提示提醒应知尽知

B. 对推送失败的任务进行原因分析优化推送方式，进行重新推送，确保推送成功率

C. 各级税务机关应将精准推送纳入税法宣传日常工作，与纳税人学堂、线下辅导、征纳互动、12366 相结合，满足不同推送对象的信息获取需求

D. 精准推送应在以文本形式为主的基础上，制作图片、视频、音频等信息并进行推送，提升内容的可读性

E. 精准推送是个性化工作，不必遵循统一的原则和工作要求

【解析】精准推送需遵循统一的原则和工作要求。

【答案】ABCD

19. 各级税务机关纳税服务部门统筹纳税人需求管理工作，其主要职责有（　　）。

A. 纳税人需求管理制度建设

B. 提出纳税人需求管理系统建设的业务需求

C. 组织实施纳税人需求征集

D. 纳税人需求管理的组织、协调、监督考核及机制建设

E. 归集分析纳税人需求，并提出改进建议

【解析】根据《纳税服务投诉管理办法》及相关规定，各级税务机关纳税服务部门统筹纳税人需求管理工作。其主要职责有：①纳税人需求管理制度建设；②提出纳税人需求管理系统建设的业务需求；③组织实施纳税人需求征集；④纳税人需求管理的组织、协调、监督考核及机制建设；⑤归集分析纳税人需求，并提出改进建议。

【答案】ABCDE

20. 12366 纳税缴费服务热线举报工单类型包括（　　）。

A. 轻微违法举报工单

B. 意见建议工单

C. 一般违法举报工单

D. 咨询工单

【解析】略

【答案】AC

21. 12366纳税缴费服务热线绩效测评由国家税务总局选取指标，对“被测评单位”12366纳税缴费服务热线一段时期内的工作绩效进行反映和评价，具体指标有（　　）。

A. 接通率　　B. 答复准确率

C. 服务规范性　　D. 按时办结率

【解析】12366纳税缴费服务热线绩效测评由国家税务总局选取接通率、答复准确率、服务规范性三项指标，对“被测评单位”12366纳税缴费服务热线一段时期内的工作绩效进行反映和评价。

【答案】ABC

22. 建立健全以纳税人缴费人办税缴费体验为导向的“好差评”评价体系，实现（　　）。

A. 评价标准全覆盖　　B. 政务服务事项全覆盖

C. 评价对象全覆盖　　D. 服务渠道全覆盖

【解析】根据《国务院办公厅关于建立政务服务“好差评”制度 提高政务服务水平的意见》（国办发〔2019〕51号）规定，税务部门建立健全以纳税人缴费人办税缴费体验为导向的“好差评”评价体系，实现政务服务事项全覆盖、评价对象全覆盖、服务渠道全覆盖。

【答案】BCD

23. 纳税人向税务机关提出各类税费服务需求的方式有（　　）。

A. 网站

B. 局长信箱

C. “互联网＋税务督查”

D. 办税服务厅

【解析】纳税人可通过网站、局长信箱、“互联网＋税务督查”、热线、微信、微博及办税服务厅等线上线下渠道，采取口头、书面等方式向税务机关提出各类税费服务需求。

【答案】ABCD

24. 纳税人学堂的办学原则有（　　）。

A. 免费举办　　B. 自愿参加

C. 课程实用　　D. 教学相长

【解析】根据《国家税务总局关于加强纳税人学堂建设的通知》（税总函〔2014〕562号）规定，纳税人学堂的办学原则是：免费举办、自愿参加、课程实用、教学相长。

【答案】ABCD

三、判断题

1. 热点问题宣传是指税务机关对纳税人咨询频率较高的问题进行宣传。具体由纳税服务部门每月初5个工作日内收集、筛选上月咨询频率较高的热点问题，整理答案并进行发布。（　）

【解析】热点问题宣传是指税务机关对纳税人咨询频率较高的问题进行宣传。纳税服务部门于每月初的5个工作日内收集、筛选上月咨询频率较高的热点问题，整理答案并提交业务主管部门审核。

【答案】错误

2. 为强化税收培训辅导效果，税务机关应当根据纳税人实际情况，对纳税人组织多轮次的税收政策、办税流程、热点问题、重点问题培训辅导。（　）

【解析】税务机关应当针对不同行业或不同类型纳税人开展分类培训辅导，但不应当将按照税收政策、办税流程、热点问题、重点问题进行分类进行单独培训辅导。

【答案】错误

3. 在对新办纳税人的培训辅导当中，税务机关应当着重开展税收基本知识、相关税收政策、办税流程、软件操作、税控设备操作等方面的学习培训和互动交流，增强纳税人的纳税意识，提高其办税能力。（　）

【解析】新办纳税人培训辅导是指税务机关组织新办纳税人开展税收基本知识、相关税收政策、办税流程、软件操作、税控设备操作等方面的学习培训和互动交流，增强纳税人的纳税意识，提高其办税能力。

【答案】正确

4. 为便于纳税人电话咨询相关问题，各级税务机关业务处、科（股）室、办税服务厅均应当设立对外咨询电话并纳税人提供权威、准确的税收政策咨询和办税指引服务。（　）

【解析】根据对外办公电话设立的相关规定，县税务机关对外公开咨询电话，在工作时间内提供涉税咨询服务。

【答案】错误

5. 在咨询辅导过程当中，无论是电话咨询、网络咨询还是面对面咨询，凡是不能即时答复的涉税问题，均应当记录后转下一环节处理，并在5个工作日内回复。（　）

【解析】根据咨询辅导的相关规定，电话咨询、网络咨询、面对面咨询对于疑难问题的处置要求均一致，即不能即时答复的涉税问题，均应当记录后转下一环节处理，并在5个工作日内回复。

【答案】正确

6. 各级税务机关要利用办税服务厅、门户网站、微博、微信等多种渠道加强对办税事项“二维码”一次性告知工作的宣传，办税服务厅人员和热线座席人员要主动引

导纳税人扫描相应业务的二维码，帮助纳税人理解和使用二维码。 （ ）

【解析】根据《国家税务总局关于做好“二维码”一次性告知工作的通知》（税总函〔2015〕678号）规定，各级税务机关要利用办税服务厅、门户网站、微博、微信等多种渠道加强对办税事项“二维码”一次性告知工作的宣传，办税服务厅人员和热线座席人员要主动引导纳税人扫描相应业务的二维码，帮助纳税人理解和使用二维码。

（1）各地税务机关应在办税服务厅的导税台、咨询台和各办税窗口明显位置摆放印有二维码图标的指南，同时在资料架上摆放宣传手册供纳税人查阅。

（2）国家税务总局和省税务机关应在门户网站等网上办税平台首页显示“二维码”一次性告知窗口（悬浮窗），纳税人点开链接后，可以扫描二维码查看相应业务。已开通手机App、微信和微博的单位，要通过这些渠道主动推送“二维码”。

【答案】正确

7. 为确保12366纳税缴费服务热线顺利运转，提升答复准确率，各地税务机关应当设置一定的热线上线准备时间，这一时间不包含在与当地税务机关工作时间一致的人工服务时间当中。 （ ）

【解析】根据《全国税务机关纳税服务规范（3.0版）》规定，省税务机关开通12366纳税缴费服务热线，提供涉税（费）咨询服务。12366纳税缴费服务热线工作时间与当地税务机关工作时间一致，包括上线准备时间和人工服务时间。上线准备时间最多为30分钟。

【答案】正确

8. 深化税费服务便利化改革，推进全国统一的征纳互动服务，全面实现“办中能问、问中有办、办问协同”。 （ ）

【解析】略

【答案】正确

9. 税务机关只能采用实体场所教学方式开展纳税人学堂教学。 （ ）

【解析】纳税人学堂可通过网络视频等方式进行教学。

【答案】错误

10. 12366纳税缴费服务热线不提供各类社会性涉税考试辅导，可以适当进行涉税学术探讨。 （ ）

【解析】略

【答案】错误

11. 2024年，市场监管总局等14部门共同开展以“分类帮扶、激发活力、服务发展”为主题的第三届“全国个体工商户服务月”活动。 （ ）

【解析】略

【答案】正确

12. 税费政策精准推送通过探索税费服务诉求与精准推送联动机制，推进政策宣传辅导“未问先送”，进一步促进从“人找政策”向“政策找人”转变，从“海量搜索”向“一键获取”转变。（　　）

【解析】税务部门充分发挥税收大数据优势，2023 年 8 月以来持续开展政策精准推送超过 5 亿次，从“政策找人”到“政策落地”全环节持续提升税务行政效能，助力各类经营主体轻装上阵，更好服务高质量发展。

【答案】正确

13. “好差评”评价分为 5 个等级，其中后两个等级为差评。（　　）

【解析】“好差评”评价分为“非常满意”“满意”“基本满意”“不满意”“非常不满意”五个等级，其中后两个等级为差评。

【答案】正确

14. 12366 咨询员电话回呼时，在 1 个工作日不同时段内回拨 3 次，对方仍无人接听，或者出现去电号码提示错误等情形无法联系对方的，可视同已处理。（　　）

【解析】略

【答案】正确

15. 办税服务厅负责纳税人涉税保密信息查询的受理和纳税人涉税保密信息的对外提供工作。（　　）

【解析】各级税务机关应指定专门部门负责纳税人涉税非保密信息的对外披露、纳税人涉税保密信息查询的受理和纳税人涉税保密信息的对外提供工作。要制定严格的信息披露、提供和查询程序，明确工作职责。

【答案】错误

## 四、简答题

1. 税务服务“好差评”中差评回访要求和差评整改要求包括哪些内容？

【答案】应从以下方面进行阐述：

（1）差评回访要求包括：各级税务机关对收到的实名差评要做到 100% 回访，回访统一采用电话回访方式，要保留录音等证据，做好回访记录，包括回访核实时间、回访核实结果、回访核实人等。回访应当在自收到差评起 1 个工作日内完成。

（2）差评整改要求包括：各级税务机关应对核实属实的差评在 3 个工作日内进行限期整改。对情况清楚、诉求合理的，要做到当场解决，立行立改。若在 3 个工作日内无法完成整改，应说明理由和整改期限，并建立台账，限期整改，差评整改率要达到 100%。

2. 纳税人咨询12366纳税缴费服务热线如何开具自己的个人所得税《纳税记录》，接线员应该怎么回答？

【答案】应从以下方面进行阐述：

根据《国家税务总局关于将个人所得税〈税收完税证明〉（文书式）调整为〈纳税记录〉有关事项的公告》（国家税务总局公告2018年第55号）相关规定，纳税人可以通过电子税务局、手机App申请开具本人的个人所得税《纳税记录》，也可到办税服务厅申请开具。纳税人可以委托他人持下列证件和资料到办税服务厅代为开具个人所得税《纳税记录》：①委托人及受托人有效身份证件原件（查验后退回）；②委托人书面授权资料。

**五、案例题**

某省税务局为了解决办税缴费过程中的痛点、难点、堵点问题，决定开展“一把手走流程”活动。“一把手”孙局长非常重视这项工作，亲自主持召开会议研究工作方案，形成了“广听心声、暗访实情、细走流程、真诚响应”四步走的具体方案，确定由办公室负责统筹这次需求大征集、大响应工作，纳税服务处、征管科技处等相关处室按职责分工做好配合。

——广听心声。由纳税服务处负责具体组织工作，按照“内外兼听、上下同问”原则组织召开6场座谈会。纳税服务处毕处长为了确保座谈会效果，专门列出了参会企业名单，要求主管税务局务必通知到位。但某集团的财务总监潘总不能到会，毕处长要求主管税务局做好沟通工作一定请潘总参加。座谈会开始后，毕处长在介绍参会企业代表时，专门表扬潘总放弃参加公司重组会议而来。

——暗访实情。孙局长随机选了一个主城区税务局的办税服务厅，没有与当地税务局打招呼就前去暗访。他看到办税服务厅环境整洁，背景墙“国徽＋为国聚财 为民收税”布局大气。某公司办税人员唐某，他反映的一个情况引起了孙局长重视。唐某从网上看到税务部门推出了“首违不罚”举措，他认为“首违不罚”在实际执行中存在偏差。2022年该公司因受疫情影响逾期申报1次被罚款100元，唐某认为这是其公司的首次逾期申报，虽然收到通知书后没有按时完成申报，但是并未少缴税款，应当适用“首违不罚”规定。孙局长记下了这一情况，看看时间已是12点5分，办税服务厅已过了中午下班时间，仅有几个纳税人还在办理业务。

——细走流程。孙局长用两天时间到办税服务厅体验办税流程，分别从纳税人、税务人视角体验办税流程。通过走流程亲体验，孙局长感到有四项工作需要加以改进：一要推行全省通办，由征管科技处负责制定全省通办的办法，解决纳税人反映较多的跨地市不能领用纸质发票等问题；二要扩大信用评级参评范围，由纳税服务处负责修订该局现行的《纳税信用管理办法》，增加事业单位和个体工商户参加纳税信用评级的规定；三要开展“千名税务干部访万企”活动，让税务人员走出去，更大范围了解纳税人缴费人诉求并现场解决实际问题；四要派省局处长到一线挂职蹲点，解决省局处长因不了解基层一线而导致工作决策脱离基层实际的问题。

——真诚响应。按照孙局长要求，征管科技处起草了《关于开展集约式全省通办的公告（征求意见稿)》，拟在全省推行通办改革。纳税服务处对公告内容中是否存在无法律法规依据而增加纳税人缴费人业务办理环节、报送资料、管理事项、保密信息风险等进行了审核。

为了巩固成果并形成长效机制，孙局长提出四点要求：一是建好数据库，依托税收征管信息系统建立纳税人需求数据库，实行分类标识管理。二是多做偏好画像，归集办税缴费行为轨迹等信息数据，形成服务领导决策的纳税人缴费人需求行为偏好画像。三是强化分析比对，探索运用数据模型开展综合分析和智能比对。四是坚持定期公开，积极响应并定期公开那些具有普遍性、代表性的纳税人缴费人需求办理结果，重在关注对税务机关意见较多的重点人群，不断提高纳税人缴费人对税收工作的参与度、满意度和税法遵从度。

根据上述材料，回答下列问题：

1. 在“广听心声”活动中，纳税服务处毕处长的行为违反的规定有（　　）。(多选)

A. 应充分尊重纳税人意愿

B. 不得强制要求纳税人参与

C. 依法保护纳税人商业秘密

D. 依法保护纳税人个人隐私

【解析】根据《纳税人缴费人税费服务需求管理办法（试行)》规定，税费服务需求管理应遵循“自愿参与”原则，应充分尊重纳税人意愿，不得强制要求纳税人参与调查，材料中某集团财务总监潘总被要求必须参加座谈会，而不得不放弃参加企业重组会议，同时毕处长在座谈会上公开了该集团即将重组的商业秘密，故选项 A、B、C 正确，材料中未涉及个人隐私问题。

【答案】ABC

2. 在“暗访实情”过程中，该办税服务厅违反了现行管理规定的是（　　）。(单选)

A. 导税服务规定

B. 首问责任规定

C. 延时服务规定

D. 背景墙设置规定

【解析】根据《国家税务总局关于进一步统一规范办税服务场所标识的通知》（税

总函〔2014〕299 号）规定，办税服务场所背景应统一采用“税徽 + 为国聚财 为民收税”的样式。

【答案】D

3. 在“暗访实情”过程中，税务机关认定某公司逾期申报不适用“首违不罚”的理由是（　　）。（单选）

A. 纳税人认错态度不佳

B. 并非首次发生逾期申报

C. 造成了较为严重的危害后果

D. 未在税务机关责令限期改正的期限内改正

【解析】根据《国家税务总局关于发布〈税务行政处罚“首违不罚”事项清单〉的公告》（国家税务总局公告 2021 年第 6 号）规定，对于首次发生清单中所列事项且危害后果轻微，在税务机关发现前主动改正或者在税务机关责令限期改正的期限内改正的，不予行政处罚。

【答案】D

4. 税费服务需求管理不仅注重需求收集归集，更注重分析应用。孙局长强调建立长效机制的要求中注重分析应用的有（　　）。（多选）

A. 建好数据仓库　　B. 多做偏好画像

C. 强化分析比对　　D. 坚持定期公开

【解析】根据《纳税人缴费人税费服务需求管理办法（试行）》的规定，税费服务需求管理要做好分析应用工作、建好数据仓库、多做偏好画像、强化分析比对、坚持定期公开等，四个选项均符合规定。

【答案】ABCD

5. 下列关于该省税务局在税费服务需求管理、税收规范性文件制定和审核等相关工作中职能分工不正确的是（　　）。（单选）

A.《纳税信用管理办法》的修订部门

B.《关于开展集约式全省通办的公告》的制定部门

C.“一把手走流程”需求大征集活动的统筹安排部门

D. 对公告内容是否存在泄露税费保密信息风险的审核部门

【解析】根据《纳税人缴费人税费服务需求管理办法（试行）》的规定，纳税服务部门负责统筹纳税人缴费人需求管理工作，由办公室统筹负责需求征集管理工作违反了规定。

【答案】C

## 错题、要点整理页

# 第十章　文明服务

## >> 本章知识框架

| 节 | 细目 | 知识点 | 学习进度 |
|---|---|---|---|
| 服务环境 | 办税服务厅整体布局与标识体系 | 【知识点 1】办税服务厅外部标识 | |
| | | 【知识点 2】办税服务厅内部标识 | |
| | 办税服务厅区域及窗口设置 | 【知识点 1】办税服务厅服务区域设置 | |
| | | 【知识点 2】办税服务厅服务窗口设置 | |
| 服务制度 | 纳税服务制度概述 | 【知识点】纳税服务制度概述 | |
| | 纳税服务制度具体规定 | 【知识点 1】首问责任制 | |
| | | 【知识点 2】限时办结制度 | |
| | | 【知识点 3】预约服务制度 | |
| | | 【知识点 4】延时服务制度 | |
| | | 【知识点 5】一次性告知制度 | |
| | | 【知识点 6】导税服务制度 | |
| | | 【知识点 7】领导值班制度 | |
| | | 【知识点 8】24 小时自助办税制度 | |
| | | 【知识点 9】办税公开制度 | |
| | | 【知识点 10】“最多跑一次”制度 | |
| | | 【知识点 11】跨区域办理制度 | |
| | | 【知识点 12】实名办税制度 | |
| | | 【知识点 13】新办纳税人“套餐式”服务制度 | |
| | | 【知识点 14】提醒服务制度 | |
| | | 【知识点 15】办税服务厅突发事件应急处理制度 | |

续表

| 节 | 细目 | 知识点 | 学习进度 |
|---|---|---|---|
| 服务素养 | 个人着装及容貌修饰 | 【知识点1】着装的规范 | |
| | | 【知识点2】容貌修饰 | |
| | 日常工作中的纳税服务素养 | 【知识点1】站姿的规范 | |
| | | 【知识点2】坐姿的规范 | |
| | | 【知识点3】介绍的规范 | |
| | | 【知识点4】引导的规范 | |
| | | 【知识点5】接递手势的规范 | |
| | | 【知识点6】电话礼仪的规范 | |
| | | 【知识点7】纳税服务沟通技巧 | |
| | | 【知识点8】冲突处理 | |
| | | 【知识点9】纳税服务情绪管理 | |

## >>习题演练

### 一、单项选择题

1. 为了方便纳税人可以使用税务机关提供的计算机等设备办理涉税事项，办税服务厅设置的区域是（　　）。

A. 自助办税区

B. 咨询辅导区

C. 办税服务区

D. 休息等候区

【解析】自助办税区，是纳税人通过自助办税设备、设施自行办理涉税事项的区域。

【答案】A

2. 某县税务局拟对该县一处办税服务厅进行重新装修，在对服务厅内部背景墙的设计中，背景墙标识应采用的样式为（　　）。

A. “税徽＋为国聚财 执法为民”

B. “税徽＋为国聚财 为民收税”

C. “税徽＋执法为国 为民收税”

D. “税徽＋执法为民 为国聚财”

【解析】办税服务厅有背景墙的，背景墙标识采用“税徽＋为国聚财 为民收税”的样式。

【答案】B

3. 办税服务厅工作人员方某根据纳税人肖某的合理需求，在约定的时间内为其办理涉税事项，该服务是（　　）。

A. 限时服务　　B. 延时服务

C. 预约服务　　D. 一次性办结服务

【解析】根据《全国税务机关纳税服务规范（3.0版）》规定，预约服务是指税务机关根据纳税人的合理需求，与纳税人约定在适当的工作时间办理涉税事项。

【答案】C

4. 小李是某办税服务厅主任，最近接待了几位客人，接待过程中介绍客人的礼仪符合规范的是（　　）。

A. 小王，这是稽查局的张局长，这是我的同事小王

B. 李总，这是我们局的王局长，这是××公司的李总

C. 小于（男），这是稽查局的林女士，这是我的同事小于

D. 王局，这是××公司的伍总（迟到者），这是我们局的王局长

【解析】介绍顺序分别是：把职务低者介绍给职务高者、把地位低者介绍给地位高者、把年轻者介绍给年长者、把客人介绍给主人、把男士介绍给女士、把迟到者介绍给早到者。

【答案】D

5. 小董是某办税服务厅主任，在接待纳税人时下列做法符合规范的是（　　）。

A. 在走廊里接待人员应在纳税人二三步之后，配合步调，让纳税人走在内侧

B. 引导纳税人上楼时，应该让纳税人走在后面，小董走在前面

C. 引导纳税人乘坐电梯时，小董先进入电梯，待纳税人进入后关闭电梯门

D. 引导纳税人下楼时，应该由纳税人走在前面，小董在后面

【解析】选项A，接待人员应在纳税人二三步之前；选项B，引导纳税人上楼时，应该让纳税人走在前面；选项D，引导纳税人下楼时，应该由纳税人走在后面。

【答案】C

6. 关于纳税服务礼仪中的握手礼仪，下列说法正确的是（　　）。

A. 迎接纳税人时，纳税人先伸手

B. 送别纳税人时，税务干部先伸手

C. 在男性与女性之间，应由男士先伸手

D. 在上下级之间，一般由上级先伸手

【解析】握手次序应把握尊者优先和女士优先的原则，其次序是：上级、长辈、女

士。具体来说，在上下级之间，一般由上级先伸手，下级再相握。长辈与晚辈之间，应是长辈主动先伸手，晚辈立即反应。在男性与女性之间，应由女士先大方地伸手，男士有礼貌地响应。

【答案】D

7. 解决纳税服务冲突的方法中，把对方的需求放在高于自己的位置，以求维持和谐的人际关系，是一种合作但不自信的处理方式。这种处理方式是（　　）。

A. 回避　　B. 合作

C. 妥协　　D. 迎合

【解析】回避是不自信且不合作型，妥协是基本合作和较自信型。

【答案】D

8. 小李是一名12366纳税缴费服务热线咨询员，有一天，某纳税人来电咨询红字增值税专用发票事宜，小李耐心地解释，可纳税人听后不停地抱怨："就你们这种做法，太折腾人了，我要到中央告你们。"小李感到很委屈，但一想到纳税人并不是针对我们具体的某个人，并不是对我的服务不满意，只是因为和我直接联系而把怒气发到我身上的。这么想后，就不会徒增烦恼了。小李这种管理情绪的方法是（　　）。

A. 暗示调节法　　B. 合理宣泄法

C. 自我安慰法　　D. 心理放松法

【解析】选项A，暗示调节法是自己给自己输送积极信号，以此来调整自己的心态，改变自己的情绪。

【答案】A

9. 受理纳税人咨询、进行办税辅导的区域是（　　）。

A. 导税服务区　　B. 咨询辅导区

C. 自助办税区　　D. 线上体验区

【解析】咨询辅导区是受理纳税人咨询、进行办税辅导的区域。

【答案】B

10. 纳税人到办税服务厅咨询减税降费政策，税务人员让其咨询税政部门。这一行为违背的制度是（　　）。

A. 一次性告知　　B. 一站式服务

C. 最多跑一次　　D. 首问责任制

【解析】根据《国家税务总局关于印发〈税务系统首问责任制度（试行）〉的通知》（税总发〔2014〕59号）规定，首问责任人受理纳税人来电、来访时，应礼貌热情、认真听取、详细了解纳税人需求，做到及时办理或有效指引。

【答案】D

11. 依“特事特办”“急事急办”的原则，纳税人遇到特殊情况时，可以提出预约服务。对于预约服务以下说法正确的是（　　）。

A. 预约服务只能由纳税人发起

B. 预约服务可以由纳税人发起，也可以由税务机关发起

C. 对已受理的预约事项，发生特殊情况的经上级税务机关批准，可以单方面解除

D. 对超过预约时间而未到场的纳税人，税务机关要按照相关制度要求对纳税人实行延时服务

【解析】根据《国家税务总局关于完善办税服务相关制度的通知》（税总发〔2016〕41号）规定，预约服务可以由纳税人发起，也可以由税务机关发起，服务时间由双方协商约定。

【答案】B

12. 某日，办税服务厅内纳税人正有序地排号办理业务。此时，一名老人突发疾病晕倒在地，第一个发现他的是咨询导税人员小申，她马上与另一名工作人员小刘一起将老人搀扶到座椅上休息，然后立即向值班主任和值班局领导作了报告。在本次突发事件中第一知情人应该是（　　）。

A. 办税服务厅值班领导

B. 咨询导税人员小申

C. 办税服务厅值班主任

D. 另一名工作人员小刘

【解析】根据《办税服务厅突发事件应急管理办法（试行）》第八条规定，突发事件发生时，首先发现的税务工作人员为第一知情人。

【答案】B

13. 纳税人拨打办税服务厅咨询电话，向咨询员小张咨询企业所得税的问题，但小张对此问题了解得不很透彻，此时小张正确的做法是（　　）。

A. 告知纳税人这个问题他不会，让纳税人找别人咨询

B. 不讲问题重点，不解决实质问题，蒙混过关

C. 告知纳税人此问题需要进一步确认，留下纳税人联系方式，承诺回复时限

D. 让纳税人拨打12366纳税缴费服务热线咨询

【解析】按照首问责任规定，不能当场办理或答复的咨询，应对纳税人的涉税事项和联系方式进行登记，并按有关规定，限时办结或限时答复。首问责任人负责跟踪办理情况，并于办结后及时向纳税人反馈。

【答案】C

14. 下列说法不符合税容礼仪规范和标准的是（　　）。

A. 头发整洁，梳理整齐，没有染异色头发

B. 女性税务人员化妆淡雅、适度、庄重

C. 女性税务人员佩戴夸张的耳环，手涂艳丽的指甲油

D. 为纳税人提供服务时，面带微笑

【解析】女性税务人员工作时间不得佩戴夸张的耳环，不得涂抹艳丽的指甲油。

【答案】C

15. 办税服务厅实行领导值班制，值班领导由（　　）轮流担任，并设置领导值班标识。

A. 办税服务厅窗口人员

B. 局领导

C. 业务骨干

D. 县税务机关领导和相关股（室）负责人

【解析】办税服务厅实行领导值班制，值班领导由县税务机关领导和相关股（室）负责人轮流担当，并设置领导值班标识。

【答案】D

16. 限时服务的办理时限（　　）计算，涉税事项必须在规定的时限内办结或答复。

A. 自纳税人的提交之日起

B. 自办税服务厅正式受理之日起

C. 自责任部门接到之日起

D. 自办税服务厅登记之日起

【解析】限时服务的办理时限自办税服务厅正式受理之日起计算，涉税事项必须在规定的时限内办结或答复。

【答案】B

17. 办税服务厅发生排队拥堵时，（　　）应及时做好现场秩序的维护和拥堵原因识别。

A. 窗口人员

B. 青年志愿者

C. 值班领导

D. 主管局领导

【解析】办税服务厅发生排队拥堵时，值班领导应及时做好现场秩序的维护和拥堵原因识别。

【答案】C

18. 对于国家秘密和涉及国家安全的信息、依法受保护的商业秘密和个人隐私，以及法律法规禁止公开的事项（　　）。

A. 可以公开　　B. 有选择地公开

C. 不得公开　　D. 经申请公开

【解析】对于国家秘密和涉及国家安全的信息、依法受保护的商业秘密和个人隐私，以及法律法规禁止公开的事项，不得公开。

【答案】C

19. “放管服”是全面深化改革的重要内容。某税务机关近期晒出了首批纳税人100项“最多跑一次”项目清单，承诺纳税人到税务机关办事，只要材料齐全，最多跑一次。此举体现的趋势是（　　）。

A. 税收征管职能在不断减少

B. 税务机关求真务实的工作作风在变化

C. 纳税人权利在进一步扩大

D. 税务行政执法自由裁量权的具体量化

【解析】体现税务机关求真务实的工作作风在变化。

【答案】B

20. 以下关于实名制办税的意义不正确的是（　　）。

A. 办税人员离职后，能够及时变更实名办税信息，可以有效解决基础征管数据缺失、错误等问题，提升征管数据质量，夯实征管基础

B. 实名办税有利于厘清纳税人与其办税人员之间委托授权关系，强化法定代表人税收主体责任意识，提升办税人员对个人信息和信用的重视程度

C. 税务机关通过分析实名办税信息，能够更及时响应纳税人个性化服务需求，合理安排服务资源，创新开展定制化服务，提高服务精准性

D. 通过设置带有准入、审批性质的要求来提高各类人员税收专业水平的门槛，实现让守信者“一路绿灯”、失信者“处处受限”

【解析】根据《国家税务总局关于推行实名办税的意见》（税总发〔2016〕111号）规定，各地税务机关要以正列举方式列明办税人员范围，不能设置带有准入、审批性质或区分各类人员税收专业水平的门槛。要明确和尽量减少办税人员向税务机关提供的证件资料，合理确定推行实名办税的业务事项，从高风险业务入手，逐步扩大。

【答案】D

21. 以下涉税业务中，不属于首问责任制相关规定范围的业务是（　　）。

A. 对纳税人提供涉税咨询服务

B. 对纳税人提供涉税业务办理服务

C. 接受纳税人的纳税服务投诉

D. 接受纳税人的税收违法行为检举

【解析】根据《国家税务总局关于印发〈税务系统首问责任制度（试行）〉的通知》（税总发〔2014〕59号）第四条规定，纳入首问责任制的业务范围包括：涉税业务办理、涉税业务咨询、纳税服务投诉和税收工作建议。纳税人对于税收违法行为的检举和干部违法违纪行为的举报以及信访事项，依据有关专门规定处理。

【答案】D

22. 下列关于首问责任制度的表述中，错误的是（　　）。

A. 按照首问责任制的相关规定，首问责任人务必完成纳税人的涉税咨询或涉税业务

B. 首问责任人是指纳税人到税务机关办理涉税事项时，首位接洽的税务工作人员

C. 首问责任制适用于各级税务机关及其工作人员

D. 纳税人的信访事项不属于首问责任制的业务范围

【解析】根据《国家税务总局关于印发〈税务系统首问责任制度（试行）〉的通知》（税总发〔2014〕59号）规定，首问责任制是指首问责任人为纳税人办理或有效指引纳税人完成办理涉税事项的责任制度。

【答案】A

23. 为进一步提升税务系统窗口服务质量和纳税服务水平，各级税务机关应该建立窗口单位办税服务问题处理机制，下列环节的正确处理顺序是（　　）。

①问题收集 ②调查核实 ③整改处理 ④定期报告 ⑤监督问责

A. ①②③④⑤　　B. ①②③⑤④

C. ①②⑤③④　　D. ①②④③⑤

【解析】窗口单位办税服务问题处理以属地管理、分级负责、分类处理为原则，处理流程包括问题收集、调查核实、整改处理、监督问责、定期报告等环节。

【答案】B

24. 以下关于纳税人需求响应，说法不正确的是（　　）。

A. 对纳税人提出的合理合法需求，在规定时限内处理反馈

B. 对违反法律、法规、规章有关规定等非合理合法需求，税务机关不予响应，不需要向纳税人做好沟通解释

C. 对超出本级职责范围的纳税人需求，报上级税务机关协调办理。不属于税务机关工作范围的，及时告知、引导纳税人通过其他渠道反映

D. 上级税务机关认为下级税务机关应当办理而未办理的，可以责令其办理。上级税务机关认为有必要的，可以直接办理应当由下级税务机关办理的纳税人需求

【解析】对违反法律、法规、规章有关规定等非合理合法需求，税务机关不予响

应，但需要向纳税人做好沟通解释。

【答案】B

25. 各级税务机关应当在规定时限内，按照需求响应策略，将处理情况反馈纳税人。对涉及税收政策、征管流程明确的一般涉税需求，需求响应部门应当在收到需求后的（　　）内办结。

A. 10 个工作日　　B. 15 个工作日

C. 10 日　　D. 30 日

【解析】根据《国家税务总局关于加强纳税人需求管理工作的通知》（税总发〔2016〕128 号）规定，对涉及税收政策、征管流程明确的一般涉税需求，需求响应部门应当在收到需求后的 15 个工作日内办结。

【答案】B

26. 以下关于自助办税终端管理，说法不正确的是（　　）。

A. 各种类型的自助终端，锁具钥匙实行运维人员专人管理

B. 及时发现自助终端存在的故障，并第一时间通知专业运维人员。故障设备张贴“设备故障”标识，及时维修或清理退出服务

C. 退出服务的自助终端，要登记台账并安排专门的区域放置，做好防尘、防潮等安全防护工作，并由各地信息部门按数据安全要求对存储进行脱敏处理，按照固定资产管理办法统一进行报废处置

D. 不得将退出服务的自助终端堆放在办税服务厅内，严禁出现终端随意丢弃，无人管理的情况

【解析】略

【答案】A

27. 办税服务厅窗口类型可根据实际情况进行调整。不设置申报纳税窗口的，其业务由（　　）窗口办理。

A. 综合服务　　B. 发票管理

C. 税费办理　　D. 税费缴纳

【解析】办税服务厅一般设置综合服务、发票管理、申报纳税三类窗口。若不设置申报纳税窗口，其业务由综合服务窗口办理。

【答案】A

28. 办税服务厅税务干部应当在工作时间内统一着税务制服上岗，不得出现制服与便装混穿现象。下列关于税务干部着装规范的说法，不正确的是（　　）。

A. 工作时间内不能着便装，如有特殊情况（如怀孕、受伤等），不便于穿着税务制服的，经办税服务厅负责人同意，可着便服上岗

B. 着长袖衬衫，衬衫下摆须掖在裤（裙）内，衬衫袖口须扣上

C. 穿着税务制服时，要扣好所有衣扣，不得披衣、敞怀、挽袖、卷裤腿

D. 着税务春秋装、冬装、夏装外穿长袖衬衣时，要打制式领带；男士系红色领带，女士系蓝色领带

【解析】男士系蓝色领带，女士系红色领带。

【答案】D

29. 办税服务厅工作人员在岗期间，以下说法错误的是（　　）。

A. 手机应调至静音或振动模式

B. 不得使用手机处理与工作无关的事项

C. 接打工作电话、紧急电话时应注意时长

D. 接待纳税人过程中不得接打电话

【解析】办税服务厅工作人员在岗期间，手机应调至静音或振动模式，不得使用手机处理与工作无关的事项；具备条件的地区建议手机集中存放；接打工作电话、紧急电话时应注意时长；如在接待纳税人过程中需要接打电话，应向其说明情况并取得同意后再接打电话。

【答案】D

30. 税务机关应该在办税服务厅设置（　　），提供面对面咨询服务。

A. 咨询服务岗位　　B. 导税咨询岗位

C. 涉税咨询岗位　　D. 远程服务岗位

【解析】根据《全国税务机关纳税服务规范（3.0版）》规定，在办税服务厅设置咨询服务岗位，提供面对面咨询服务。

【答案】A

31. 2024年4月1日，甲省电子税务局发生故障，办税服务厅纳税人数量激增，临近下班仍有很多纳税人等待办理申报业务，下列做法属于延时服务的是（　　）。

A. 增加导税人员，引导分流办税人员

B. 增设办税窗口

C. 下班后继续为已取号的纳税人办理业务

D. 及时告知纳税人，提醒纳税人合理安排办税时间

【解析】选项A、B、D属于突发事件应急处理方法。

【答案】C

32. 按照办税服务厅首问责任制要求，对资料不齐或者不完全符合法定条件者，下列各项中不属于应一次性告知内容的是（　　）。

A. 所办事项的办理依据、办理时限

B. 办理程序和所需资料

C. 税务机关具体负责所办事项的部门人员

D. 明确告知不予办理的理由、依据

【解析】按照首问责任制度要求，办税服务厅首问责任人办理职责范围内的涉税事项，对资料不齐或者不完全符合法定条件者，应一次性告知所办事项的办理依据、办理时限、办理程序和所需资料，明确告知不予办理的理由、依据。

【答案】C

33. 按照国家税务总局实名办税要求，“刷脸验证”是指将相关人员的实时人像信息直接或间接与国家人口库的个人信息进行比对，验证实名信息的真实性。办税服务厅办理下列业务时不需要“刷脸验证”的是（　　）。

A. 发票票种核定

B. 增值税专用发票最高开票限额审批

C. 办税服务厅办理的出口退税类实名事项

D. 税务注销

【解析】按照国家税务总局实名办税要求，依据实名验证时是否验证实时人像信息，税务机关将实名验证方式分为“刷脸验证”和“非刷脸验证”两类。实名事项分为风险实名事项和其他实名事项。风险实名事项包括发票票种核定、增值税专用发票最高开票限额审批、发票领用、发票代开等发票类事项，并根据税收管理需要进行调整，风险实名事项必须使用“刷脸验证”事项。

【答案】D

34. 办税服务时，工作人员的用语规定是（　　）。

A. 一律使用普通话

B. 一律使用当地方言

C. 按照个人说话习惯，不强制要求

D. 提倡使用普通话，如遇纳税人习惯用本地方言交谈时，可尊重纳税人的习惯，以方言交流

【解析】办税服务过程中，用语规定是：①工作时间提倡使用普通话，做到语气平和、表达清晰；②使用规范、文明用语，禁用服务忌语；③外籍人员相对集中、少数民族集中的地区可提供双语服务；④服务过程中应规范使用服务用语。

【答案】D

35. 办税服务厅内部各类标识底色统一为（　　）。

A. 天蓝色　　　　B. 纯白色

C. 深蓝色　　　　D. 古蓝色

【解析】根据《国家税务总局关于进一步规范办税服务厅内部标识有关问题的通知》（国税函〔2009〕524 号）规定，办税服务厅内部各类标识底色统一为古蓝色。

【答案】D

## 二、多项选择题

1. 各类办税服务场所应当统一使用国家税务总局规定的办税服务厅外部标识，名称包括（　　）。

A. 办税服务厅　　B. 纳税服务厅

C. 办税服务室　　D. 办税服务处

【解析】根据《国家税务总局关于进一步统一规范办税服务场所标识的通知》（税总函〔2014〕299号）规定，各基层税务所（分局），农村、乡镇的办税服务室或征收点，车辆购置税办税场所，统一使用该通知规定的标识图案和颜色，名称可视情况称为“办税服务厅”或“办税服务室”。

【答案】AC

2. A县税务局近期需要对几处旧的服务场所进行重新改造，新建办税服务厅外部标识可以采用的样式有（　　）。

A. 横向标识　　B. 竖向标识

C. 平面标识　　D. 立式标识

【解析】办税服务厅外部标识分为横向标识、竖向标识、立式标识三种。标识的字体、颜色、图案应与国家税务总局相关规定保持一致。

【答案】ABD

3. 税务机关应当为纳税人提供优质的导税服务。下列选项中，属于导税人员职责的有（　　）。

A. 引导纳税人到相关的服务区域或窗口办理涉税事项

B. 辅导纳税人填写涉税资料

C. 指引纳税人使用自助办税设施

D. 接受纳税人的投诉

【解析】导税人员负责引导纳税人到相关的服务区域或窗口办理各类涉税事项，辅导纳税人正确填写相关表格和涉税资料，指引纳税人正确使用自助办税设备。

【答案】ABC

4. 以下关于一次性告知的表述正确的有（　　）。

A. 一次性告知可通过书面或口头方式进行

B. 行政许可事项可通过书面或口头方式进行

C. 行政许可事项必须书面告知

D. 一次性告知必须以书面方式进行

【解析】一次性告知可通过书面或口头方式进行，行政许可事项必须书面告知。

【答案】AC

5. 以下关于延时服务的表述正确的有（　　）。

A. 办税服务厅下班时间已到，工作人员已受理的涉税事项尚未办结，主动延长工作时间，直至涉税事项办结

B. 办税服务厅下班时间已到，对仍在办税服务厅等候办理涉税事项的人员主动延长工作时间，直至将等候人员的涉税事项办理完毕

C. 办税服务厅下班时间已到，工作人员应该主动延长工作时间，为忘记取号的纳税人将涉税事项办结

D. 办税服务厅下班时间已到，对刚赶到的纳税人，工作人员应主动提供延时服务

【解析】办税服务厅下班时间已到，工作人员已受理的涉税事项尚未办结，主动延长工作时间，直至涉税事项办结。办税服务厅下班时间已到，对仍在办税服务厅等候办理涉税事项的人员主动延长工作时间，直至将等候人员的涉税事项办理完毕。

【答案】AB

6. 办税服务厅应对可能发生的（　　）等突发事件制定应急预案，建立健全机制，明确处理措施。

A. 办税拥堵　　B. 现场冲突

C. 系统故障　　D. 临时会议

【解析】根据《办税服务厅突发事件应急管理办法（试行）》规定，办税服务厅应对可能发生的办税拥堵、现场冲突、系统故障等突发事件制定应急预案，建立健全机制，明确处理措施。

【答案】ABC

7. 纳税服务礼仪的要点主要包括“三到”“三声”，其中“三声”是指（　　）。

A. 来有迎声　　B. 问有答声

C. 去有送声　　D. 咨询有答复声

【解析】纳税服务礼仪中的“三声”是指“来有迎声、问有答声、去有送声”，“三到”包括“眼到、口到、意到”。

【答案】ABC

8. 以下不属于办税规范用语的有（　　）。

A. 您好！请问我可以帮您什么？

B. 去那边，不在这里办。

C. 喂！那个谁！

D. 我不知道，你问别人去！

【解析】略

【答案】BCD

9. 以下描述，符合接待规范的有（　　）。

A. 对纳税人提出的问题认真倾听，按“首问责任制”要求办理或有效指引

B. 工作电话铃响后尽快接听，记录重要内容，不可先行或强行挂断电话

C. 对于不属于职责范围内的事项可以不予回答

D. 临时关闭服务窗口时，应摆放“暂停服务”标识牌

【解析】选项C，对于不属于职责范围内的事项应引导纳税人到相应部门。

【答案】ABD

10. 以下属于办税公开内容的有（　　）。

A. 服务人员信息

B. 咨询和投诉举报电话

C.“最多跑一次”清单

D. 纳税信用等级名单

【解析】办税公开的主要内容包括税费法律法规政策、服务事项、办税程序、办理时限、办公时间、服务人员信息、咨询和投诉举报电话、“全程网上办”“最多跑一次”清单以及税收管理领域基层政务公开标准目录中列明的其他事项。

【答案】ABC

11. 办税服务区域不能摆放在纳税人视线内的物品包括（　　）。

A. 手机　　B. 手提包

C. 衣物　　D. 绿色植物

【解析】在纳税人视线内不能有任何与工作无关的私人物品（包括手机、手提包、衣物等）摆放，椅子靠背不得挂有衣物。

【答案】ABC

12. 办税服务厅应当在（　　）区域合理配备现场辅导人员。

A. 门口保安处　　B. 咨询辅导区

C. 自助办税区　　D. 线上体验区

【解析】办税服务厅应当设立咨询辅导岗，在咨询辅导区、自助办税区和线上体验区合理配备现场辅导人员。

【答案】BCD

13. 纳入评价的政务服务机构或政务服务平台包括（　　）。

A. 办税服务厅窗口

B. 电子税务局

C. 12366纳税缴费服务热线

D. 自助办税终端

【解析】政务服务的评价主体包括纳税人和其他组织。纳入评价的政务服务机构为

办税服务厅窗口（含入驻政务服务中心的税务窗口）。纳入评价的政务服务平台包括电子税务局、12366 纳税缴费服务热线、自助办税终端等在内的税务部门政务服务平台。

【答案】ABCD

14. 办税服务厅窗口评价内容具体包括（　　）。

A. 对办理事项

B. 对服务制度是否落实到位

C. 对窗口服务人员业务是否熟练

D. 对服务态度是否端正

【解析】办税服务厅窗口评价内容包括对办理事项的评价和对窗口服务的评价。①对办理事项的评价：办税服务厅窗口的评价需与纳税人所办理的政务服务事项对应，纳税人每办理一次业务（可能包含多个事项），即提供一次评价。②对窗口服务的评价包括：服务制度是否落实到位、窗口服务人员的业务是否熟练、服务态度是否端正等。

【答案】ABCD

15. 纳税服务有效表达技巧有（　　）。

A. 使用纳税人易懂、清晰准确的话语

B. 使用简单明了的礼貌用语

C. 使用生动得体的问候语

D. 合理使用赞美

E. 禁用服务禁忌语言

【解析】略

【答案】ABCDE

16. 下列说法符合办税服务厅服务窗口设置要求的有（　　）。

A. 规范办税窗口设置

B. 综合窗口可一次性办理多项业务，为纳税人提供“一窗式”服务

C. 专业窗口办理相对独立、办理频次较高的业务

D. 遇到特殊时期或重大业务调整时可临时增设办税窗口

E. 办税服务厅可以单独设置“税务登记”“补充信息采集”窗口

【解析】根据办税服务厅窗口设置要求，办税服务厅不得设置“税务登记”“补充信息采集”窗口。

【答案】ABCD

**三、判断题**

1. 税务系统特别重大（Ⅰ级）、重大（Ⅱ级）突发事件发生后，事发地税务机关要立即报告上一级税务机关，最迟不超过 1 小时。（　　）

【解析】略

【答案】正确

2. 自助办税区是纳税服务的主体区域。 （ ）

【解析】办税服务区是纳税服务的主体区域。

【答案】错误

3. 办税服务厅突发事件应急处置原则是：以人为本、预防为主、果断处置。（ ）

【解析】略

【答案】正确

4. 预约服务范围包括税费事项办理及咨询等。预约服务只能由纳税人发起，服务时间由纳税人申请并进行预约。 （ ）

【解析】预约服务范围包括税费事项办理及咨询等。预约服务可以由纳税人发起，也可以由税务机关发起，服务时间由双方协商约定。

【答案】错误

5. 办税服务厅应当统一执法辅助人员工作着装，不得安排辅助人员着税务制服，不得将税务制服拆除肩章税徽后代替统一着装。 （ ）

【解析】略

【答案】正确

6. 办税服务厅发生排队拥堵时，可以通过增加导税人员、调整窗口功能、增设办税窗口或分流办税人员，防止出现秩序混乱的情况。 （ ）

【解析】略

【答案】正确

7. 办税服务厅导税台配置 2 名及以上导税员时，应使用隔离带辅助排队。（ ）

【解析】导税台配置 3 名及以上导税员时，应使用隔离带辅助排队。

【答案】错误

8. 办税服务厅要建立例会制度。例会由办税服务厅负责人召开，至少每周一次，安排在非对外办公时间进行，总结前期办税服务厅工作整体情况，点评存在问题，传达最新政策法规，部署落实当前工作重点和要点等。 （ ）

【解析】办税服务厅要建立例会制度。例会由办税服务厅负责人召开，至少每月一次，安排在非对外办公时间进行，总结前期办税服务厅工作整体情况，点评存在问题，传达最新政策法规，部署落实当前工作重点和要点等。

【答案】错误

9. 首问责任制度是指纳税人到税务机关或通过电话等方式办理涉税事项或寻求涉税帮助时，首位接洽的税务工作人员为纳税人办理或有效指引纳税人完成办理涉税事项的制度。首问责任人对不能现场办理的涉税事项应建立登记台账和收

件回执。 （　　）

【解析】根据《国家税务总局关于完善办税服务相关制度的通知》（税总发〔2016〕41号）规定，首问责任人对不能现场办理的涉税事项应建立登记台账和收件回执。登记内容包括接洽时间、纳税人名称、联系方式、首问事项、首问责任人、承办人和办理答复时间等相关信息。回执内容包括首问责任人姓名、联系方式、承诺办理或答复时限、监督投诉电话等。

【答案】正确

10. 新时代"枫桥式"办税服务厅建设以"党建引领不动摇、更坚定，依法治税不走样、更规范，税费服务不缺位、更智能，矛盾化解不上交、更和谐，队伍平安不出事、更有为"为标准。 （　　）

【解析】略

【答案】正确

11. 办税服务厅窗口工作人员与纳税人沟通不畅，发生争吵，引发了人员围观。该类突发事件属于办税秩序类突发事件。 （　　）

【解析】办税服务厅突发事件可分为办税秩序类、系统故障类、公共安全类、其他类。

【答案】正确

12. 税务总局负责自助办税终端的规划部署、设备采购、入网检测、资产管理、运行管理、安全保障、应急处置等实施工作。 （　　）

【解析】税务总局负责制定自助办税终端的管理制度、业务规范和技术规范，对各地税务机关进行指导、督促和检查。

省以下税务机关负责自助办税终端的规划部署、设备采购、入网检测、资产管理、运行管理、安全保障、应急处置等实施工作。

【答案】错误

13. 办税服务厅工作人员指引方向时，应五指并拢，手臂自然前伸，不得使用单个手指指引、指示。 （　　）

【解析】略

【答案】正确

14. 2024年4月征期，某办税服务厅自助办税区出现拥堵，导税人员为了提高办税效率，帮助操作不熟练的纳税人代为申报。 （　　）

【解析】导税人员辅导纳税人填写资料和自助办理税费事项，不可代为办理。

【答案】错误

15. 通过设置综合窗口、人员共驻、人员互派等方式，推进政务中心或社保缴费场所，社保缴费业务和人社、医保经办业务"一厅联办"。 （　　）

【解析】略

【答案】正确

16. 若申报期办税业务量峰值高，税务机关可要求纳税人错峰预约，纳税人接受错峰预约办税时，税务机关应安排绿色通道快速为纳税人办理涉税事宜。（ ）

【解析】税务机关可以根据申报期办税业务量峰值高低、办税事项集中度等情况向纳税人提出错峰预约建议。税务机关不得强制要求纳税人接受错峰预约。纳税人接受错峰预约办税时，税务机关应安排绿色通道快速为纳税人办理涉税事宜。

【答案】错误

17. 办税服务厅窗口按照“一次一评”原则开展评价，未当场做出评价的纳税人可在7个工作日内补充评价。（ ）

【解析】办税服务厅窗口按照“一次一评”原则开展评价，未当场做出评价的纳税人可在5个工作日内补充评价。在纳税人自愿的前提下，积极引导纳税人进行实名评价，不得强迫或干扰纳税人的评价。

【答案】错误

## 四、简答题

1. 面对因征纳冲突、设备故障、系统故障等导致办税过程停止或无法办税的办税中断情形时，应如何处理？

【答案】办税中断时应立即启动应急预案，逐级上报，同时办税服务厅应采取以下举措：

（1）办税中断预期短时间内恢复正常的，应对纳税人做好解释工作，请纳税人稍作等候，并提供延时服务。预计短时间内不能恢复正常的，应启动预约服务，及时疏导和分流办税服务厅现场的纳税人。纳税人提供的资料齐全、准确，税务机关应先予手工受理，并留下纳税人涉税申请资料和联系方式，约定前来办理的时间，疏导纳税人离开现场，待故障排除后加班处理或予以通知。

（2）系统故障不能在短时间内恢复正常的，应根据国家税务总局网络安全和信息化领导小组关于规范征管软件问题报送和对外信息发布的要求和国家税务总局办公厅关于规范业务停办事件提示和报告格式的要求，按规定程序在办税服务厅发布规范格式的公告通知。

（注：也可结合工作实际进行解答）

2. 请简述第一批税务证明事项实行告知承诺制的实施范围。

【答案】应从以下方面进行阐述：

（1）出生医学证明、户口簿、结婚证（已婚的提供）等家庭成员信息证明。主要用于：①个人购买家庭唯一住房、第二套改善性住房，申报享受减征契税政策。②棚户区被征收人首次购买改造安置住房，申报享受减征契税政策。

（2）家庭住房情况书面查询结果。主要用于：①个人购买家庭唯一住房、第二套改善性住房，申报享受减征契税政策。②棚户区被征收人首次购买改造安置住房，申报享受减征契税政策。

（3）县级以上人民政府教育行政主管部门或劳动行政主管部门批准并核发的办学许可证。主要用于企业事业组织、社会团体及其他社会组织和公民个人利用非国家财政性教育经费面向社会举办的教育机构，其承受土地、房屋权属用于教学的，申报享受免征契税政策。

（4）分支机构审计报告。主要用于企业取得境外分支机构的营业利润所得，申报抵免境外所得税收。

（5）企业在境外享受税收优惠政策的证明或有关审计报告。主要用于企业申报享受税收饶让抵免。

（6）相关部门核准企业股权变更事项证明资料。主要用于纳税人办理非居民企业股权转让适用特殊性税务处理手续。

**五、案例分析题**

1. 某征收期最后一日上午，某办税服务厅内，墙上的挂钟显示此时时间为 8 时 55 分，虽未到上班时间，但办税服务厅门口已有 10 多位纳税人在等候，9 时整，绝大多数办税服务厅工作人员已着装整齐地坐在各自的工位处，但工作人员李某急匆匆地跑进来，大声嚷道："一大早就堵车，气死我了"，说完把包往桌子上一放，看到拥到工位前的纳税人已有两三位，急匆匆地换上制服上衣，下半身仍是牛仔裤，便打开电脑，准备办公。可电脑怎么也打不开，正在着急，桌子上的电话铃声响起，李某接起电话便说："你找谁?"对方在电话中也不知是说了什么，只听李某说："这个事情不清楚，你打我们局办公室的电话，问问他们。"说完就挂断了电话。因为是征期最后一日，来办税的人特别多，11 时 55 分，办税服务厅又急匆匆地进来一位纳税人，说是要申报税款。其他工作人员都已不在工作岗位，李某着急去学校接孩子，就对纳税人说："现在已经下班了，你下午再来吧。"那位纳税人满脸的不高兴，说道："我大老远地跑过来了，你就帮我办了吧。"李某坚持说道："已过下班时间，你下午再来吧。"

通过上述事例，请你结合相关规定，谈谈李某在工作中主要存在哪些问题，应该怎样解决?

【答案】应从以下方面进行阐述：

李某在工作中主要存在如下问题：①着装不规范，制服与便装混穿；②应该严格遵守考勤纪律制度，不应迟到；③没有做好岗前准备，没有检查各类办公用品、计算机等电子设备是否正常运行；④接听电话语气生硬，服务用语不规范；⑤没有履行首问责任制；⑥没有为纳税人提供延时服务。

解决措施如下：①按规定统一着装；②认真做好岗前准备工作，检查各类办公用品、计算机等设备是否正常运行，如果发现问题，应及时和有关部门取得联系，尽快解决；③接听纳税人电话咨询时，要做到语气平和，表达清晰，使用规范用语；④应认真履行首问责任制；⑤遵守工作纪律，不迟到、不早退；⑥主动延长工作时间，对仍在办税服务厅等候办理涉税事项的纳税人要主动延长工作时间，为纳税人提供延时服务。

2. 刘某，独生子，父母均为62岁，大儿子5岁在读幼儿园，小女儿2023年10月出生，2023年6月为改善住房条件新购买一套大户型住房（适用二套房及以上房贷利率）。

2024年2月12日上午10点50分，刘某前往某办税服务厅咨询2023年度个人所得税综合所得汇算清缴事项。进入办税服务厅后，发现导税员小王正在整理文件资料，正要开口咨询，小王不耐烦地说："我正在忙，有什么事请去窗口办理。"刘某只能到排队叫号机取号。半小时后6号窗口叫到刘某，窗口工作人员小李手机来电，聊了五分钟后才问刘某要办理什么业务。刘某表示想咨询2023年度个人所得税汇算清缴最新政策，并介绍了自己的情况。

小李听完后，看了一眼手表发现下班了，便告诉刘某自己要去吃午饭了。他建议刘某如果对个人所得税汇算清缴有疑惑，可以参加某财务公司开展的付费培训，并推荐了公司信息。

根据上述材料，回答下列问题：

（1）该办税服务厅工作人员未落实的服务制度有（　　）。（多选）

A. 首问责任制度　　B. 延时服务制度

C. 预约服务制度　　D. 一次性告知制度

【解析】办税服务厅应当实行首问负责制、限时办结、预约服务、延时服务、一次性告知等制度，选项A、B正确，选项C、D错误，材料中未提及预约服务和一次性告知。

【答案】AB

（2）下列关于工作人员小王的岗位职责表述正确的有（　　）。（多选）

A. 负责为纳税人办理税费业务

B. 负责解答纳税人办理税费事项咨询

C. 负责辅导纳税人填写资料和自助办理税费事项

D. 负责引导纳税人在相关的服务区域或窗口办理税费事项

【解析】导税服务内容包含引导纳税人在相关的服务区域或窗口办理税费事项；辅

导纳税人填写资料和自助办理税费事项，协助纳税人核对资料和表单填写的完整性；解答纳税人办理税费事项咨询；宣传税费法律法规政策；维护办税服务厅秩序等。

【答案】BCD

（3）刘某2023年可以享受的个人所得税专项附加扣除包括（　　）。（多选）

A. 子女教育　　B. 赡养老人

C. 住房贷款利息　　D. 3岁以下婴幼儿照护

【解析】符合条件的首套房住房贷款利息扣除，是指购买住房享受首套住房贷款利率的情形才能按定额扣除。

【答案】ABD

（4）纳税人刘某2023年度可以享受的个人所得税专项附加扣除最高金额是（　　）元。（单选）

A. 64000　　B. 39000

C. 66000　　D. 54000

【解析】三岁以下婴幼儿照护扣除 = 2000 × 3 = 6000（元），子女教育支出扣除 = 2000 × 12 = 24000（元），赡养老人扣除 = 3000 × 12 = 36000（元），合计66000元。

【答案】C

（5）关于窗口工作人员小李在岗时接听电话的行为，下列表述正确的是（　　）。（单选）

A. 行为不存在问题，在岗时遇到工作方面的电话可以接听

B. 行为不存在问题，接听电话时间较短，未影响纳税人办理业务

C. 行为存在问题，在岗时不管是遇到工作还是私人电话均不能接听

D. 行为存在问题，需征得纳税人同意前提下接听电话并尽快进行答复

【解析】根据办税服务厅文明服务规范，工作人员办理业务过程中，遇到工作方面的电话，需现场征得纳税人同意的前提下，接听纳税人电话并尽快进行相应答复，选项D正确。

【答案】D

错题、要点整理页

# 第二部分

# 模拟测试

# 模拟测试（一）

**一、单项选择题**（下列各题的备选答案中，只有一个正确选项，请将正确选项的字母填写在括号中，多选、错选、不选均不得分。每小题2分，共计30分）

1. 自2024年4月至7月，在全党开展的学习教育是（　　）。
   A. 党史学习教育
   B. 党纪学习教育
   C. “不忘初心、牢记使命”主题教育
   D. 党章学习教育
2. 发展新质生产力的核心要素是（　　）。
   A. 人才培养　　B. 科技创新
   C. 实体经济　　D. 传统经济
3. 2024年“便民办税春风行动”，面向新办纳税人开展的活动是（　　）。
   A. “说理式执法”活动　　B. “开业第一课”活动
   C. “一窗办”活动　　D. “一条龙服务”活动
4. 根据《国家税务总局关于开展2024年“便民办税春风行动”的意见》规定，下列各项中，与税务总局“畅通纳税人缴费人诉求收集渠道”要求背道而驰的是（　　）。
   A. “民呼我为”　　B. “接诉即办”
   C. “未诉先办”　　D. “提高门槛”
5. 2024年全国税务工作会议的主题是（　　）。
   A. 深入学习贯彻党的二十大精神 守正创新奋力推进新征程税收现代化
   B. 凝心聚力勇担使命 高质量推进中国式现代化税务实践
   C. 务本求实稳中提质 高质量推进中国式现代化税务实践
   D. 坚持以习近平新时代中国特色社会主义思想为指引 高质量推进中国式现代化税务实践
6. 增值税发票查验平台可以查验的发票，不包括（　　）。
   A. 增值税专用发票　　B. 增值税电子专用发票

C. 景区门票　　D. 二手车销售统一发票

7. 下列业务中，可以由付款方向收款方开具发票的是（　　）。

A. 某公司向商场提供的保洁服务

B. 某公司向商场提供的装修服务

C. 某已备案汽车销售企业从自然人处购进二手车

D. 某公司提供货物运输服务

8. 纳税信用 A 级的纳税人可一次领取不超过（　　）个月的增值税发票用量。

A. 1　　B. 2

C. 3　　D. 4

9. 税收遵从理论以纳税行为和决策为研究对象，体现出它的时代特征。以下选项不符合税收遵从理论时代特征的是（　　）。

A. 关注纳税人个体特征

B. 重视纳税人个体利益

C. 尊重和保护纳税人权利

D. 关注税务机关运行效率

10. 纳税服务是由税务机关提供的非营利性服务，相对于商业服务而言，具有非常明显的个性特征。以下关于纳税服务的个性特征描述正确的是（　　）。

A. 纳税服务的客体是税务机关

B. 纳税服务的主体是纳税人

C. 纳税服务的内容是涉税事项及与税收相关联的事项

D. 纳税服务的性质是税务机关依法提供的一种有偿的公共服务

11. 根据 12366 纳税缴费服务热线管理相关规定，各地 12366 纳税缴费服务热线应当在工作时间为纳税人提供人工咨询服务，同时建立智能咨询体系，为纳税人提供相应的智能咨询服务。以下关于智能咨询服务的工作时长表述当中，正确的是（　　）。

A. 7 小时　　B. 8 小时

C. 24 小时　　D. 与人工咨询服务同步

12. 下列关于税务注销的规定，说法不正确的是（　　）。

A. 办理过涉税事宜，领用过发票、但无欠税（滞纳金）及罚款的纳税人，主动到税务机关办理清税，资料齐全的，税务机关即时出具清税文书

B. 未办理过涉税事宜的纳税人，主动到税务机关办理清税的，税务机关可根据纳税人提供的营业执照即时出具清税文书

C. 经人民法院裁定宣告破产的纳税人，持人民法院终结破产程序裁定书向税务机关申请税务注销的，税务机关即时出具清税文书，按照有关规定核销“死欠”

D. 办理过涉税事宜但未领用发票、无欠税（滞纳金）及罚款的纳税人，主动到税

务机关办理清税，资料不齐的，可采取“承诺制”容缺办理，在其作出承诺后，即时出具清税文书

13. 下列关于纳税信用评价的表述中，正确的是（　　）。

A. 以直接判级进行纳税信用评价适用于有严重失信行为的纳税人

B. 纳税信用级别设 A、B、C、D 四级

C. 上一评价年度纳税信用评价结果为 D 级的，本年度评价指标得分 90 分以上的，可以评为 A 级

D. 非正常原因一个评价年度内增值税连续 3 个月或者累计 6 个月零申报、负申报的，本评价年度直接判为 D 级

14. 下列有关延期办理纳税申报与延期缴纳税款的说法中，错误的是（　　）。

A. 纳税人因有特殊困难，不能按期缴纳税款的，经省、自治区、直辖市税务局批准，可以延期缴纳税款，但最长不得超过 3 个月

B. 当期货币资金在扣除应付账款、社会保险费后，不足以缴纳税款的，纳税人可以申请延期缴纳税款

C. 因不可抗力，导致纳税人发生较大损失，正常生产经营活动受到较大影响的，纳税人可以申请延期缴纳税款

D. 经核准延期办理申报、报送事项的，应当在税法规定的纳税期内按照上期实际缴纳的税额或者税务机关核定的税额预缴税款，并在核准的延期内办理税款结算

15. 下列关于跨区域经营信息报告的说法，不正确的是（　　）。

A. 纳税人跨区域经营活动结束后，应当结清经营地的税务机关的应纳税款以及其他涉税事项，并填报《经营地涉税事项反馈表》

B. 纳税人跨省临时从事生产经营活动的，应向机构所在地的税务机关填报《跨区域涉税事项报告表》

C. 纳税人在省（自治区、直辖市和计划单列市）内跨县（市）临时从事生产经营活动的，应向机构所在地的税务机关填报《跨区域涉税事项报告表》

D. 合同延期的，纳税人可向经营地或机构所在地的税务机关办理报验管理有效期限延期手续

**二、多项选择题**（下列各题的备选答案中，至少有两个正确选项，请将正确选项的字母填写在括号中，多选、错选、少选、不选均不得分。每小题 2 分，共计 30 分）

1. 2024 年全国税务系统全面从严治党工作的主要任务包括（　　）。

A. 巩固拓展主题教育成果

B. 强化政治监督

C. 深化税务系统反腐败斗争

D. 推动税务系统党的建设高质量发展

2. 税务系统党委讨论和决定本单位本系统重大问题，应当遵守的工作要求有（　　）。

A. 按照规则由集体讨论和决定

B. 议题由党委书记提出提交

C. 党委会议表决前应当进行充分讨论

D. 党委会议研究决定多个事项的，应一次性进行表决

3. 2024 年的《政府工作报告》指出，在 2024 年经济社会发展政策取向方面，要落实好结构性减税降费政策。重点支持的方向有（　　）。

A. 科技创新　　B. 房地产振兴

C. 文化旅游　　D. 制造业发展

4. 2024 年，国务院在优化政务服务提升行政效能方面，提出推动“高效办成一件事”，其具体目标包括（　　）。

A. 办事流程最优化　　B. 办事时间最短化

C. 办事方式多元化　　D. 办事材料最简化

5. 下列关于“新质生产力”的说法，正确的有（　　）。

A. 由技术革命性突破、生产要素创新性配置、产业深度转型升级而催生

B. 以劳动者、劳动资料、劳动对象及其优化组合的跃升为基本内涵

C. 以全要素生产率大幅提升为核心标志

D. 特点是创新，关键在质优，本质是先进生产力

6. 下列查获的发票中，由当地税务机关鉴别的有（　　）。

A. 伪造现场查获的发票

B. 变造现场查获的发票

C. 买卖地查获的发票

D. 存放地查获的发票

7. 下列关于资源回收企业向自然人报废产品出售者“反向开票”的说法正确的有（　　）。

A. 自然人销售报废产品连续 12 个月“反向开票”累计销售额超过 500 万元的，资源回收企业不得再向其“反向开票”

B. 资源回收企业应当通过电子发票服务平台或增值税发票管理系统，在线向出售者反向开具标注“报废产品收购”字样的发票

C. 资源回收企业向出售者“反向开票”时，仅需要按规定为出售者代办个人所得税的申报事项

D. 出售者通过“反向开票”销售报废产品，可按规定享受小规模纳税人月销售额 10 万元以下免征增值税和 3% 征收率减按 1% 计算缴纳增值税等税费优惠政策

8. 代开增值税普通发票的，可不填购买方纳税人识别号的有（　　）。

A. 境内某服装销售企业

B. 我国在境外设立的组织机构

C. 非常设组织机构

D. 自然人

9. 为深入贯彻党的二十大精神，认真落实中央经济工作会议和全国两会部署，巩固拓展学习贯彻习近平新时代中国特色社会主义思想主题教育成果，更好服务经济社会发展大局，2024 年 3 月，国家税务总局对外发布《关于开展 2024 年“便民办税春风行动”的意见》（税总纳服发〔2024〕19 号）以“持续提升效能 · 办好为民实事”为主题，紧紧围绕“高效办成一件事”持续开展“便民办税春风行动”，集成推出（　　）等方面惠民利企服务举措，进一步提高纳税人缴费人获得感、满意度。

A. 进一步夯实税费服务供给基础

B. 进一步提升税费服务诉求响应

C. 进一步强化税费服务数字赋能

D. 进一步推进税费服务方式创新

10. 以下税收违法行为举报，应当辅导举报人以书面形式向稽查局举报中心进行举报，而不应当由 12366 受理的有（　　）。

A. 纳税人存在逃避追缴欠税行为

B. 纳税人存在应开具而未开具发票的行为

C. 纳税人存在非法印制、转借、倒卖、变造或者伪造完税凭证的行为

D. 纳税人存在虚开发票行为

11. 税务人员在为纳税人提供服务时，要求统一着装、庄重得体、规范整洁。下列关于税务人员着装规范的说法正确的有（　　）。

A. 工作时间内不能着便装，如有特殊情况，如怀孕、受伤等，不便于穿着税务制服的，经纳税服务部门负责人同意，可穿便服上岗，并做到庄重得体

B. 着长袖衬衣（内衣）时，下摆要扎于裤内，不得外露

C. 穿着税务制服时，要扣好所有衣扣，不得披衣、敞怀、挽袖、卷裤腿

D. 公务场合夏天男性可穿短袖衬衫配西裤，女性穿衬衫加套裙

12. 对未处于税务检查状态、无欠税（滞纳金）及罚款、已缴销增值税专用发票及税控专用设备，且符合（　　）情形之一的纳税人，优化即时办结服务，采取“承诺制”容缺办理税务注销。

A. 纳税信用级别为 M 级的纳税人

B. 未达到增值税纳税起征点的纳税人

C. 控股母公司纳税信用级别为 A 级的 C 级纳税人

D. 省级人民政府引进人才或经省级以上行业协会等机构认定的行业领军人才等创办的企业

E. 纳税信用级别为 B 级的纳税人

13. 下列企业税务处理和账务处理，正确的有（　　）。

A. 一般纳税人为建筑工程老项目提供的建筑服务，可以选择适用简易计税方法计税

B. 一般纳税人提供货物运输服务，可以选择适用简易计税方法计税

C. 一般纳税人以清包工方式提供的建筑服务，可以选择适用简易计税方法计税

D. 一般纳税人采取简易计税方法计税的，应在“应交税费——应交增值税”科目核算

E. 一般纳税人提供公共交通运输服务，可以选择适用简易计税方法计税

14. 纳税人在 2023 年度已依法预缴个人所得税，符合（　　）情形之一的，无须办理年度汇算。

A. 纳税人年度汇算需补税但年度综合所得收入不超过 12 万元的

B. 纳税人年度汇算需补税金额不超过 400 元的

C. 纳税人年度汇算需补税金额不超过 500 元的

D. 纳税人已预缴税额与年度应纳税额一致或者不申请年度汇算退税的

E. 纳税人年度汇算需补税但年度综合所得收入不超过 15 万元的

15. 重大税收违法案件当事人联合惩戒的对象有（　　）。

A. 当事人为自然人的，惩戒的对象为当事人本人

B. 当事人为企业的，惩戒的对象为企业及其法定代表人、负有直接责任的财务负责人

C. 当事人为其他经济组织的，惩戒的对象为其他经济组织及其负责人、负有直接责任的财务负责人

D. 当事人为负有直接责任的中介机构及从业人员的，惩戒的对象为中介机构及其法定代表人或负责人，以及相关从业人员

**三、判断题**（判断各题正误。每小题 2 分，共计 20 分）

1. 开具电子发票后，如发生销售退回、开票有误、应税服务中止、销售折让等情形的，应当按照规定开具红字发票。（　　）

2. 增值税一般纳税人取得的 2017 年 7 月 1 日及以后开具的海关缴款书，应当自开具之日起 180 日内通过选择确认平台进行选择确认或申请稽核比对。（　　）

3. 开具发票应当使用中文。民族自治地方可以同时使用当地通用的一种民族文字。（　　）
4. 纳税服务的最终目的是增加国家财政收入。（　　）
5. 纳税服务是基础，它决定着税收征管的发展方向，而税收征管反作用于纳税服务，对纳税服务有着不可替代的促进作用。体现了税收征管与纳税服务是相互依存的关系。（　　）
6. 重点专题宣传是指税务机关根据工作计划开展的重点针对涉税事项的办理渠道、报送资料、办理程序、办理方法的宣传。（　　）
7. 纳税人可以开具所属期为2018年的个人所得税《纳税记录》。（　　）
8. 纳税人对个人所得税《纳税记录》存在异议的，可以向纳税人所在地的税务机关申请核实。（　　）
9. 纳税人可以通过网站、客户端软件、自助办税终端等渠道，无须验证即可自行查询税费缴纳情况、纳税信用评价结果、涉税事项办理进度等自身涉税信息。（　　）
10. 第三方涉税保密信息查询指税务机关根据法律法规规定，依申请向人民法院、人民检察院、公安机关、审计机关、抵押权人、质权人等单位和个人提供的涉税保密信息查询服务。（　　）

**四、案例分析题**（每小题4分，共计20分）

甲市某货物运输公司为增值税一般纳税人，2023年3月发生以下业务：

1. 提供境内运输服务取得运费收入价税合计545万元。

2. 出租汽车一辆，月租金不含税5000元，预收12个月租金6万元，暂未开具发票。

3. 取得国债利息收入50万元。

4. 支付桥、闸通行费，取得通行费发票注明收费金额1.05万元。

5. 处置一台职工食堂使用过的设备，该设备购置时增值税进项税额按税法规定未抵扣，取得含税收入1.03万元，开具增值税专用发票。

（其他相关资料：该公司适用增值税进项税额加计抵减政策且上月末无加计抵减额余额，本月取得的相关票据均符合税法规定并在本月抵扣。）

请根据上述资料，回答下列问题：

1. 该公司业务1的销项税额为（　　）万元。（单选）

A. 30.84　　B. 45.00

C. 49.05　　D. 62.70

2. 该公司业务2的销项税额为（　　）万元。（单选）

A. 0　　B. 0.54

C. 0.69　　D. 0.78

3. 该公司业务3需要缴纳增值税（　　）万元。（单选）

A. 0　　B. 2.83

C. 3.00　　D. 4.50

4. 该公司业务4允许抵扣的进项税额为（　　）万元。（单选）

A. 0.03　　B. 0.05

C. 0.06　　D. 0.10

5. 该公司2023年3月实际缴纳增值税（　　）万元。（单选）

A. 45.73　　B. 45.76

C. 48.73　　D. 48.76

# 模拟测试（一）·参考答案及解析

## 答案速查

### 一、单项选择题（每小题 2 分，共计 30 分）

| | | | | |
|---|---|---|---|---|
| 1. B | 2. B | 3. B | 4. D | 5. D |
| 6. C | 7. C | 8. C | 9. D | 10. C |
| 11. C | 12. A | 13. A | 14. B | 15. C |

### 二、多项选择题（每小题 2 分，共计 30 分）

| | | | | |
|---|---|---|---|---|
| 1. ABCD | 2. ABC | 3. AD | 4. ACD | 5. ABCD |
| 6. ABCD | 7. ABD | 8. BCD | 9. ABCD | 10. ACD |
| 11. ABC | 12. BDE | 13. ACE | 14. ABD | 15. ABCD |

### 三、判断题（每小题 2 分，共计 20 分）

| | | | | |
|---|---|---|---|---|
| 1. √ | 2. × | 3. √ | 4. × | 5. × |
| 6. × | 7. × | 8. × | 9. × | 10. √ |

### 四、案例分析题（每小题 4 分，共计 20 分）

| | | | | |
|---|---|---|---|---|
| 1. B | 2. D | 3. A | 4. B | 5. B |

# 答案解析

## 一、单项选择题

1.【参考答案】B

【答案解析】中共中央办公厅印发的《关于在全党开展党纪学习教育的通知》指出，为深入学习贯彻修订后的《中国共产党纪律处分条例》，经党中央同意，自2024年4月至7月，在全党开展党纪学习教育。

2.【参考答案】B

【答案解析】2024年1月31日，习近平总书记在中共中央政治局第十一次集体学习时指出，科技创新能够催生新产业、新模式、新动能，是发展新质生产力的核心要素。

3.【参考答案】B

【答案解析】根据《国家税务总局关于开展2024年“便民办税春风行动”的意见》规定，开展面向新办纳税人的“开业第一课”活动，精准推送新办纳税人想要了解和需要掌握的政策、指引等宣传辅导产品。

4.【参考答案】D

【答案解析】根据《国家税务总局关于开展2024年“便民办税春风行动”的意见》规定，持续深化“民呼我为”“接诉即办”“未诉先办”，畅通纳税人缴费人诉求收集渠道，强化直联点税务机关诉求感知“触角”作用，进一步提高诉求办理效率，办成办好纳税人缴费人反映较多的热点诉求，并适时向社会公开办理情况。

5.【参考答案】D

【答案解析】2024年全国税务工作会议的主题是“坚持以习近平新时代中国特色社会主义思想为指引 高质量推进中国式现代化税务实践”。

6.【参考答案】C

【答案解析】增值税发票查验平台可以查验的发票有：①使用增值税发票管理系统开具的发票，包括增值税专用发票、增值税电子专用发票、增值税普通发票（折叠票）、增值税普通发票（卷票）、增值税电子普通发票（含收费公路通行费增值税电子普通发票）、机动车销售统一发票和二手车销售统一发票。②使用电子发票服务平台开具的发票，包括电子发票（增值税专用发票）、电子发票（普通发票）、增值税专用发票和增值税普通发票。

7.【参考答案】C

【答案解析】根据商务部等17部门《关于搞活汽车流通 扩大汽车消费若干措施的通知》（商消费发〔2022〕92号）规定，自2022年10月1日起，对已备案汽车销售企业从自然人处购进二手车的，允许企业反向开具二手车销售统一发票并凭此办理转移登记手续。

8.【参考答案】C

【答案解析】根据《国家税务总局关于按照纳税信用等级对增值税发票使用实行分类管理有关事项的公告》（国家税务总局公告 2016 年第 71 号）规定，纳税信用 A 级的纳税人可一次领取不超过 3 个月的增值税发票用量，纳税信用 B 级的纳税人可一次领取不超过 2 个月的增值税发票用量。

9.【参考答案】D

【答案解析】税收遵从理论以纳税行为和决策为研究对象，体现出关注纳税人个体特征、重视个体利益、尊重和保护纳税人权利等时代特征。

10.【参考答案】C

【答案解析】纳税服务的客体是纳税人，纳税服务的主体是税务机关，纳税服务是税务机关依法提供的一种无偿的公共服务。

11.【参考答案】C

【答案解析】《国家税务总局关于印发〈全国税务系统进一步优化税收营商环境行动方案（2018 年—2022 年）〉的通知》（税总发〔2018〕145 号）规定，加强 12366 网上咨询与热线咨询相互融合，搭建智能咨询平台，拓展 12366 受理渠道。建立智能咨询库，实现 24 小时咨询服务。

12.【参考答案】A

【答案解析】根据《国家税务总局关于深化“放管服”改革 更大力度推进优化税务注销办理程序工作的通知》（税总发〔2019〕64 号）规定，办理过涉税事宜但未领用发票、无欠税（滞纳金）及罚款的纳税人，主动到税务机关办理清税，资料齐全的，税务机关即时出具清税文书。

13.【参考答案】A

【答案解析】纳税信用级别设 A、B、M、C、D 五级，选项 B 错误；有下列情形之一的纳税人，本评价年度不能评为 A 级：

（1）实际生产经营期不满 3 年的；

（2）上一评价年度纳税信用评价结果为 D 级的；

（3）非正常原因一个评价年度内增值税连续 3 个月或者累计 6 个月零申报、负申报的；

（4）不能按照国家统一的会计制度规定设置账簿，并根据合法、有效凭证核算，向税务机关提供准确税务资料的。故选项 C、D 错误。

14.【参考答案】B

【答案解析】根据《中华人民共和国税收征收管理法实施细则》规定，纳税人满足以下任何一个条件，均可以申请延期缴纳税款：一是因不可抗力，导致纳税人发生较大损失，正常生产经营活动受到较大影响的；二是当期货币资金在扣除应付职工工资、社会保险费后，不足以缴纳税款的。

15.【参考答案】C

【答案解析】纳税人在省（自治区、直辖市和计划单列市）内跨县（市）临时从事生产经营活动的，是否实施跨区域涉税事项报验管理，由省（自治区、直辖市和计划单列市）税务机关确定。

## 二、多项选择题

1.【参考答案】ABCD

【答案解析】2024 年税务系统全面从严治党工作主要任务包括：要巩固拓展主题教育成果，持之以恒学深悟透习近平新时代中国特色社会主义思想；要不断强化政治监督，持之以恒推动党中央决策部署落地见效；要坚持巩固深化提升，持之以恒推动税务系统党的建设高质量发展；要一体推进“三不腐”，持之以恒深化税务系统反腐败斗争；要扎实纠“四风”树新风，持之以恒强化税务系统纪律作风建设；要深入推进税务系统纪检监察体制改革，持之以恒推动一体化综合监督体系有效运转；要加强年轻干部教育管理监督，持之以恒推动税务青年建功新时代、奋进新征程；要加强党建和纪检干部队伍建设，持之以恒做到自身清、自身正、自身硬。

2.【参考答案】ABC

【答案解析】党委作出重大决策，一般应当经过调查研究、征求意见、充分酝酿等程序，按照规则由集体讨论和决定。党委会议议题由党委书记提出，或者由党委其他委员提出建议、党委书记综合考虑后确定。会议议题应当提前书面通知党委委员。党委会议议题提交表决前，应当进行充分讨论。表决可以采用口头、举手、无记名投票或者记名投票等方式进行，赞成票超过应到会党委委员半数为通过。未到会党委委员的书面意见不得计入票数。表决实行主持人末位表态制。会议研究决定多个事项的，应当逐项进行表决。

3.【参考答案】AD

【答案解析】2024 年《政府工作报告》，在 2024 年经济社会发展政策取向方面指出，落实好结构性减税降费政策，重点支持科技创新和制造业发展。

4.【参考答案】ACD

【答案解析】《国务院关于进一步优化政务服务提升行政效能推动“高效办成一件事”的指导意见》（国发〔2024〕3 号）第一条规定，把“高效办成一件事”作为优化政务服务、提升行政效能的重要抓手，加强整体设计，推动模式创新，注重改革引领和数字赋能双轮驱动，统筹发展和安全，推动线上线下融合发展，实现办事方式多元化、办事流程最优化、办事材料最简化、办事成本最小化，最大限度利企便民，激发经济社会发展内生动力。

5.【参考答案】ABCD

【答案解析】2024 年 1 月 31 日，习近平总书记在中共中央政治局第十一次集体学习时指出，新质生产力是创新起主导作用，摆脱传统经济增长方式、生产力发展路径，具有高科技、高效能、高质量特征，符合新发展理念的先进生产力质态。它由技术革命性突破、生产要素创新性配置、产业深度转型升级而催生，以劳动者、劳动资料、劳动对象及其优化组合的跃升为基本内涵，以全要素生产率大幅提升为核心标志，特点是创新，关键在质优，本质是先进生产力。

6.【参考答案】ABCD

【答案解析】根据《中华人民共和国发票管理办法实施细则》第三十八条规定，在伪造、变造现场以及买卖地、存放地查获的发票，由当地税务机关鉴别。

7.【参考答案】ABD

【答案解析】根据《国家税务总局关于资源回收企业向自然人报废产品出售者“反向开票”有关事项的公告》（国家税务总局公告 2024 年第 5 号）规定，资源回收企业向出售者“反向开票”时，应当按规定为出售者代办增值税及附加税费、个人所得税的申报事项。

8.【参考答案】BCD

【答案解析】根据《国家税务总局关于纳税人申请代开增值税发票办理流程的公告》（国家税务总局公告 2016 年第 59 号）规定，代开增值税普通发票的，购买方为自然人或符合下列条件之一的单位（机构），纳税人识别号可不填写：①我国在境外设立的组织机构；②非常设组织机构；③组织机构的内设机构；④军队、武警部队的序列单位等。

9.【参考答案】ABCD

【答案解析】根据《国家税务总局关于开展 2024 年“便民办税春风行动”的意见》（税总纳服发〔2024〕19 号）的文件内容，国家税务总局集成推出 4 个方面惠民利企服务举措，进一步提高纳税人缴费人获得感、满意度。

10.【参考答案】ACD

【答案解析】根据《税收违法行为检举管理办法》及相关规定，纳税人一般税收违法行为举报，是指举报人（含单位、个人）对纳税人、扣缴义务人涉嫌偷税，逃避追缴欠税，骗税，虚开、伪造、非法提供、非法取得发票，以及其他税收违法行为进行的举报，业务上属于稽查部门职责范围，应当辅导举报人以书面形式向稽查局举报中心进行举报。

11.【参考答案】ABC

【答案解析】不准制服、便服混穿，不准不同季节的制服混穿。

12.【参考答案】BDE

【答案解析】根据《国家税务总局关于深化“放管服”改革 更大力度推进优化税务注销办理程序工作的通知》（税总发〔2019〕64 号）规定，对未处于税务检查状态、无欠税（滞纳金）及罚款、已缴销增值税专用发票及税控专用设备，且符合下列情形之一的纳税人，优化即时办结服务，采取“承诺制”容缺办理，即：纳税人在办理税务注销时，若资料不齐，可在其作出承诺后，税务机关即时出具清税文书。

（1）纳税信用级别为 A 级和 B 级的纳税人；

（2）控股母公司纳税信用级别为 A 级的 M 级纳税人；

（3）省级人民政府引进人才或经省级以上行业协会等机构认定的行业领军人才等创办的企业；

（4）未纳入纳税信用级别评价的定期定额个体工商户；

（5）未达到增值税纳税起征点的纳税人。

纳税人应按承诺的时限补齐资料并办结相关事项。若未履行承诺的，税务机关将对其法定代表人、财务负责人纳入纳税信用 D 级管理。

13.【参考答案】ACE

【答案解析】选项 B，一般纳税人提供货物运输服务，不能选择适用简易计税方法计税；选项 D，一般纳税人采用简易计税方法计税的，应在“应交税费——简易计税”科目核算。

14.【参考答案】ABD

【答案解析】《国家税务总局关于办理 2023 年度个人所得税综合所得汇算清缴事项的公告》（国家税务总局公告 2024 年第 2 号）规定，纳税人在 2023 年已依法预缴个人所得税且符合下列情形之一的，无须办理汇算：①汇算需补税但综合所得收入全年不超过 12 万元的；②汇算需补税金额不超过 400 元的；③已预缴税额与汇算应纳税额一致的；④符合汇算退税条件但不申请退税的。

15.【参考答案】ABCD

【答案解析】根据《关于对重大税收违法案件当事人实施联合惩戒措施的合作备忘录（2016 年版）》规定，重大税收违法案件当事人联合惩戒的惩戒对象包括：

（1）当事人为自然人的，惩戒的对象为当事人本人；

（2）当事人为企业的，惩戒的对象为企业及其法定代表人、负有直接责任的财务负责人；

（3）当事人为其他经济组织的，惩戒的对象为其他经济组织及其负责人、负有直接责任的财务负责人；

（4）当事人为负有直接责任的中介机构及从业人员的，惩戒的对象为中介机构及其法定代表人或负责人，以及相关从业人员。

## 三、判断题

1.【参考答案】√

【答案解析】略

2.【参考答案】×

【答案解析】《国家税务总局关于取消增值税扣税凭证认证确认期限等增值税征管问题的公告》（国家税务总局公告 2019 年第 45 号）规定，增值税一般纳税人取得 2017 年 1 月 1 日及以后开具的增值税专用发票、海关进口增值税专用缴款书、机动车销售统一发票、收费公路通行费增值税电子普通发票，取消认证确认、稽核比对、申报抵扣的期限。

3.【参考答案】√

【答案解析】略

4.【参考答案】×

【答案解析】纳税服务的最终目的是提高税法遵从度，促进纳税人遵从税法。

5.【参考答案】×

【答案解析】税收征管是基础，它决定着纳税服务的发展方向，而纳税服务反作用于税收征管，对税收征管有着不可替代的促进作用。体现了税收征管与纳税服务是辩证统一的关系。

6.【参考答案】×

【答案解析】重点专题宣传是指税务机关根据工作计划、税收政策和管理制度（体制）变化及纳税人需求情况，组织实施特定主题的税法宣传活动。

7.【参考答案】×

【答案解析】个人所得税税款所属期为 2019 年 1 月 1 日（含）以后的，税务机关开具个人所得税《纳税记录》；税款所属期为 2018 年 12 月 31 日（含）以前的，税务机关开具个人所得税《税收完税证明》（文书式）。

8.【参考答案】×

【答案解析】纳税人对个人所得税《纳税记录》存在异议的，可以向该项记录中列明的税务机关申请核实。

9.【参考答案】×

【答案解析】纳税人可以通过网站、客户端软件、自助办税终端等渠道，经过有效身份认证和识别，自行查询税费缴纳情况、纳税信用评价结果、涉税事项办理进度等自身涉税信息。

10.【参考答案】√

【答案解析】略

## 四、案例分析题

1.【参考答案】B

【答案解析】业务1的销项税额 $=545\div(1+9\%)\times9\%=45$（万元）

2.【参考答案】D

【答案解析】纳税人提供租赁服务采取预收款方式的，其增值税纳税义务发生时间为收到预收款的当天，业务2的销项税额 $=6\times13\%=0.78$（万元）。

3.【参考答案】A

【答案解析】国债、地方政府债利息收入免征增值税。

4.【参考答案】B

【答案解析】该公司业务4允许抵扣的进项税额 $=1.05\div(1+5\%)\times5\%=0.05$（万元）

5.【参考答案】B

【答案解析】纳税人销售自己使用过的固定资产，适用简易办法依照3%征收率减按2%征收增值税政策的，可以放弃减税，按照简易办法依照3%征收率缴纳增值税，并可以开具增值税专用发票。该公司处置一台职工食堂使用过的设备应缴纳增值税 $=1.03\div(1+3\%)\times3\%=0.03$（万元），该公司2023年3月实际缴纳增值税 $=45+0.78-0.05+0.03=45.76$（万元）。

# 模拟测试（二）

**一、单项选择题**（下列各题的备选答案中，只有一个正确选项，请将正确选项的字母填写在括号中，多选、错选、不选均不得分。每小题2分，共计30分）

1. 2024年“便民办税春风行动”的主题是（　　）。

   A. 持续提升效能·办好为民实事

   B. 优化执法服务·办好惠民实事

   C. 我为群众办实事

   D. 智慧税务助发展·惠企利民稳增长

2. 2024年全国税务系统的首要任务是（　　）。

   A. 建强政治机关

   B. 聚财生财并举

   C. 服务高质量发展

   D. 智慧税务建设

3. 中央经济工作会议指出，2024年经济工作要坚持稳中求进、以进促稳和（　　）。

   A. 先立后破　　　　B. 先破后立

   C. 边立边破　　　　D. 先行后稳

4. 全国税务工作会议强调，要加力推进的跨境税费服务品牌是（　　）。

   A. “税路通”

   B. “纵合横通强党建”

   C. “政策找人”

   D. “高效办成一件事”

5. 坚持把发展经济的着力点放在实体经济上，推进新型工业化，是我国当前建设现代化产业体系的重要举措。下列选项中，不属于建设现代化产业体系内容的是（　　）。

   A. 加快建设质量强国

   B. 加快建设农业大国

   C. 加快建设数字中国

D. 加快建设网络强国

6. 下列业务发票税率栏应填写“不征税”的是（　　）。

A. 预付卡销售

B. 销售免税货物

C. 建筑企业提供的建筑服务

D. 自然人出租自建住房

7. 下列各项中，应按“销售货物”缴纳增值税的是（　　）。

A. 销售暖气　　B. 销售个人住房

C. 销售金融产品　　D. 邮政公司寄送信件

8. 2023 年度皮鞋制造厂甲企业实现销售收入 2000 万元，发生广告费 400 万元，上年度结转未扣除广告费 15 万元。甲企业计算 2023 年度企业所得税应纳税所得额时，准予扣除的广告费金额为（　　）万元。

A. 260　　B. 300

C. 400　　D. 410

9. 对于纳税人咨询 12366 纳税缴费服务热线产生的疑难问题，以下处理机制表述正确的是（　　）。

A. 对于在 12366 税收知识库或 12366 智能咨询库无法查找答案的疑难问题，应当转本级税务机关相关部门进行处理

B. 省以下 12366 主管部门不能处理的疑难问题，本级业务部门应在 5 个工作日内予以答复

C. 各省 12366 主管部门转省级业务部门办理的疑难问题，承办部门应在 10 个工作日内予以答复

D. 由各省 12366 主管部门向省级业务部门转办的疑难问题，应由其答复或请示国家税务总局相关业务部门给予答复

10. 税务机关向纳税人提供电话咨询服务当中，对不能即时答复的咨询，应当在（　　）内进行回复。

A. 1 个工作日　　B. 3 个工作日

C. 5 个工作日　　D. 规定时限

11. 以下不属于 12366 纳税缴费服务热线“六能”功能的是（　　）。

A. 能问　　B. 能看

C. 能听　　D. 能传

12. 下列有关预缴增值税的说法中正确的是（　　）。

A. 一般纳税人跨县（市、区）提供建筑服务，适用一般计税方法计税的，应以取得的全部价款和价外费用扣除支付的分包款后的余额，按照 3% 的预征率在建筑

服务发生地预缴税款

B. 一般纳税人出租其 2016 年 5 月 1 日后取得的、与机构所在地不在同一县（市）的不动产，应按照 2% 的预征率在不动产所在地预缴税款

C. 房地产开发企业中的一般纳税人采取预收款方式销售自行开发的房地产老项目，适用一般计税方法计税的，应以取得的全部价款和价外费用，按照 3% 的预征率在不动产所在地预缴税款

D. 一般纳税人出租其 2016 年 4 月 30 日前取得的不动产，适用一般计税方法计税的，应以取得的全部价款和价外费用，按照 5% 的预征率在不动产所在地预缴税款

13. 企业取得的下列收入中，属于企业免税收入的是（　　）。

A. 企业债券利息收入

B. 依法收取并纳入财政管理的行政事业性收费、政府性基金

C. 符合条件的居民企业之间的股息、红利等权益性投资收益

D. 非营利组织因政府购买服务取得的收入

14. 下列符合纳税人“账簿、凭证管理”的相关规定的是（　　）。

A. 从事生产、经营的纳税人应自其领取营业执照之日起 10 日内按照国家有关规定设置账簿

B. 扣缴义务人应当自税收法律、行政法规规定的扣缴义务发生之日起 15 日内，按照所代扣、代收的税种，分别设置代扣代缴、代收代缴税款账簿

C. 从事生产、经营的纳税人应当自领取税务登记证件之日起 15 日内，将其财务、会计制度或者财务、会计处理办法和会计核算软件报送税务机关备案

D. 除法律、行政法规另有规定外，账簿、会计凭证、报表、完税凭证及其他有关资料应当保存 5 年

15. 下列各项中，应同时征收增值税和消费税的是（　　）。

A. 零售珠宝玉石　　B. 零售超豪华小轿车

C. 进口金银首饰　　D. 零售卷烟

**二、多项选择题**（下列各题的备选答案中，至少有两个正确选项，请将正确选项的字母填写在括号中，多选、错选、少选、不选均不得分。每小题 2 分，共计 30 分）

1. 2023 年底召开的中央经济工作会议指出，进一步推动经济回升向好需要克服一些困难和挑战，主要困难和挑战有（　　）。

A. 有效需求不足、部分行业产能过剩

B. 社会预期偏弱、风险隐患仍然较多

C. 国内大循环存在堵点

D. 外部环境的复杂性、严峻性、不确定性上升

2. 全党开展党纪学习教育，组织党员特别是党员领导干部认真学习《中国共产党纪律处分条例》的主要目标包括（　　）。

A. 教育党员做到学纪、知纪、明纪、守纪

B. 搞清楚党的纪律规矩是什么，弄明白能干什么、不能干什么

C. 进一步强化纪律意识、加强自我约束、提高免疫能力

D. 始终做到忠诚干净担当

3. 全面贯彻2024年经济工作的总体要求，要注意把握和处理好的几对关系包括（　　）。

A. 速度与质量

B. 宏观数据与微观感受

C. 发展经济与改善民生

D. 发展与安全

4. 下列关于全国税务系统素质提升“2271”工程的表述正确的有（　　）。

A. 200 名左右战略人才

B. 2000 名左右领军人才

C. 7 万名左右专业骨干

D. 7 万名左右业务标兵

5. 2024年全国税务系统全面从严治党工作会议强调做到八个“持之以恒”。下列属于八个“持之以恒”内容的有（　　）。

A. 持之以恒学深悟透习近平新时代中国特色社会主义思想

B. 持之以恒加强减税降费效益分析

C. 持之以恒推动税务系统党的建设高质量发展

D. 持之以恒强化税务系统纪律作风建设

6. 下列情况不得开具增值税专用发票的有（　　）。

A. 零售食品　　B. 零售化妆品

C. 零售烟酒　　D. 向个人销售货物

7. 下列服务属于增值税“现代服务”征税范围的有（　　）。

A. 信息技术服务　　B. 物流辅助服务

C. 餐饮住宿服务　　D. 广播影视服务

8. 以下免征个人所得税的有（　　）。

A. 军人的转业费

B. 个人转让自用达 5 年以上并且是唯一的家庭生活用房取得的所得

C. 按国家统一规定发放的补贴、津贴

D. 转让国债的所得

9. 为持续推进“减证便民”，优化税收营商环境，国家税务总局推行了部分税务证明事项实行告知承诺制。下列属于告知承诺制的税务证明有（　　）。

A. 纳税人取得悬挂应急救援专用号牌的国家综合性消防救援车辆，申报享受免征车辆购置税政策的国家综合性消防救援车辆证明

B. 个人转让自用 5 年以上，并且是家庭唯一生活用房，申报享受免征个人所得税政策的家庭成员信息证明

C. 个人转让自用 5 年以上，并且是家庭唯一生活用房，申报享受免征个人所得税政策的家庭唯一生活用房证明

D. 个人购买家庭唯一住房、第二套改善性住房，申报享受减征契税政策的家庭住房情况书面查询结果

10. 下列关于纳税人、缴费人满意度调查说法正确的有（　　）。

A. 全面调查是围绕税收工作重点，覆盖总局、省、市三级税务机关，涉及多项调查指标的常态化调查

B. 日常调查是各级税务机关针对具体税收管理、服务行为及纳税人办税体验的实时调查

C. 日常调查包括政务服务“好差评”中的“一次一评”“一事一评”等

D. 专项调查是各级税务机关针对重点税收工作，纳税人普遍关切的税收政策、服务措施，以及全面调查、日常调查反映的突出问题开展的专门性调查

11. 下列涉税事项属于即时办结的有（　　）。

A. 解除相关人员关联关系

B. 存款账户账号报告

C. 银税三方（委托）划缴协议

D. 增值税一般纳税人登记

12. 下列情形中，纳税信用等级直接判为 D 级的情形有（　　）。

A. 存在逃避缴纳税款、逃避追缴欠税、骗取出口退税、虚开增值税专用发票等行为，经判决构成涉税犯罪的

B. 在规定期限内未按税务机关处理结论缴纳或者足额缴纳税款、滞纳金和罚款的

C. 非正常原因一个评价年度内增值税连续 3 个月或者累计 6 个月零申报、负申报的

D. 提供虚假申报材料享受税收优惠政策的

E. 无失信行为，但评价年度内无生产经营业务收入且年度评价指标得分 70 分以上的企业

13. 在办理税务注销时，符合一定情形的纳税人，税务机关提供即时办结服务，采取“承诺制”容缺办理。上述情形包括（　　）。

A. 纳税信用级别为 A 级和 B 级的纳税人

B. 控股母公司纳税信用级别为A级或B级的M级纳税人

C. 省级人民政府引进人才或经省级以上行业协会等机构认定的行业领军人才等创办的企业

D. 未纳入纳税信用级别评价的定期定额个体工商户

E. 未达到增值税纳税起征点的纳税人

14. 下列居民个人取得的各项所得中，不属于综合所得按纳税年度合并计算个人所得税的有（　　）。

A. 工资、薪金所得　　B. 劳务报酬所得

C. 经营所得　　D. 稿酬所得

E. 财产租赁所得

15. 纳税信用评价结果的确定和发布遵循（　　）的原则。

A. 谁评价　　B. 谁确定

C. 谁发布　　D. 谁告知

**三、判断题**（判断各题正误。每小题2分，共计20分）

1. 自用的地下建筑，属于工业用途房产的，以房屋原价的30%～40%作为应税房产原值。（　　）
2. 土地增值税采用核定征收的，核定征收率原则上不得低于5%。（　　）
3. 建筑企业将塔吊出租（未配备操作人员的），属于提供建筑服务。（　　）
4. 超过预约时间而未到场的，税务工作人员应当主动与纳税人协商解决，并重新安排预约时间。（　　）
5. 突发事件的应急预案应该包罗万象，坚决做到一个预案包揽一切。（　　）
6. 免填单服务中，纳税人无须进行任何申请及操作。（　　）
7. 对国家综合性消防救援队伍进口国内不能生产或性能不能满足需求的消防救援装备，不免征关税。（　　）
8. 符合备案类税收减免的纳税人，如需享受相应税收减免，应在首次享受减免税的申报阶段或在申报征期后的其他规定期限内提交相关资料，向主管税务机关申请办理税收减免备案。（　　）
9. 只有安置残疾人的企业才能享受增值税即征即退政策。（　　）
10. 个人所得税《纳税记录》可以作为纳税人记账、抵扣凭证。（　　）

**四、案例分析题**（每小题4分，共计20分）

2024年4月某天大征期，某市办税服务厅窗口和自助办税区有不少纳税人排队等候。此时，大厅突然停电。纳税人甲经营一家建筑服务业个体工商户，看到大厅较混

乱，也未见值班领导。等了很久供电恢复后，甲找到窗口工作人员小王，咨询其个体户能否享受增值税小规模纳税人3%征收率减按1%征收的政策。但小王告知甲自己正在忙，让他去咨询其他工作人员。于是甲走到导税区咨询工作人员小张，小张告诉他该政策只适用于企业。站在一旁的办税人乙也向小张咨询，其公司为从事服装零售业务的增值税小规模纳税人，2024年一季度销售货物取得不含税收入20万元，开具的都是增值税普通发票，同时卖了一座厂房不含税收入50万元，他想问自己公司能否享受免征增值税优惠。小张说："小规模纳税人季度销售额超过了30万元不得享受增值税免征优惠。"见值班领导回到岗位，没有得到满意回复的甲投诉了小王。

1. 根据《办税服务厅突发事件应急管理办法（试行）》，该情况属于哪类突发事件？该类事件应如何处置？
2. 小王的做法违反了哪项纳税服务制度？
3. 小张对甲的回答是否正确？请说明理由。
4. 小张对乙的回答是否正确？请说明理由。乙的公司一季度应纳税款是多少？
5. 甲对小王的投诉属于什么类型的投诉？请列明各类纳税服务投诉办理期限的要求。

# 模拟测试（二）·参考答案及解析

## 答案速查

### 一、单项选择题（每小题2分，共计30分）

| | | | | |
|---|---|---|---|---|
| 1. A | 2. C | 3. A | 4. A | 5. B |
| 6. A | 7. A | 8. B | 9. B | 10. D |
| 11. D | 12. C | 13. C | 14. C | 15. B |

### 二、多项选择题（每小题2分，共计30分）

| | | | | |
|---|---|---|---|---|
| 1. ABCD | 2. ABCD | 3. ABCD | 4. ABD | 5. ACD |
| 6. ABCD | 7. ABD | 8. ABC | 9. ABCD | 10. BCD |
| 11. BCD | 12. ABD | 13. ACDE | 14. CE | 15. ABC |

### 三、判断题（每小题2分，共计20分）

| | | | | |
|---|---|---|---|---|
| 1. × | 2. √ | 3. × | 4. × | 5. × |
| 6. × | 7. × | 8. √ | 9. × | 10. × |

# 答案解析

## 一、单项选择题

1.【参考答案】A

【答案解析】2024年税务总局决定，2024年以“持续提升效能·办好为民实事”为主题，紧紧围绕推动国务院“高效办成一件事”部署在税务系统落地见效，持续开展“便民办税春风行动”，集成推出系列惠民利企服务举措，进一步提高纳税人缴费人获得感、满意度。

2.【参考答案】C

【答案解析】2024年全国税务工作会议要求，2024年全国税务系统要坚持以习近平新时代中国特色社会主义思想为指导，深刻领悟“两个确立”的决定性意义，增强“四个意识”、坚定“四个自信”、做到“两个维护”，坚持加强党对税务工作的全面领导，坚持完整、准确、全面贯彻新发展理念，坚持稳中求进、以进促稳、先立后破，以建强政治机关为首要责任，以服务高质量发展为首要任务，以聚财生财并举为首要担当，以优服务强监管为有力抓手，以智慧税务建设为有力支撑，以全面从严治党为有力保障，守正创新、接续奋斗，真抓实干、善作善成，高质量推进中国式现代化税务实践，更好发挥税收在国家治理中的基础性、支柱性、保障性作用，为以中国式现代化全面推进强国建设、民族复兴伟业作出更大贡献。

3.【参考答案】A

【答案解析】2023年中央经济工作会议要求，明年要坚持稳中求进、以进促稳、先立后破，多出有利于稳预期、稳增长、稳就业的政策，在转方式、调结构、提质量、增效益上积极进取，不断巩固稳中向好的基础。要强化宏观政策逆周期和跨周期调节，继续实施积极的财政政策和稳健的货币政策，加强政策工具创新和协调配合。

4.【参考答案】A

【答案解析】2024年全国税务工作会议强调，加强税收多边合作平台建设，完善“一带一路”税收征管合作机制，加力推进“税路通”品牌建设，着力打造市场化、法治化、国际化税收营商环境。

5.【参考答案】B

【答案解析】党的二十大报告第四部分明确：“（二）建设现代化产业体系。坚持把发展经济的着力点放在实体经济上，推进新型工业化，加快建设制造强国、质量强国、航天强国、交通强国、网络强国、数字中国。”

6.【参考答案】A

【答案解析】根据《国家税务总局关于营改增试点若干征管问题的公告》（国家税务

总局公告2016年第53号）规定，“未发生销售行为的不征税项目”下设601“预付卡销售和充值”、602“销售自行开发的房地产项目预收款”、603“已申报缴纳营业税未开票补开票”，使用“未发生销售行为的不征税项目”编码，发票税率栏应填写“不征税”，不得开具增值税专用发票。

7.【参考答案】A

【答案解析】《中华人民共和国增值税暂行条例实施细则》第二条规定，《中华人民共和国增值税暂行条例》所称货物，是指有形动产，包括电力、热力、气体在内。

8.【参考答案】B

【答案解析】广告费扣除限额 = 2000 × 15% = 300（万元），实际发生400万元，因此准予扣除的广告费金额为300万元。

9.【参考答案】B

【答案解析】12366咨询员应通过12366税收知识库或12366智能咨询库查找答复依据并答复纳税人，对于经内部流转不能答复的问题，本级12366主管部门能够处理的，应当在5个工作日内处理，本级12366主管部门不能处理的，才转相关部门办理。因此选项A错误。

本级12366主管部门不能处理的工单，属于需本级业务部门答复的疑难问题，本级业务部门应在5个工作日内予以答复。因此选项B正确。

对于业务部门不能够解释和明确的疑难问题且未上报至国家税务总局的，省12366主管部门应在问题产生之日起1个工作日内转省级业务部门办理，承办部门应自形成工单之日起5个工作日内答复省12366主管部门。因此选项C错误。

对于业务部门不能够解释和明确的疑难问题且未上报至国家税务总局的，12366主管部门应在收到反馈意见后1个工作日内制作《12366热线疑难问题提交单》提交至12366国家级中心。可见，疑难问题可由省级业务部门上报国家税务总局，也可通过12366国家级中心上报国家税务总局。因此选项D错误。

10.【参考答案】D

【答案解析】根据《全国税务机关纳税服务规范（3.0版）》规定，电话咨询的办理时间分为两种：一是能即时答复的即时答复，二是不能即时答复的按规定时限回复。

11.【参考答案】D

【答案解析】“六能”是指“能问、能查、能看、能听、能约、能办”。

12.【参考答案】C

【答案解析】一般纳税人跨县（市、区）提供建筑服务，适用一般计税方法计税的，应以取得的全部价款和价外费用扣除支付的分包款后的余额，按照2%的预征率在建筑服务发生地预缴税款，选项A错误；一般纳税人出租其2016年5月1日后取得的、与机构所在地不在同一县（市）的不动产，应按照3%的预征率在不动产所在地预缴税款，选项B错误；一般纳税人出租其2016年4月30日前取得的不动产，适用一般计税方法计税的，应以取得的全部价款和价外费用，按照3%的预征率在不动产所在地预缴税款，选项D错误。

13.【参考答案】C

【答案解析】选项A、D需要缴纳企业所得税，选项B属于不征税收入。

14.【参考答案】C

【答案解析】从事生产、经营的纳税人应自其领取营业执照之日起15日内按照国家有关规定设置账簿，选项A错误；扣缴义务人应当自税收法律、行政法规规定的扣缴义务发生之日起10日内，按照所代扣、代收的税种，分别设置代扣代缴、代收代缴税款账簿，选项B错误；除法律、行政法规另有规定外，账簿、会计凭证、报表、完税凭证及其他有关资料应当保存10年，选项D错误。

15.【参考答案】B

【答案解析】选项A、B、C、D都需要征收增值税。珠宝玉石在生产、委托加工或进口环节征收消费税，选项A错误；金银首饰、钻石及钻石饰品在零售环节征收消费税，选项C错误；卷烟在生产、委托加工或进口环节征收消费税，在批发环节再征收一道消费税，选项D错误。

## 二、多项选择题

1.【参考答案】ABCD

【答案解析】2023年中央经济工作会议指出，进一步推动经济回升向好需要克服一些困难和挑战，主要是有效需求不足、部分行业产能过剩、社会预期偏弱、风险隐患仍然较多，国内大循环存在堵点，外部环境的复杂性、严峻性、不确定性上升。

2.【参考答案】ABCD

【答案解析】中共中央办公厅印发的《关于在全党开展党纪学习教育的通知》明确，组织党员特别是党员领导干部认真学习《中国共产党纪律处分条例》，做到学纪、知纪、明纪、守纪，搞清楚党的纪律规矩是什么，弄明白能干什么、不能干什么，把遵规守纪刻印在心，内化为言行准则，进一步强化纪律意识、加强自我约束、提高免疫能力，增强政治定力、纪律定力、道德定力、抵腐定力，始终做到忠诚干净担当。

3.【参考答案】ABCD

【答案解析】2023年中央经济工作会议指出，要全面贯彻明年经济工作的总体要求，注意把握和处理好好速度与质量、宏观数据与微观感受、发展经济与改善民生、发展与安全的关系，不断巩固和增强经济回升向好态势。

4.【参考答案】ABD

【答案解析】2022 年税务总局印发了进一步加强新时代税务人才工作的意见，提出实施素质提升“2271”工程，结合数字人事考核评价，大力开展税务人才选拔培养，着力构建200 名左右战略人才、2000 名左右领军人才、7 万名左右业务标兵、1 万名左右青年才俊的税务人才队伍新体系。

5.【参考答案】ACD

【答案解析】2024 年全国税务系统全面从严治党工作会议强调，要巩固拓展主题教育成果，持之以恒学深悟透习近平新时代中国特色社会主义思想；要不断强化政治监督，持之以恒推动党中央决策部署落地见效；要坚持巩固深化提升，持之以恒推动税务系统党的建设高质量发展；要一体推进“三不腐”，持之以恒深化税务系统反腐败斗争；要扎实纠“四风”树新风，持之以恒强化税务系统纪律作风建设；要深入推进税务系统纪检监察体制改革，持之以恒推动一体化综合监督体系有效运转；要加强年轻干部教育管理监督，持之以恒推动税务青年建功新时代、奋进新征程；要加强党建和纪检干部队伍建设，持之以恒做到自身清、自身正、自身硬。

6.【参考答案】ABCD

【答案解析】商业企业一般纳税人零售的烟、酒、食品、服装、鞋帽（不包括劳保专用部分）、化妆品等消费品不得开具增值税专用发票。

7.【参考答案】ABD

【答案解析】现代服务，是指围绕制造业、文化产业、现代物流产业等提供技术性、知识性服务的业务活动。包括研发和技术服务、信息技术服务、文化创意服务、物流辅助服务、租赁服务、鉴证咨询服务、广播影视服务、商务辅助服务和其他现代服务。

8.【参考答案】ABC

【答案解析】国债利息收入免征个人所得税，转让国债收入照章纳税。

9.【参考答案】ABCD

【答案解析】依据《国家税务总局关于部分税务证明事项实行告知承诺制进一步优化纳税服务的公告》（国家税务总局公告 2021 年第 21 号）和《国家税务总局关于进一步实施部分税务证明事项告知承诺制的公告》（国家税务总局公告 2023 年第 2 号）的具体规定。

10.【参考答案】BCD

【答案解析】全面调查是围绕税收工作重点，覆盖总局、省、市、县四级税务机关，涉及多项调查指标的常态化调查。

11.【参考答案】BCD

【答案解析】根据《全国税务机关纳税服务规范（3.0 版）》规定，在解除相关人员关联关系的涉税事项中，如自然人纳税人主张身份证件被冒用于登记为法定代表人、财务负责人和其他办税人员的，税务机关即时办结；如自然人纳税人反映本人身份信息被其他单位或个人违法使用虚假纳税申报的，税务机关需在30个工作日内办结，特殊情形需要延长办理时间的，最多延长30个工作日。

12.【参考答案】ABD

【答案解析】根据《纳税信用管理办法（试行）》规定，有下列情形之一的纳税人，该评价年度直接判为D级：

（1）存在逃避缴纳税款、逃避追缴欠税、骗取出口退税、虚开增值税专用发票等行为，经判决构成涉税犯罪的；

（2）存在前项所列行为，未构成犯罪，但偷税（逃避缴纳税款）金额10万元以上且占各税种应纳税总额10%以上，或者存在逃避追缴欠税、骗取出口退税、虚开增值税专用发票等税收违法行为，已缴纳税款、滞纳金、罚款的；

（3）在规定期限内未按税务机关处理结论缴纳或者足额缴纳税款、滞纳金和罚款的；

（4）以暴力、威胁方法拒不缴纳税款或者拒绝、阻挠税务机关依法实施税务稽查执法行为的；

（5）存在违反增值税发票管理规定或者违反其他发票管理规定的行为，导致其他单位或者个人未缴、少缴或者骗取税款的；

（6）提供虚假申报材料享受税收优惠政策的；

（7）骗取国家出口退税款，被停止出口退（免）税资格未到期的；

（8）有非正常户记录或者由非正常户直接责任人员注册登记或者负责经营的；

（9）由D级纳税人的直接责任人员注册登记或者负责经营的；

（10）存在税务机关依法认定的其他严重失信情形的。

13.【参考答案】ACDE

【答案解析】对未处于税务检查状态、无欠税（滞纳金）及罚款、已缴销增值税专用发票及税控专用设备，且符合下列情形之一的纳税人，优化即时办结服务，采取“承诺制”容缺办理。①纳税信用级别为A级和B级的纳税人；②控股母公司纳税信用级别为A级的M级纳税人；③省级人民政府引进人才或经省级以上行业协会等机构认定的行业领军人才等创办的企业；④未纳入纳税信用级别评价的定期定额个体工商户；⑤未达到增值税纳税起征点的纳税人。

14.【参考答案】CE

【答案解析】居民个人取得工资、薪金所得，劳务报酬所得，稿酬所得，特许权使用费所得属于综合所得，按纳税年度合并计算个人所得税。

15.【参考答案】ABC

【答案解析】纳税信用评价结果的确定和发布遵循“谁评价、谁确定、谁发布”

的原则。

## 三、判断题

1.【参考答案】×

【答案解析】根据《财政部 国家税务总局关于具备房屋功能的地下建筑征收房产税的通知》（财税〔2005〕181号）规定，自用的地下建筑，属于工业用途房产的，以房屋原价的50%～60%作为应税房产原值。

2.【参考答案】√

【答案解析】根据《国家税务总局关于加强土地增值税征管工作的通知》（国税发〔2010〕53号）规定，土地增值税核定征收率原则上不得低于5%。

3.【参考答案】×

【答案解析】根据《财政部 国家税务总局关于明确金融 房地产开发 教育辅助服务等增值税政策的通知》（财税〔2016〕140号）规定，纳税人将建筑施工设备出租给他人使用并配备操作人员的，按照“建筑服务”缴纳增值税。

4.【参考答案】×

【答案解析】对超过预约时间而未到场的，视为纳税人主动放弃预约服务。

5.【参考答案】×

【答案解析】突发事件应急预案应针对某类特定的突发事件制定特定的预案，不可一个预案包揽一切。

6.【参考答案】×

【答案解析】免填单服务中，由税务工作人员打印税务文书，经办税人员核对、修订、补充并签字确认后，按规定程序办理涉税事项。

7.【参考答案】×

【答案解析】自2023年1月1日至2025年12月31日，对国家综合性消防救援队伍进口国内不能生产或性能不能满足需求的消防救援装备，免征关税和进口环节增值税、消费税。

8.【参考答案】√

【答案解析】符合备案类税收减免的纳税人，如需享受相应税收减免，应在首次享受减免税的申报阶段或在申报征期后的其他规定期限内提交相关资料，向主管税务机关申请办理税收减免备案。纳税人在符合减免税条件期间，备案材料一次性报备，在政策存续期可一直享受，当减免税情形发生变化时，应当及时向税务机关报告。

9.【参考答案】×

【答案解析】对安置残疾人的单位和个体工商户，实行由税务机关按纳税人安置残疾人的人数，限额即征即退增值税。

10.【参考答案】 ×

【答案解析】个人所得税《纳税记录》不作纳税人记账、抵扣凭证。

## 四、案例分析题

1.【参考答案】应从以下方面进行阐述：

该情况属于系统故障类的突发事件，即由于计算机软件、硬件及网络系统等升级或其他突发故障，影响工作正常运行的突发事件。发生系统故障，导致涉税业务不能正常办理时，第一处置人应该第一时间上报应急工作领导小组，联系相关技术部门尽快解决。同时，应将预计处置时限等及时告知纳税人，做好解释工作或引导纳税人采用其他方式办理涉税事宜。待系统恢复正常后，应及时通知纳税人办理后续事宜。

2.【参考答案】应从以下方面进行阐述：

小王的做法违反了首问责任制。纳税人到税务机关或通过电话等方式办理涉税事项、寻求涉税帮助时，首位接洽的税务工作人员应热情接待，认真倾听，不得推诿、敷衍、拖延或者拒绝。首问责任人对职责范围内的涉税事项应按规定办理或答复；对不属于首问责任人职责范围的涉税事项，应为纳税人进行有效指引；不属于本税务机关职责范围的涉税问题，向纳税人说明，并给予必要帮助。

3.【参考答案】应从以下方面进行阐述：

小张对甲的回答不正确。增值税小规模纳税人适用3%征收率的应税销售收入，减按1%征收率征收增值税，这一政策适用主体为增值税小规模纳税人，不区分企业或个体工商户，均可适用。

4.【参考答案】应从以下方面进行阐述：

小张对乙的回答不正确。小规模纳税人发生增值税应税销售行为，合计季度销售额超过30万元，但扣除本期发生的销售不动产的销售额后未超过30万元的，其销售货物、劳务、服务、无形资产取得的销售额免征增值税。销售不动产取得不含税收入50万元按照5%缴纳增值税，货物销售收入的20万元免征增值税，应纳税款 $=50\times5\%=2.5$（万元）。

5.【参考答案】应从以下方面进行阐述：

甲对小王的投诉属于对服务质效的投诉。根据《全国税务机关纳税服务规范（3.0版）》规定，对服务言行类投诉，自受理之日起5个工作日内办结；服务质效类、其他侵害纳税人合法权益类投诉，自受理之日起10个工作日内办结。

# 模拟测试（三）

**一、单项选择题**（下列各题的备选答案中，只有一个正确选项，请将正确选项的字母填写在括号中，多选、错选、不选均不得分。每小题 2 分，共计 30 分）

1. 中国共产党跳出治乱兴衰历史周期率的第二个答案是（　　）。

A. 独立自主　　B. 人民监督

C. 自我革命　　D. 从严治党

2. 党的二十届三中全会提出，健全有利于（　　）的税收制度，优化税制结构。

A. 高质量发展、社会公平、市场统一

B. 高质量发展、社会和谐、市场统一

C. 高质量发展、社会公平、市场完善

D. 高质量发展、社会和谐、市场完善

3. 税务部门要认真学习贯彻习近平经济思想、习近平法治思想和习近平总书记关于税收工作的重要论述，牢牢把握高质量推进中国式现代化税务实践这一主线，坚持以科学精细、务实高效的管理理念打造（　　），坚定不移推动党中央决策部署落地见效。

A. 智慧税务　　B. 效能税务

C. 智能税务　　D. 高效税务

4. 2024 年 4 月，国家税务总局启动第 33 个全国税收宣传月，主题为（　　）。

A. 税惠千万家 共建现代化

B. 税收 · 发展 · 民生

C. 税助发展 向新而进

D. 持续提升效能 办好为民实事

5. 2024 年 7 月 31 日，中共中央、国务院印发《关于加快经济社会发展全面绿色转型的意见》，明确要健全绿色转型财税政策。以下不属于《意见》中关于健全绿色转型财税政策的是（　　）。

A. 落实环境保护、节能节水、资源综合利用、新能源和清洁能源车船税收优惠

B. 研究把城市维护建设税、教育费附加、地方教育附加合并为地方附加税

C. 完善绿色税制，全面推行水资源费改税

D. 完善环境保护税征收体系

6. 小王 2024 年 3 月取得稿酬 4200 元。小王 3 月应被预扣预缴个人所得税（　　）元。

A. 350.4　　B. 380.4

C. 470.4　　D. 588.4

7. 2024 年 6 月，小张将持有的境内上市公司限售股转让取得收入 40 万元。假设该限售股无法确定原值，小张转让限售股应缴纳个人所得税（　　）万元。

A. 6.4　　B. 6.8

C. 5.2　　D. 6.5

8. 一个纳税年度内在船航行时间累计满 183 天的远洋船员，其取得的工资薪金收入减按（　　）计入应纳税所得额，依法缴纳个人所得税。

A. 20%　　B. 50%

C. 75%　　D. 90%

9. 下列行为应当缴纳契税的是（　　）。

A. 等价互换房屋

B. 企业以自有房产投资于另一企业并取得相应股权

C. 夫妻因离婚分割共同财产发生土地、房屋权属变更

D. 公租房经营管理单位购买住房作为公租房

10. 在季度纳税申报高峰期，虽然下班时间已过，办税服务厅工作人员仍坚守完成最后一个纳税人的涉税事项办理。这种服务属于（　　）。

A. 延时服务　　B. 预约服务

C. 限时服务　　D. 导税服务

11. 纳税人王某到某区联合办税服务厅咨询导税岗询问销项税额如何记账的问题，导税咨询员小陈没有回答也没有按规定指引王某到对应的承办部门，这违背了（　　）。

A. 一次性告知制度　　B. 一站式服务制度

C. 全程服务制度　　D. 首问责任制度

12. 自（　　）起，纳税人在市场监管部门依法办理变更登记后，无须向税务机关报告登记变更信息。

A. 2023 年 1 月 1 日

B. 2023 年 2 月 1 日

C. 2023 年 3 月 1 日

D. 2023 年 4 月 1 日

13.《国家税务总局关于部分税务事项实行容缺办理和进一步精简涉税费资料报送的公告》（国家税务总局公告 2022 年第 26 号）规定，符合容缺办理情形的纳税人，可以选择《容缺办理涉税费事项及容缺资料清单》所列的一项或多项税费业务事项，按照可容缺资料范围进行容缺办理。纳税人可选择采取现场提交、邮政寄递或税务机关认可的其他方式补正容缺办理资料，补正时限为（　　）。

A. 15 个工作日　　B. 20 个工作日

C. 30 个工作日　　D. 30 天

14. 纳税人跨省（自治区、直辖市和计划单列市）临时从事生产经营活动的，应向（　　）税务机关填报《跨区域涉税事项报告表》。

A. 机构所在地

B. 经营地

C. 经营地和机构所在地

D. 收入来源地

15. 纳税人取得经营所得，以每一纳税年度的收入总额减除成本、费用以及损失后的余额，为应纳税所得额，按年计算个人所得税，纳税人在月度或季度终了后（　　）内填报（　　）及其他相关资料，向经营管理所在地主管税务机关办理预缴纳税申报，并预缴税款。

A. 15 日；《个人所得税经营所得纳税申报表（A 表）》

B. 30 日；《个人所得税经营所得纳税申报表（B 表）》

C. 15 日；《个人所得税经营所得纳税申报表（B 表）》

D. 30 日；《个人所得税经营所得纳税申报表（A 表）》

**二、多项选择题**（下列各题的备选答案中，至少有两个正确选项，请将正确选项的字母填写在括号中，多选、错选、少选、不选均不得分。每小题 2 分，共计 30 分）

1. 2024 年全国税务工作会议提到要旗帜鲜明讲政治，坚定不移建强政治机关、走好第一方阵。强调要做到的有（　　）。

A. 持续拓展主题教育成果

B. 持续深化政治机关意识教育和对党忠诚教育

C. 持续提升党建工作质效

D. 持续夯实基层基础

2. 打造效能税务的根本要求，是坚决当好党中央决策部署的（　　）。

A. 执行者　　B. 行动派

C. 实干家　　D. 践行者

3. 根据 2024 年 2 月 5 日中共中央发布的《党史学习教育工作条例》，党史学习教育工作遵循的原则包括（　　）。

A. 坚持党的全面领导

B. 坚持围绕中心、服务大局

C. 坚持以史鉴今、资政育人

D. 坚持统筹谋划、开拓创新

4. 2024 年全国税务工作会议强调要把准税务部门职责定位，具体包括（　　）。

A. 做党中央权威的忠诚捍卫者

B. 做推动高质量发展的高效执行者

C. 做优化营商环境的切实守护者

D. 做纳税人缴费人的倾情服务者

5. 2024 年全国税务工作会议指出，当前和今后一个时期，要做好“六个着力强化”，其中包括（　　）。

A. 着力强化政治统领

B. 着力强化依法治税

C. 着力强化改革创新

D. 着力强化科技先导

6. 下列合同或凭证，免征印花税的有（　　）。

A. 无息借款合同

B. 专利权转让书据

C. 个人与电子商务经营者订立的电子订单

D. 外国企业向中国提供贷款书立的借款合同

7. 以下属于可以在居民个人综合所得应纳税所得额中扣除的专项附加扣除有（　　）。

A. 基本养老保险金　　B. 大病医疗支出

C. 基本医疗保险金　　D. 赡养老人支出

8. 以下关于律师事务所从业人员的个人所得税政策，错误的有（　　）。

A. 律师事务所的雇员按规定比例取得的分成收入，不征税

B. 律师事务所的雇员按规定比例取得的分成收入，按“劳务报酬所得”征税

C. 律师从其分成收入中扣除办理案件支出费用的标准，由省级税务部门根据当地律师办理案件费用支出的一般情况、律师与律师事务所之间的收入分成比例及其他相关参考因素，在律师当月分成收入的 30% 比例内确定

D. 律师从接受法律事务服务的当事人处取得的法律顾问费或其他酬金，均按“劳务报酬所得”应税项目征收个人所得税，税款由支付报酬的单位或个人代扣代缴

9. 下列关于车船税的表述错误的有（　　）。
   A. 军队专用的车船免征车船税
   B. 纯电动乘用车免征车船税
   C. 车船税采用定额幅度税率
   D. 不需要登记的机动车辆和船舶不属于车船税的征税范围
10. 下列关于存款账户的说法正确的有（　　）。
   A. 从事生产、经营的纳税人应当自开立基本存款账户或者其他存款账户之日起 15 日内，向主管税务机关书面报告其全部账号
   B. 账号发生变化的，应当自发生变化之日起 20 日内，向主管税务机关书面报告
   C. 纳税人办理存款账户报告需提交《纳税人存款账户账号报告表》和账户、账号开立材料复印件
   D. 纳税人账号发生变化的，应当自发生变化之日起 30 日内，向主管税务机关书面报告
11. 窗口单位办税服务问题处理流程包括问题收集、调查核实、整改处理、监督问责、定期报告等环节，处理原则包括（　　）。
   A. 属地管理　　B. 分级负责
   C. 分层管理　　D. 分类处理
   E. 分区域实施
12. 窗口单位办税服务问题监督问责的方式主要包括（　　）。
   A. 批评教育　　B. 约谈
   C. 通报　　D. 罚款
   E. 追责
13. 导税服务基本规范中要求导税人员负责的事项包括（　　）。
   A. 引导纳税人到相关的服务区域或窗口办理各类涉税事项
   B. 辅导纳税人正确填写资料和自助办理税费事项
   C. 帮助纳税人填写申报表
   D. 解答纳税人办理税费事项咨询
   E. 协助纳税人核对资料和表单填写的完整性
14. 下列关于环境保护税的表述中，正确的有（　　）。
   A. 纳税义务发生时间为纳税人排放应税污染物的当日
   B. 环境保护税按月计算，按年申报缴纳
   C. 纳税人应当向应税污染物排放地的税务机关申报缴纳环境保护税
   D. 纳税人按次申报缴纳的，应当自纳税义务发生之日起 30 日内，向税务机关办理纳税申报并缴纳税款

E. 机动车排放应税污染物的，免征环境保护税

15. 增值税一般纳税人发生下列行为，不得抵扣增值税进项税额的有（　　）。

A. 外购原材料用于免税项目

B. 外购商品用于集体福利

C. 外购货物用于对外捐赠

D. 外购货物用于对外投资

E. 外购货物用于本企业的交际应酬

**三、判断题**（判断各题正误。每小题 2 分，共计 20 分）

1. 纳税人在游览场所经营索道、摆渡车、电瓶车、游船等取得的收入，按照“文化体育服务”缴纳增值税。（　　）

2. 纳税人取得的财政补贴收入，与其销售货物、劳务、服务、无形资产、不动产的收入或者数量直接挂钩的，不征收增值税。（　　）

3. 企业之间书立的确定买卖关系、明确买卖双方权利义务的订单、要货单等单据，且未另外书立买卖合同的，应当按规定缴纳印花税。（　　）

4. 个人协议转让限售股收入按照实际转让收入计算。（　　）

5. 根据限时办结制度，因客观原因不能按期办结需要延期的事项，应直接在办理时限到期之前告知纳税人，并明确延期办理时限。（　　）

6. 办税服务厅一般设置办税服务区、咨询辅导区、自助办税区和等候休息区等功能区域，各地不得进行调整。（　　）

7. 对于临近下班，短时间内无法办结的税费事项，应直接留存纳税人涉税资料及联系方式，待业务办理完结后，通知纳税人领取办理结果。（　　）

8. 纳税人学堂是由税务机关或者由有资质的涉税中介主办，有组织有计划地为纳税人提供税收法律法规及相关政策规定培训辅导的网络平台和实体场所。（　　）

9. 某纳税人未办理税务登记，可直接办理税务注销。（　　）

10. 自然人报废产品出售者向资源回收企业销售报废产品，资源回收企业均可以向出售者开具发票。（　　）

**四、简答题**（每小题 10 分，共计 20 分）

1. 请简述纳税人权益保护的相关措施。

2. 请简述纳税人满意度调查的实施步骤。

# 模拟测试（三）·参考答案及解析

## 答案速查

**一、单项选择题**（每小题 2 分，共计 30 分）

| | | | | |
|---|---|---|---|---|
| 1. C | 2. A | 3. B | 4. C | 5. B |
| 6. C | 7. B | 8. B | 9. B | 10. A |
| 11. D | 12. D | 13. B | 14. A | 15. A |

**二、多项选择题**（每小题 2 分，共计 30 分）

| | | | | |
|---|---|---|---|---|
| 1. ABC | 2. ABC | 3. ABCD | 4. ABD | 5. ABC |
| 6. AC | 7. BD | 8. AB | 9. BD | 10. AC |
| 11. ABD | 12. ABCE | 13. ABDE | 14. ACE | 15. ABE |

**三、判断题**（每小题 2 分，共计 20 分）

| | | | | |
|---|---|---|---|---|
| 1. √ | 2. × | 3. √ | 4. √ | 5. × |
| 6. × | 7. × | 8. × | 9. √ | 10. × |

# 答案解析

## 一、单项选择题

1.【参考答案】C

【答案解析】习近平总书记在党的二十大报告中指出，经过不懈努力，党找到了自我革命这一跳出治乱兴衰历史周期率的第二个答案。

2.【参考答案】A

【答案解析】详见党的二十届三中全会通过的《中共中央关于进一步全面深化改革 推进中国式现代化的决定》。

3.【参考答案】B

【答案解析】国家税务总局党委书记、局长胡静林在《学习时报》发表《高质量推进中国式现代化税务实践》一文中指出，税务部门要认真学习贯彻习近平经济思想、习近平法治思想和习近平总书记关于税收工作的重要论述，牢牢把握高质量推进中国式现代化税务实践这一主线，坚持以科学精细、务实高效的管理理念打造效能税务，坚定不移推动党中央决策部署落地见效。

4.【参考答案】C

【答案解析】国家税务总局每年4月紧扣党中央、国务院重大决策部署，围绕税收重点工作，集中开展全国税收宣传月活动，深入宣传税法知识、解读税费政策、倡导税收诚信，已成为纳税人缴费人自觉接受税法教育的重要课堂，也是社会各界主动了解税收、积极支持税收的重要载体。2024年4月，税务总局启动第33个全国税收宣传月，主题为“税助发展 向新而进”。

5.【参考答案】B

【答案解析】详见中共中央、国务院印发的《关于加快经济社会发展全面绿色转型的意见》。

6.【参考答案】C

【答案解析】小王应被预扣预缴个人所得税 $=4200\times(1-20\%)\times70\%\times20\%=470.4$（元）

7.【参考答案】B

【答案解析】小张转让限售股应缴纳个人所得税 $=40\times(1-15\%)\times20\%=6.8$（万元）

8.【参考答案】B

【答案解析】《财政部 税务总局关于延续实施远洋船员个人所得税政策的公告》（财政部 税务总局公告2023年第31号）规定，一个纳税年度内在船航行时间累计满183天的远洋船员，其取得的工资薪金收入减按50%计入应纳税所得额，依法缴纳个人所得税。

9.【参考答案】B

【答案解析】略

10.【参考答案】A

【答案解析】每月申报期间因业务量过大需要延长办公时间的属于延时服务。

11.【参考答案】D

【答案解析】根据《国家税务总局关于印发〈税务系统首问责任制度（试行）〉的通知》（税总发〔2014〕59号）规定，对不属于首问责任人职责范围的涉税事项，首问责任人应将纳税人指引到涉税业务对应的承办部门，由承办部门指定承办人，该承办人承接首问责任。

12.【参考答案】D

【答案解析】根据《国家税务总局关于优化若干税收征管服务事项的通知》（税总征科发〔2022〕87号）规定，自2023年4月1日起，纳税人在市场监管部门依法办理变更登记后，无须向税务机关报告登记变更信息。

13.【参考答案】B

【答案解析】《国家税务总局关于部分税务事项实行容缺办理和进一步精简涉税费资料报送的公告》（国家税务总局公告2022年第26号）中提出，纳税人可选择采取现场提交税务机关认可的其他方式补正容缺办理资料，补正时限为20个工作日。

14.【参考答案】A

【答案解析】纳税人跨省（自治区、直辖市和计划单列市）临时从事生产经营活动的，应向机构所在地的税务机关填报《跨区域涉税事项报告表》。

15.【参考答案】A

【答案解析】略

## 二、多项选择题

1.【参考答案】ABC

【答案解析】2024年全国税务工作会议提到，旗帜鲜明讲政治，坚定不移建强政治机关、走好第一方阵。持续拓展主题教育成果，抓好成果转化运用，建立健全完善税务系统主题教育常态化长效化制度机制；持续深化政治机关意识教育和对党忠诚教育，促进税务系统政治机关建设一贯到底；持续提升党建工作质效，进一步优化“纵合横通强党建”工作机制，全面推进党支部标准化规范化建设，强化党建与业务深度融合。

2.【参考答案】ABC

【答案解析】国家税务总局党委书记、局长胡静林在《学习时报》发表《高质量推进中国式现代化税务实践》一文中指出，坚决当好党中央决策部署的执行者、行动派、实干家，这是打造效能税务的根本要求。

3.【参考答案】ABCD

【答案解析】党史学习教育工作遵循以下原则：坚持党的全面领导；坚持围绕中心、服务大局；坚持以史鉴今、资政育人；坚持统筹谋划、开拓创新；坚持分类指导、精准施策；坚持唯物史观和正确党史观。

4.【参考答案】ABD

【答案解析】2024 年全国税务工作会议强调，要自觉对标对表党的二十大精神和中央经济工作会议部署，深刻认识当前税务工作面临的形势任务，努力在服务党和国家事业发展大局中进一步牢牢把准税务部门职责定位，做党中央权威的忠诚捍卫者、做推动高质量发展的高效执行者、做纳税人缴费人的倾情服务者、做经济社会秩序的坚定维护者。

5.【参考答案】ABC

【答案解析】2024 年全国税务工作会议强调，当前和今后一个时期，要紧紧聚焦“以习近平新时代中国特色社会主义思想为指引，高质量推进中国式现代化税务实践”这一工作主线，着力强化政治统领，着力强化依法治税，着力强化改革创新，着力强化管理增效，着力强化服务提质，着力强化风险防范，坚持一张蓝图绘到底，持续完善“抓好党务、干好税务、带好队伍”的工作体系，在以税收现代化服务中国式现代化的新征程中再建新功。

6.【参考答案】AC

【答案解析】无息借款合同、个人与电子商务经营者订立的电子订单免征印花税。

7.【参考答案】BD

【答案解析】基本养老保险金、基本医疗保险金支出属于专项扣除项目。

8.【参考答案】AB

【答案解析】根据《国家税务总局关于律师事务所从业人员取得收入征收个人所得税有关业务问题的通知》（国税发〔2000〕149 号）规定，律师事务所支付给雇员（包括律师及行政辅助人员，但不包括律师事务所的投资者）的所得，按“工资、薪金所得”应税项目征收个人所得税。

9.【参考答案】BD

【答案解析】纯电动乘用车不征收车船税，选项 B 不正确。依法不需要在车船管理部门登记、在单位内部场所行驶或者作业的机动车辆和船舶属于车船税的征税范围，选项 D 不正确。

10.【参考答案】AC

【答案解析】账号发生变化的，应当自发生变化之日起 15 日内，向主管税务机关书面报告。根据《全国税务机关纳税服务规范（3.0版）》的规定，纳税人办理存款账户报告需报送《纳税人存款账户账号报告表》，账户、账号开立证明复印件。

11.【参考答案】ABD

【答案解析】窗口单位办税服务问题处理以属地管理、分级负责、分类处理为原则，处理流程包括问题收集、调查核实、整改处理、监督问责、定期报告等环节。

12.【参考答案】ABCE

【答案解析】窗口单位办税服务问题监督问责的方式主要包括批评教育、约谈、通报、追责四种方式。

13.【参考答案】ABDE

【答案解析】办税服务厅应当设立导税岗位，导税服务内容包括：引导纳税人在相关的服务区域或窗口办理税费事项；辅导纳税人填写资料和自助办理税费事项；协助纳税人核对资料和表单填写的完整性；解答纳税人办理税费事项咨询；宣传税费法律法规政策；维护办税服务厅秩序。

14.【参考答案】ACE

【答案解析】环境保护税按月计算，按季申报缴纳，不能按固定期限计算缴纳的，可以按次申报缴纳，选项B错误。纳税人按次申报缴纳的，应当自纳税义务发生之日起15日内，向税务机关办理纳税申报并缴纳税款，选项D错误。

15.【参考答案】ABE

【答案解析】纳税人将外购货物用于免征增值税项目、集体福利或者个人消费的，不得抵扣进项税额。

## 三、判断题

1.【参考答案】√

【答案解析】根据《财政部 国家税务总局关于明确金融 房地产开发 教育辅助服务等增值税政策的通知》（财税〔2016〕140号）规定，纳税人在游览场所经营索道、摆渡车、电瓶车、游船等取得的收入，按照“文化体育服务”缴纳增值税。

2.【参考答案】×

【答案解析】根据《国家税务总局关于取消增值税扣税凭证认证确认期限等增值税征管问题的公告》（国家税务总局公告2019年第45号）规定，纳税人取得的财政补贴收入，与其销售货物、劳务、服务、无形资产、不动产的收入或者数量直接挂钩的，应按规定计算缴纳增值税。纳税人取得的其他情形的财政补贴收入，不属于增值税应税收入，不征收增值税。

3.【参考答案】√

【答案解析】根据《财政部 税务总局关于印花税若干事项政策执行口径的公告》

（财政部 税务总局公告2022年第22号）规定，企业之间书立的确定买卖关系、明确买卖双方权利义务的订单、要货单等单据，且未另外书立买卖合同的，应当按规定缴纳印花税。

4.【参考答案】√

【答案解析】根据《财政部 国家税务总局 证监会关于个人转让上市公司限售股所得征收个人所得税有关问题的补充通知》（财税〔2010〕70号）规定，协议转让限售股收入按照实际转让收入计算。

5.【参考答案】×

【答案解析】根据《国家税务总局关于完善办税服务相关制度的通知》（税总发〔2016〕41号）规定，因客观原因，不能按期办结需要延期的事项，应当由受理部门分管领导批准后，在办理时限到期之前告知纳税人，并明确延期办理时限。

6.【参考答案】×

【答案解析】办税服务厅设有办税服务区、咨询辅导区、自助办税区和等候休息区等功能区域。也可根据信息化建设状况、纳税人办税现状、场地规模、工作量、人流量等实际需求进行合理增并、适当调整，条件不允许的办税服务厅可适当合并功能区，有其他需要的也可增设特色区域。

7.【参考答案】×

【答案解析】对于临近下班，短时间内无法办结的税费事项，可以在征得纳税人同意后，留存纳税人涉税资料及联系方式，待业务办理完结后，通知纳税人领取办理结果。

8.【参考答案】×

【答案解析】根据《国家税务总局关于加强纳税人学堂建设的通知》（税总函〔2014〕562号）规定，纳税人学堂是由税务机关主办的，有组织有计划地为纳税人提供税收法律法规及相关政策规定培训辅导的网络平台和实体场所。

9.【参考答案】√

【答案解析】根据《国家税务总局关于深化"放管服"改革 更大力度推进优化税务注销办理程序工作的通知》（税总发〔2019〕64号）规定，未办理过涉税事宜的纳税人，主动到税务机关办理清税的，税务机关可根据纳税人提供的营业执照即时出具清税文书。

10.【参考答案】×

【答案解析】根据《国家税务总局关于资源回收企业向自然人报废产品出售者"反向开票"有关事项的公告》（国家税务总局公告2024年第5号）规定，自2024年4月29日起，自然人报废产品出售者向资源回收企业销售报废产品，符合条件的资源回收企业可以向出售者开具发票。

## 四、简答题

1.【参考答案】应从以下方面进行阐述：

纳税人权益保护的相关措施包括：一是推进办税公开，二是规范执法行为，三是完善税收征纳沟通机制，四是建立税收风险防范机制，五是深化行政审批制度改革，六是加强涉税信息保密，七是畅通侵权救济渠道，八是构建纳税人维权平台，九是强化涉税信息服务和中介机构监管。

2.【参考答案】应从以下方面进行阐述：

纳税人满意度调查的实施分为制定方案、调查准备、调查实施、统计汇总、数据分析、形成报告、资料归档及其他步骤。